SONJA VUKOVIC
Außer Kontrolle

Weiterer Titel der Autorin:

**Gegessen.** Wer schön sein will, muss leiden, sagt der Schmerz ...

Titel auch als E-Book erhältlich

Sonja Vukovic

# AUSSER KONTROLLE

Unsere Kinder, ihre Süchte –
und was wir dagegen tun können

Lübbe

Dieser Titel ist auch als E-Book erschienen

*Zur Wahrung der Rechte der Personen wurden einige Namen, Orte und Details geändert.*

Originalausgabe

Copyright © 2018 by Bastei Lübbe AG, Köln

Textredaktion: Sylvia Gredig, Köln
Umschlaggestaltung: ZERO Werbeagentur, München
Autorenfoto: © Olivier Favre
Einband-/Umschlagmotiv: © FinePic/shutterstock
Satz: hanseatenSatz-bremen, Bremen
Gesetzt aus der Arno Pro
Druck und Einband: C. H. Beck, Nördlingen

Printed in Germany
ISBN 978-3-7857-2606-8

5  4  3  2  1

Sie finden uns im Internet unter: www.luebbe.de
Bitte beachten Sie auch: www.lesejury.de

Ein verlagsneues Buch kostet in Deutschland und Österreich jeweils überall dasselbe.
Damit die kulturelle Vielfalt erhalten und für die Leser bezahlbar bleibt, gibt es die gesetzliche Buchpreisbindung. Ob im Internet, in der Großbuchhandlung, beim lokalen Buchhändler, im Dorf oder in der Großstadt – überall bekommen Sie Ihre verlagsneuen Bücher zum selben Preis.

FÜR MAMA

**Der Panther**

Sein Blick ist vom Vorübergehn der Stäbe
so müd geworden, dass er nichts mehr hält.
Ihm ist, als ob es tausend Stäbe gäbe
und hinter tausend Stäben keine Welt.

Der weiche Gang geschmeidig starker Schritte,
der sich im allerkleinsten Kreise dreht,
ist wie ein Tanz von Kraft um eine Mitte,
in der betäubt ein großer Wille steht.

Nur manchmal schiebt der Vorhang der Pupille
sich lautlos auf – dann geht ein Bild hinein,
geht durch der Glieder angespannte Stille –
und hört im Herzen auf zu sein.

Rainer Maria Rilke

# INHALT

VORWORT 9

1 LEA – mit 13 Cannabis, mit 17 Crack:
  Eine Mutter trauert 13
  Überblick: Drogen- und Suchtsituation in Deutschland
  (Teil 1) 58

2 LÜGEN – Kiffen bis die Lunge kollabiert 61
  Überblick: Erziehung und andere Methoden
  bei Sucht 99

3 HILFLOS – wenn das Kind nicht mehr isst:
  Ein Elternpaar gibt trotzdem nicht auf –
  und die Heilung beginnt 102
  Was der Experte sagt: ein unlösbarer Konflikt 127

4 ROLLENSPIEL – die Sucht nach Computer und Co.:
  ein Sohn und seine Mutter erzählen 141
  Was der Experte sagt: Medienabhängigkeit –
  Sucht der Zukunft 180

5 GRENZGÄNGER – ein Seiltanz aus Traurigkeit und
  Wut: Katrins Suchtverhalten bestimmt das Leben
  ihrer Familie 189
  Überblick: Geschwister süchtiger Kinder 216

6 GEISTER – Erniedrigung statt Liebe:
Veronica Ludwig kämpft gegen den Alkoholismus –
wie schon ihre Eltern 220
Überblick: Drogen- und Suchtsituation in Deutschland
(Teil 2) 249

7 SUCHE – Eine Frau kämpft gegen die Kokainsucht ihres
Sohnes, der inzwischen selbst Vater ist 251

NACHWORT 283

ANHANG 285
Hilfe für Familien, Adressen und Kontakte

# VORWORT

Wenn ein geliebter Mensch süchtig ist, leiden wir in besonderem Maße. Wir müssen nicht nur die Tatsache verarbeiten, dass unsere Angehörigen leiden, vielleicht sogar sterben, sondern wir müssen auch Wege finden, zu verstehen und zu verarbeiten, dass dieses Leid zwar einerseits selbstverschuldet ist, aber doch auch eine anerkannte Krankheit.

Wir müssen zwischen Sucht und Süchtiger/m unterscheiden lernen und Ersteres bekämpfen – Letztere/n aber lassen. Wir müssen lernen, wie das geht: traurig und liebend zu sein – und gleichzeitig wütend und eigenverantwortlich.

Bis wir all das gelernt haben, vergehen oft Jahre. Manchmal lernen wir es nie.

Der Begriff der Co-Abhängigkeit ist in Fachkreisen nicht unumstritten, weil er hierzulande oft mit der Idee einhergeht, dass wir als Angehörige nicht nur mit betroffen, sondern auch mitschuldig sind. Und es ist wahr: Wo Sucht herrscht, sind ganze Systeme gestört, gesellschaftliche, soziale, aber vor allem familiäre. Sucht ist die Voraussetzung für Co-Abhängigkeit. Und emotionale Verstrickungen begünstigen Sucht.

Dennoch geht es nicht um Schuld, wenn wir diesen Begriff hier verwenden. Es geht um Zusammenhänge.

Die Strippen, die im Gefecht um Leid und Heilung dieser weit verbreiteten Krankheit zwischen Betroffenen und ihren Angehörigen gezogen werden, haben keinen Anfang und kein Ende. Beide Seiten sind vielmehr untrennbar miteinander verbunden – und durch die Sucht schließlich dermaßen schmerzlich und undurchschaubar miteinander verwickelt, dass sie kaum mehr zu entwirren sind.

Vor allem, wenn unsere Kinder Abhängigkeiten entwickeln, können wir einfach nicht loslassen. Zu groß ist die Angst, sie zu verlieren. Zu stark das Bedürfnis, doch noch an einem Ende zu ziehen, das den rettenden Ausweg ebnet. Unsere Kinder können wir einfach nicht aufgeben. Es bricht uns das Herz. Und wenn es sein muss, dann gehen wir lieber in ihrem Leid mit unter, als zu früh die Bande zu durchtrennen.

Oder?

Was, wenn das Leid ewig hält und nie ein Ende findet? Was, wenn wir physisch und psychisch leiden, an Schlaflosigkeit, an Erschöpfung, unter Ängsten und Depressionen? Was, wenn wir Job und Ehepartner verlieren? Und vor allem: Was, wenn da noch andere, nichtsüchtige Kinder sind?

Für dieses Buch habe ich mit Müttern und Vätern gesprochen, die ein Kind an die Sucht verloren haben – manche jahrelang. Andere für immer.

Es war sehr viel schwieriger als erwartet, überhaupt Eltern zu finden, die für ein Gespräch bereit sind. Ich dachte, dass da draußen ein Bedürfnis ist, sich Dinge von der Seele zu reden und andere an dem eigenen Schicksal teilhaben zu lassen. Von Betroffenen kenne ich es, dass neben all der Scham und dem Selbstzweifel und dem Selbsthass auch ein Wunsch nach Gehör und Mitteilung ist.

Aber wenn der Sohn oder die Tochter betroffen ist, bleibt da nichts als Schmerz. Scham. Die erdrückende Frage nach Ursachen und Schuld. Fesselnde Ohnmacht. Jedes Wort tut weh. Jede Erinnerung wirbelt das bisschen Zuversicht und Verzeihung, die man sich über Jahre hart erarbeitet hat, neu wieder auf. Selbst wenn die Krankengeschichte inzwischen lange her und durch harte, jahrelange Arbeit womöglich Heilungsgeschichte geworden ist. Zumindest ist es in den meisten Fällen so.

Die Eltern, die hier zu Wort kommen, sind daher in vielerlei Hinsicht unglaublich mutig. Sie besitzen die Fähigkeit, diese starken Schmerzen abzukoppeln und uns an ihren Erfahrungen teilhaben zu lassen. Nicht zuletzt die Kraft, die Gespräche mit mir durchzuhalten, auch wenn während dieser womöglich bewusst wurde, dass man die eigene Abgeklärtheit überschätzt hatte.

Die hier vorkommenden Geschichten sind die von sieben Familien, die unterschiedlicher kaum sein könnten – sowohl was den sozialen als auch den Beziehungsstatus angeht, die Verhältnisse zu den Kranken und ihren Geschwistern sowie den eigenen Eltern. Väter kommen zu Wort, genauso wie Mütter. Selbst süchtige Eltern, wie solche, die zuvor nie mit dem Thema in Berührung gekommen sind. Mehr und weniger wohlhabende. Frauen und Männer, die mal besser, mal schlechter die Krankheit des Kindes akzeptieren und loslassen konnten.

Jedes Porträt hat daher auch seine ganz eigene Form gefunden, wie es erzählt wird.

Für alle Familien gilt: Die Kinder, um die es geht, sind schon erwachsen, teilweise selbst bereits Vater oder Mutter. Die hier offenbarten Geschichten reichen also Jahre und manchmal auch Jahrzehnte zurück. Das liegt daran, dass es ein hohes Maß an Stabilität und Reflexion brauchte, um wirklich tief in die Erinnerung einzutauchen und umfänglich und ehrlich Rede und Antwort zu stehen. Wenn die Kinder noch jung und die Wunden noch frisch sind, kann man solche Gespräche, die wir führten, kaum aushalten, und die Betroffenen können die Geschichte in ihren Entwicklungen noch gar nicht übersehen.

Alle Beteiligten in diesem Buch brechen mit einem Tabu: Sie erzählen ohne Anspruch auf Allgemeingültigkeit, sondern ganz persönlich und nah, von ihren Gefühlen, von dem, was ihnen in der schweren Zeit mit dem süchtigen Kind geholfen hat, von den Hintergründen der Familien, die womöglich zur Erkrankung der Tochter oder des Sohnes führten, vom Los der nichtsüchtigen Geschwisterkinder und all ihren Mühen, die Familie zu retten oder zu heilen.

Mithilfe dieser mutigen Familien möchte ich Menschen Gehör verschaffen, die sonst kaum eine Lobby haben: Süchtigen und ihren Angehörigen.

Für praktische Einordnungen und Tipps kommen darüber hinaus drei Experten zu Wort: Dr. Andreas Schnebel, Gründer von ANAD e. V., einer etablierten Münchener Einrichtung für essgestörte Mädchen und Jungen. Sowie Gordon Schmid und Claudius Boy, Leiter der Berliner Caritas-Beratungsstelle »Lost in Space« für Mediensüchtige und ihre Angehörigen.

Angehörige verstehen Angehörige in ihrem Fühlen, Denken, in ihrer Verzweiflung, Ohnmacht und Wut. Dieses einfühlende Verstehen soll anderen Familien helfen, sich zu erkennen, etwas für sich abzuleiten und womöglich: zu heilen.

# 1 LEA – mit 13 Cannabis, mit 17 Crack: Eine Mutter trauert

Die größte, schrecklichste, häufig alles bestimmende Angst aller Eltern, die ein suchtkrankes Kind haben, ist: dass es stirbt. Was, wenn genau das passiert? Wie soll man als Mutter oder Vater so eine Tragödie verkraften? Wie nur weiterleben? Ina Milert erzählt von ihrer Tochter Lea, die viele Talente hatte, aber nie genug Selbstbewusstsein. Lea rutschte ab, sie begann schon früh die ersten Drogen zu nehmen und verlor sich bald in einem tiefen Sumpf von Hörigkeit und Abhängigkeit. Mit 18 Jahren nahm sich Lea das Leben.

**Brief von Ina, 6. Oktober 2007:**

*Wuffi-Kindi, eigentlich habe ich dir dieses schöne Tagebuch zum Geburtstag geschenkt – in der Hoffnung, du würdest endlich mal schöne Dinge zum Aufschreiben haben. Nicht mehr all dieses Unglück aus den drei anderen Büchern. Nun ist alles noch viel schlimmer gekommen, jedenfalls für mich. Vielleicht bist du ja jetzt tatsächlich glücklich, an einem Platz, an dem es keine Tränen gibt, wie Tante Gaby geschrieben hat. Sosehr ich es mir für dich wünsche, sosehr vermisse ich dich und würde ich alles tun, könnte ich die Zeit zurückdrehen. Es wäre für mich ein wirklicher Trost, wenn du diese Entscheidung getroffen hättest, weil du wirklich nicht mehr leben wolltest. Aber das glaube ich einfach nicht. Ich glaube, du warst in dem Moment bloß so verzweifelt, dass du dir nicht vorstellen konntest, wie es weitergehen wird. Oder hast du geglaubt, der Sprung wäre nicht so gefährlich?*

Warum?
Warum bist du nicht gekommen, wir hätten das doch irgendwie hinbekommen? Uns wäre doch etwas eingefallen. Und es war doch auch so, wie Frau Steffens auf deiner Trauerfeier sagte: Du hättest an jeder Hand einen Verehrer haben können. Und nicht nur an jeder Hand! An jedem Finger. Und einer davon wäre nett und gut zu dir gewesen. Was hat dich nur zu Typen wie Dustin oder Kai getrieben? Du hattest doch etwas viel Besseres verdient!
Und immer hast du gedacht, Oma und ich, wir gönnen dir das nicht. Was nicht gönnen? Dein Unglück?
Wir wollten doch nur, dass du glücklich bist und dass alles gut wird. Zumindest besser.
Es tut mir jetzt unendlich leid, dass ich so oft mit dir geschimpft habe.
Aber es war für mich nahezu unerträglich, zuzusehen, wie du dein Leben zerstört hast. Der Gedanke an die Drogen, an das Anschaffen. Ich konnte und kann mir bis heute nicht vorstellen, dass du das warst. Du, mein wunderschönes Kind, auf dem Drogenstrich? Das geht nicht in meinen Kopf.
Das ganze Lügen, die vielen Jahre der Sorge, das hat mich zermürbt.
Vielleicht hätte es jedem so zugesetzt, vielleicht hätte es aber auch andere Eltern gegeben, die weniger verzweifelt reagiert hätten. Ich weiß es nicht.
Ich weiß nur, dass ich nur so sein konnte, wie ich war.
Das Schlimme ist ja, dass ich dich schon lange nicht mehr erreicht habe. Wie hätte ich dich retten können? Und ich habe es ja diesen Sommer noch versucht, so gut ich es konnte. Es war anstrengend, weißt du noch? Der heruntergefallene Bagel? Oder der verwischte Nagellack? Wie wenig du belastbar und wie schnell du in tiefen Löchern warst? Ich habe mir so sehr die alte Lea zurückgewünscht, vielleicht die aus der Realschule?
Hätte es mit der Schule geklappt, es hätte dir endlich ein besseres Leben ermöglicht. Ich war zwar skeptisch, du warst so fremd, so anders, ich konnte mir gar nicht mehr vorstellen, dass du noch lernen kannst. Du warst selbst ohne Drogen immer so krankhaft übertrieben. Weißt du noch die letzten Wochen, wie manisch du Yoga und Sport gemacht hast? Das

*hat mir wieder Angst gemacht, aber ich war schon über jeden kleinen Schritt froh. Dass du zum Beispiel an einem Nachmittag mit mir ins Café gegangen bist, weißt du noch? Doch immer hatte ich Angst, alles würde wieder kippen und der Alptraum beginnt von Neuem. Tat er dann ja auch. Und er währte nur kurz. Oder für immer. Immer und immer wieder läuft in meinem Kopf der Film ab. Immer die gleiche Frage: Hätte ich es verhindern können, wenn ich Dustin nicht rausgeworfen und das blöde Schloss zur Wohnung nicht ausgetauscht hätte?*

Lea war ein Wunschkind. Ihr Vater und ich haben uns 1987 bei einem Gewerkschaftskongress in Berlin kennengelernt. Ich kam aus der DDR, hatte Asienwissenschaften mit Spezialisierung auf Laotistik studiert und dolmetschte. Er war Delegierter des Deutschen Gewerkschaftsbundes.

1988 haben wir geheiratet, das war Anfang Juli. Und kurz danach bin ich auch schon nach Düsseldorf gezogen, wo mein Mann lebte.

Dann, im Mai 1989, kam Lea zur Welt.

Mit ihr habe ich Babyschwimmkurse und Krabbelgruppen besucht, und ich denke, es war alles in allem eine schöne Zeit. Lea hat mir viele glückliche Momente beschert, wenn ich auch meine Probleme damit hatte, nur Mutter und Hausfrau zu sein. Das war in meiner Sozialisation einfach nicht vorgesehen. In Ostberlin hatten bis zur Wende alle Frauen einen Job. Ich wollte das auch, aber es war problematisch, als ostdeutsche Frau im Westen einen Job zu finden. Und dann noch mit einem so exotischen Studium wie meinem.

Ich war nicht unglücklich, das nicht. Ich liebte mein Kind, natürlich liebte ich mein Kind! Aber dieser Vollzeitkinderdienst war einfach nichts für mich.

Als wir 1991 nach Berlin zogen, weil ein neuer DGB-Vorsitzender gewählt worden war und mein damaliger Mann einen neuen Posten erhalten hatte, versuchte ich beruflich neue Wege, galt dann aber meist als überqualifiziert. Es war und blieb nicht einfach. Also habe ich noch einmal studiert: Publizistik.

Von Leas Vater habe ich mich getrennt, als Lea drei Jahre alt war. Ich wollte einfach nicht mehr, ich kann gar nicht so richtig erklären, warum. Wie sich später herausstellen sollte, war ich in Beziehungen nie so richtig ausdauernd. Wenn ich ehrlich bin: Ich habe in Beziehungen einfach nie wirklich gut funktioniert, habe auf vermeintliche Zurückweisung immer verzweifelt reagiert. Ich hatte zu wenig Selbstvertrauen. Bei meiner ersten Trennung war ich noch jung. Ich habe im Lauf der Zeit viel dazugelernt. Mit meinen heute 56 Jahren stelle ich ganz nüchtern fest: Ich bin einfach auch ganz gern allein.

Leas Vater blieb für sie ansprechbar, wenngleich das Verhältnis mit ihm nie so innig war wie mit mir. Lea übernachtete viele Jahre lang jedes zweite Wochenende bei ihm, und sie hat auch Peter sehr gemocht, meinen neuen Partner, den ich etwa ein Jahr nach der Scheidung fand.

Trotzdem machte ich mir Sorgen. Lea war zwar lieb und kreativ, sie hat immer gemalt und fantasiereich gespielt, auch mit Alltagsgegenständen. Zum Beispiel hat sie einmal Pinsel zu Puppen umfunktioniert und ihnen eine Wohnung aus Pappe gebaut. Sie war auch unternehmungslustig, wollte immer raus und auf den Spielplatz.

Aber zugleich gab sie sich immer wahnsinnig ängstlich und unsicher.

Sie hat immer freiwillig die Schaukel geräumt, wenn andere Kinder kamen. Und wenn sie anderen einen Keks anbieten sollte, ist sie fast gestorben vor Angst. Ihr Bedürfnis, es anderen recht zu machen, war schon als Kind derartig groß, dass ich sie in Absprache mit ihren Grundschullehrerinnen schon im zweiten Schuljahr zum Schulpsychologischen Dienst schickte. Der verwies sie weiter an eine Therapeutin in Berlin-Grunewald, wo Lea dann einmal alle zwei Wochen hingegangen ist. So lange, bis sie irgendwann zu mir meinte: »Ina, jetzt können wir aufhören, jetzt bin ich frech genug.«

Lea hat mich immer schon beim Vornamen genannt. Das lag sicher auch an unserem Leben mit Peter. Und Kleinkinder nennen sich selbst ja auch beim Vornamen, kennen noch kein Ich und kein Mein und kein Dein und kein Du. Jedenfalls blieb es so. Ich war Ina.
Nur wenn sie sehr traurig war, nannte sie mich Mama.
Manchmal rief sie mich dann auch »Wuffi-Mami«. Wuffi war ein Kuscheltier, ein Hund, den hat sie mir mit zehn oder elf Jahren einmal geschenkt. Ich weiß nicht mehr, wie es dazu kam. Jedenfalls war ich fortan Wuffi-Mama und sie Wuffi-Kindi. Und unsere Katze Luna, die war Wuffi-Katzi.

Leas Unsicherheit blieb. Leider. Sie wollte gemocht werden, um jeden Preis. Hat unter Zurückweisung, zum Beispiel, wenn sie nicht zu einem Geburtstag eingeladen war, wahnsinnig gelitten. Hilfreich war es vielleicht nicht, dass ich nach Abschluss der dritten Klasse mit ihr von Berlin nach Hamburg zog. Da ging sie dann nur noch ein Jahr zur Grundschule und dann zur weiterführenden Schule, musste sich so also ihren Freundeskreis zweimal binnen kurzer Zeit ganz neu aufbauen.
Aber ich hatte im Norden Arbeit gefunden!
Ein Freund, der dort einen leitenden Posten bei einem Verlag erhalten hatte, konnte mir mit seinen Kontakten helfen. Seither habe ich erst als Redaktionsassistentin bei diversen Medien gearbeitet. Nun bin ich schon seit vielen Jahren als Redakteurin bei einer Fernsehzeitschrift.
Natürlich habe ich versucht, Leas Selbstwertgefühl zu stärken. Aber das ist mir ganz offenbar nicht sonderlich gut geglückt. Ich habe sie bestärkt, damit sie sich mal was traute. Und ich habe Erklärungen dafür gesucht, warum eine Freundin so oder so reagiert hatte. Es hat mir das Herz zerrissen, als Lea immer häufiger weinte. Dass ich in ihr ein Gefühl der Ausgrenzung und der Verletzungen spürte – und scheinbar einfach gar nichts dagegen tun konnte.
Ich hätte alles getan.

*Sch, kleines Baby, wein' nicht mehr, die Mami kauft dir einen Teddybär. Und wenn der Teddybär nicht mehr springt, kauft dir die Mami einen Schmetterling. Und fliegt der Schmetterling ganz weit, kauft dir die Mami ein rotes Kleid. Und wenn das rote Kleid zu rot, kauft dir die Mami ein Segelboot. Und wenn das Segelboot zu nass, kauft dir die Mami den größten Spaß. Und ist der größte Spaß zu klein, kauft dir die Mami den Sonnenschein …*

Dieses Lied von Marlene Dietrich, das war Leas Geburtstagslied. Ich habe es jedes Jahr zu ihrem Geburtstag am 17. Mai gespielt. Damit wollte ich ihr sagen, dass sie alles bekommt. Und dass sie das schönste Kind der Welt ist. Denn die letzte Strophe heißt ja:

*Und wenn der Mond verweht im Wind,*
*bist du noch immer das schönste Kind.*

Ich habe immer versucht, alles zu ermöglichen, was sie wollte. Nicht übertrieben, ich bin ja nicht reich. Aber zum Beispiel, als sie Schauspielerin werden wollte, da haben wir uns bei zwei Kinder-Casting-Agenturen vorgestellt, eine Setcard gemacht, und Lea hat dann mit großer Freude zuerst ein paar Modeljobs gemacht, ehe sie sogar eine Rolle in einem Abschlussfilm einer Filmhochschule bekommen hat. Kostja Ullmann spielte darin ihren Bruder. »Strandnähe« hieß der Film, glaube ich. Er handelte von einem Mädchen, das Mukoviszidose hat. Danach hat Lea sogar eine Schauspielschule besucht. Und sie hat getanzt, voltigiert und ist gesegelt.

Aber sie hat alles abgebrochen – weil sie sich nie gut genug fühlte.

Sie glaubte immer, dass es nicht reichte. Also ließ sie es sein, nach einer Weile.

Gab es auf.

Gab sich und ihre Träume auf.

Jedes Mal, von Jahr zu Jahr, ein bisschen mehr.

**Auszug aus der Grabrede von Lehrerin Steffens, vom 1. Oktober 2007:**
*Lea hat mir einmal erzählt, wie sie vor etwa einem Jahr ein Sushi-Restaurant im Schanzenviertel besucht hatte – Lea liebte Sushi. Doch sie hatte den Abend nicht genossen, an den Nebentischen hätten so viele Studenten gesessen. Sie hätte gar nicht gewusst, dass man sich auch auf diese Art und Weise und über ihr komplett fremde, seltsame Themen so angeregt unterhalten könne. Das hat sie eingeschüchtert.*

*Dabei hat sie viel gelesen, nicht nur über Drogen, sondern auch Klassiker der Moderne und Literatur mit Bezug zur deutschen Geschichte. Sie ist schwierigen Themen nicht ausgewichen, hat nur ihrem eigenen Wissen nicht getraut. (...) Und in ein paar Jahren hätte sie sehr wohl bei solchen Gesprächen mithalten oder gar vorlegen können. Aber das hat sie nicht erkannt – und unseren Ermunterungen hat sie vermutlich nicht geglaubt.*

Am Ende des vierten Schuljahrs hat Leas damalige Klassenlehrerin mir gesagt, ich solle Lea lieber auf die Gesamtschule schicken, nicht aufs Gymnasium. Für das Gymnasium sei sie nicht selbstbewusst genug, auf der Gesamtschule könne sie sich noch entwickeln.

Darauf habe ich gehört.

Das war ein riesiger Fehler.

Heute weiß ich: Ein unsicherer Mensch orientiert sich nicht nach oben. Denn bei den Besseren fühlt er sich von Anfang an nicht richtig und zum Scheitern verurteilt. Ein unsicherer Mensch orientiert sich nach unten. Und so kommt er mit anderen unsicheren Menschen zusammen und mit all den Dingen, die sie so gegen ihr mangelndes Selbstbewusstsein tun: rebellieren, sich berauschen, Macht demonstrieren.

Im Gymnasium, bilde ich mir ein, wäre die Chance größer gewesen, dass Lea nicht in solche sehr schlechten Kreise gezogen worden wäre. Das war auf dieser Schule, wo Lea nun hinging, der Fall. Sie kam in eine unheilvolle Clique, in der nur so abgehangen, geraucht und wohl auch gekifft wurde. Mit diesen Freunden schwänzte Lea dann den Unterricht. Sie machte plötzlich nichts mehr für die Schule, wurde dann selbst irgendwann beim Stehlen erwischt.

Und dann fing es an: Lea haute ab, wenn wir uns gestritten hatten. Sie lief weg von zu Hause und kam einfach nicht wieder. Manchmal blieb sie ein, zwei Nächte lang fort. Ohne eine Nachricht. Ohne ein Lebenszeichen.

Ich bin fast verrückt geworden vor Angst.

Als sie gerade einmal zwölf Jahre alt war, wusste ich mir schon nicht mehr zu helfen. Also ging ich 2001 mit ihr zu einem Kinder- und Jugendpsychiater in dem Hamburger Stadtteil, in dem wir lebten. Ich saß da, weinte, klagte mein Leid. Das Einzige aber, was der Berater mir daraufhin zu sagen hatte, war: »Ihr Kind braucht keine depressive Mutter, sonst sitzt es mit 14 Jahren da und nimmt Drogen.«

Da bin ich dann raus, fühlte mich missverstanden und im Stich gelassen. Überfordert. Aber vor allem: Ich fühlte mich schuldig.

Ich leide vermutlich mein ganzes Leben schon unter Depressionen. Aber das war mir lange gar nicht klar, weil ich trotzdem eine gewisse Disziplin habe und recht normal funktioniere. In Berlin, 1996, war ich schon einmal in einer psychosomatischen Klinik, nachdem ich wieder so eine Phase hatte, in der ich nur weinte und nicht mehr leben wollte. Vor Lea habe ich diese Phasen nie ausgelebt, aber womöglich hat sie trotzdem gespürt, dass es mir nicht gut geht. Viel später, als sie ein Teenie und bereits süchtig war, da habe ich sicher häufiger gesagt, dass ich nicht mehr kann.

Es gab Zeiten, da habe ich Lea in den Kinderladen gebracht und mich danach wieder ins Bett gelegt. Oder ich bin aufgestanden, habe ihr Frühstück gemacht, sie zur Schule geschickt und habe mich danach wieder ins Bett gelegt. Das waren vorwiegend jene Zeiten, in denen ich arbeitslos war. Zeiten, die es auch in Hamburg immer mal wieder gab, weil die Medienprojekte eingestellt wurden, für die ich eingeteilt war.

Aber wenn ich so drüber nachdenke: Ich glaube, ich bin auch tatsächlich ziemlich kompliziert. Ich erwarte zu viel oder empfinde zu wenig. Oder das Falsche. In jedem Fall bin ich vom Menschentyp her ein Melancholiker, wie mein späterer Psychiater sagte. Und darum habe ich wohl auch so eine latente Depression.

Doch für mich war das zunächst nichts anderes als meine Schilddrüsenerkrankung: Man muss sich manchmal eben ein bisschen mehr anstrengen mit dem Leben.

Trotz dieser depressiven Phasen habe ich ein ganz normales Leben geschafft. Bestimmt habe ich auch deshalb keine Hilfe gesucht.

Erst als Lea sieben war, habe ich mit einer ambulanten Therapie angefangen. Damals war meine Beziehung zu Peter zerbrochen, und ich habe gedacht: Es kann ja nicht sein, dass immer nur die anderen die Bekloppten sind.

Das muss mit mir zusammenhängen.

Daraufhin habe ich die Behandlung angefangen und relativ bald auch Tabletten genommen. Das war für mich, als könnte ich plötzlich dreidimensional sehen. Vom Gefühl her. Eine Dimension hatte mir zuvor immer gefehlt. Jetzt ging es mir besser, und ich dachte: Wahnsinn, wie anders sich das Leben plötzlich anfühlt.

Aber die Tabletten nutzten sich ab. Ich habe dann, im Lauf der Jahre, ganz häufig die Präparate gewechselt, auch die Kombination. Habe unter anderem eine Behandlung mit Lithium probiert. Lea wusste davon. Hatte damit, meines Wissens nach, aber kein Problem.

Aber wir hatten auch so genug Schwierigkeiten.

Ich kam an mein Kind nicht mehr ran, und das Gefühl, dass unsere Situation normale Pubertätsprobleme bei weitem überstieg, hielt an. 2002 waren wir deshalb beim Jugendamt. Ich wollte einen Internatsplatz für Lea, um sie zu schützen. Nicht nur wegen meiner Depressionen. Sondern auch vor dieser Clique, in die sie geraten war. Einer der Jungs aus dieser Gruppe hatte quasi per Erziehungsmaßnahme gerade Internatszeit verpasst bekommen.

Aber dort sahen die Fachleute vom Jugendamt Lea noch nicht. Es gab es also erst einmal Erziehungshilfe. Die kam dann einmal in der Woche zu uns nach Hause. Lea hat sich der Dame dann immer gegenüber aufs Sofa gesetzt, die Arme verschränkt, auf die Uhr geschaut, und als die Zeit vorbei war, hat sie gefragt: »Kann ich jetzt gehen?«

Es gab dann noch weitere Maßnahmen, unter anderem Erziehungsberatung mit festen Terminen außer Haus, auch da hat sich Lea eher verweigert. Den Jugendnotdienst habe ich angerufen, als Möbel durch die Wohnung flogen – Lea wollte weg, obwohl sie nicht sollte. Keine Worte konnten sie abhalten. Nicht einmal, dass ich sie festhielt.

Leider hat mein Hilferuf auch keine weitere Veränderung gebracht. Der Jugendnotdienst kam, man sprach mit Lea, alles beruhigte sich – bis zum nächsten Tag.

Insgesamt war das schon ein ganzes Paket an Maßnahmen, was stattfand, später gab es ja noch Erziehungskonferenzen, und dann kam sie sogar zu einer Pflegemutter.

Gleichwohl: Geholfen hat nichts.

Unter all denen, die ich um Hilfe bat, war leider auch keiner dabei, von dem ich gesagt hätte: Wow, cooler Typ, der reißt das rum!

Der Kerl, dem Lea dann hoffnungslos verfiel, heißt Kai. Kai war zwei Jahre älter als sie, ging aber in dieselbe Klasse. Kai hat gekifft, Kai kifft heute noch. Vor lauter Zorn auf das Leben hat Kai immer alles kaputt gemacht – auch meine Lea.

**Brief von Lea, undatiert:**

*Na Lea,*
*ich weiß nicht, was aus dir geworden ist. Ich hoffe, etwas Gutes. Ich hoffe, du hast deinen Abschluss geschafft und dass Kai sich verändert hat, falls wir noch zusammen sind. Dass ich regelmäßig zum Sport gehe, hoffe ich ebenfalls, sodass ich sagen kann, ich sehe gut aus. Und dass ich bei der Arbeit viel Geld für schöne Dinge verdiene.*
*Ich hoffe so sehr, dass Kai nicht mehr kifft, nicht mehr so aggressiv ist und dass er mich noch liebt. Dass wir eine schöne Zeit haben. Ich wünsche mir, wenn es möglich ist, dass wir zusammen wohnen und alles gut ist.*
*Ich wünsche mir außerdem mehr Zeit für mich, am Wochenende auf Partys gehen zu können und nicht so oft Langeweile zu haben. Vielleicht kann ich beim Film und Fernsehen oder als Model für eine Zeitschrift ab und zu einen Auftrag bekommen.*
*Kai ist mir aber das Wichtigste. Bitte mach, dass er sich ändert.*
*Ich liebe ihn über alles.*

Ich habe nicht verstanden, was sie zu einem Typen wie ihm hingezogen hat. Er war furchtbar schlecht zu ihr, hat sie andauernd erniedrigt und gegen mich aufgebracht. Nach Leas Tod habe ich Chatprotokolle gefunden, da war unter anderem Folgendes zu lesen:

*Lea, 30. August 2004, 14.36 Uhr*: Meine Oma ist da.
*Kai, 30. August 2004, 14.37 Uhr*: Deine Oma? Wenn du dich mit der mal darüber unterhältst, wie deine Mutter früher war, wirst du bestimmt erstaunliche Antworten erhalten.
(…) *Kai, 30. August 2004, 14.37 Uhr*: Deine Mutter ist neidisch auf dich pur, weißt du? Immer, wenn sie selber keinen Stecher hat, ist sie sauer.

> *Kai, 30. August 2004, 14.38 Uhr:* Sie war die größte Schlampe, darauf wette ich ...
> *Kai, 30. August 2004, 14.38 Uhr:* ... und nun ist sie sauer, dass du es leichter und besser hast.
> (...) *Lea, 30. August 2004, 14.38 Uhr:* Sie heult ... weil sie sich Sorgen macht und ich wieder wegwill zu dir.
> *Kai, 30. August 2004, 14.38 Uhr:* Siehste, sie macht auf Mitleid.
> *Kai, 30. August 2004, 14.39 Uhr:* Sie hat ein Rad ab.
> (...) *Kai, 30. August 2004, 14.41 Uhr:* Deine Mutter ist egoistisch, sie dürfte keine Kinder haben. Sie beneidet dich und lässt Frust an dir ab. Sie ist derbe faul und schickt dich zum Einkaufen. Und, und. Sie ist scheiße.
> *Lea, 30. August 2004, 14.42 Uhr:* Ja, ist gut.
> (...) *Kai, 30. August 2004, 14.43 Uhr:* Sie ist ein Ossi.
> *Lea, 30. August 2004, 14.43 Uhr:* Ja, mein Schatz, ist gut.

Von diesen Chats wusste ich damals noch nichts, aber ich wusste, dass er mich gegenüber Lea schlechtredet und sie gegen mich aufstachelt. Und dass er sehr schlecht zu ihr war.

Sie weinte andauernd, weil er sie beleidigt oder sich tagelang nicht gemeldet oder ihr irgendetwas kaputt gemacht hatte, was ihr wichtig war. Ihr Handy oder so.

Wie in dem Lied von Marlene Dietrich, in dem das Baby alle Dinge, das es bekommt, damit es sich beruhigt, wieder verliert.

Kai hat ihr alles immer kaputt gemacht. Im Streit. Zur Demonstration seiner Macht. Und er hat es ihr dann nicht wieder ersetzt. Im Lauf der Jahre haben sich so fast 1000 Euro Schulden angesammelt. Die hat Kais Mutter mir nach Leas Tod teilweise erstattet.

Kai war einfach ein kleines Monster, der andere systematisch niederzumachen versuchte, um sich selbst besser zu fühlen. Schaden habe ich versucht abzuwenden oder zumindest einzugrenzen, indem ich den Kontakt so weit wie möglich unterband. Kai durfte nicht zu uns nach Hause, und übernachten durfte er erst recht nicht bei uns. Das führte aber bloß zu jeder Menge Streitereien zwischen mir und Lea – die ich, zumindest fühlte es sich so an, ganz oft verlor. Sie war wie besessen von diesem Kerl, und wenn ich nicht wollte, dass sie sich trafen, haute sie einfach ab.

Und ich blieb zurück. In fürchterlicher Sorge.

Im März 2003, Lea war damals 13, habe ich ihre Chatprotokolle gelesen. Macht man nicht, ist nicht ehrenwert, ich weiß. Aber zu dem Zeitpunkt war ich schon so verzweifelt, weil nichts, was ich unternahm, zu irgendeiner Verhaltensänderung führte – ich wusste mir nicht anders zu helfen.

Und ich sah mich bestätigt.

Denn in diesem Chat habe ich gelesen, dass eine Freundin von Cannabis schwärmte und Lea begeistert fragte: »Wollen wir nicht mal Heroin ausprobieren?«

Da schrillten bei mir natürlich alle Alarmglocken, und ich war wieder sicher: Es gibt nur einen Weg, Lea muss fort aus Hamburg! Sie muss weg von diesen Freunden und von Kai. Also habe ich ihren Vater angerufen, der nach Zypern ziehen wollte, weil er mit einer Zypriotin zusammen war und dort ein Haus gebaut hatte. »Wenn du da hinziehst, nimmst du Lea mit«, habe ich ihm gesagt. »In Hamburg habe ich keine Möglichkeiten, sie vor dem Unheil zu bewahren. Sie will Drogen nehmen.«

Allein die Vorstellung, dass sie so weit von mir entfernt sein würde, brach mir das Herz. Aber ich wollte, dass sie zurück auf einen Weg findet, der sie nicht ins Verderben führt. Also habe ich mit ihrem Klassenlehrer gesprochen und sie dann ein paar Tage später vormittags aus der Klasse geholt, ins Auto verfrachtet, die Türen verriegelt und am Flughafen in einen Flieger nach Zypern gesetzt.

Direkt aus dem Unterricht in ein neues Leben.

Dann bin ich nach Hause und habe tagelang geweint.

Ich habe mich so unfähig gefühlt und habe um meine verlorene Tochter getrauert. Ich dachte, ich hätte sie für immer verloren.

Dann erreichten mich ihre Briefe, die konnte ich kaum lesen.

**Brief von Lea, 06. Mai 2003:**
*Hi Ina,*
*wie geht es dir? Wie es mir geht, brauche ich erst gar nicht zu sagen. Ich habe für dich zwei Bilder gemalt, ich hoffe, sie gefallen dir. Vielen, vielen Dank für die Bücher und den Schmuck und die Süßigkeiten. ( … ) Zum Geburtstag wünsche ich mir, nach Hause zu kommen. Und Gutscheine für Anziehsachen. Und ein Nike-Schweißband (weiß). Und das Computerspiel Anno 1503. ( … ) ich habe mir heute ein Notizbuch gekauft, da schreibe ich meine Träume und so rein. ( … ) Aber bitte, bitte, ich halte das hier nicht aus. Lass mich wieder zu dir nach Hause. Ich habe mich geändert und bereue auch, dass ich so oft scheiße zu dir war. Ich weiß, dass ich viele Fehler gemacht habe. Aber nobody is perfect. Du schließlich auch nicht. Ich kann hier aber nicht leben. Wirklich nicht, ich probiere das. Aber da lebe ich lieber gar nicht als hier.*
*Bitte komm zu meinem Geburtstag.*
*Schöne Grüße an die Tiere und dich, und sag Oma und Opa, sie sollen öfter schreiben. Und du auch.*
*Hab dich lieb, Lea*

Ich hätte sie so gern zurückgeholt. Ich habe mein Kind so sehr vermisst. Und ihre Briefe und ihre Anrufe waren so fürchterlich. Immer wieder bettelte sie: »Bitte, Ina, hol mich zurück. Bitte, ich mache auch alles gut. Bitte, Ina, gib mir noch eine Chance.«

Es war mir beinahe unerträglich, auf dieses Flehen nicht einzugehen – denn ich wollte sie so sehr bei mir haben. Aber für mich. Das war ein egoistisches Gefühl. Für Lea, das sagte ich mir immer wieder, war es das Beste, nicht hier in Hamburg zu sein. Eines Tages, hoffte ich, würde sie das verstehen.

Dann trennte sich mein Exmann von seiner Frau. Er zog zurück nach Berlin.

Und Lea kam wieder zu mir.

Das war im Juni 2003, also nur wenige Wochen, nachdem ich sie abgeschoben hatte.

Nach dem ganzen Ärger, den Lea auch an ihrer Schule wegen unentschuldigter Fehlstunden und mangelndem Engagement hatte, wollte ihre alte Schule sie nicht mehr annehmen. Eine neue Gesamtschule aber auch nicht, weil Lea in den Gesprächen leider ausgeprägtes Desinteresse zeigte. Dann waren wir bei einer Behörde, und die Dame dort hat ihr ihre alte Schule zugewiesen. Die mussten sie aufnehmen, weil sie noch schulpflichtig war. Und so war sie dann wieder da, wo ich sie rund drei Monate zuvor rausgeholt hatte.

Selbe Stufe, andere Klasse. Altes Leben.

Ein Jahr lang blieb es dann relativ ruhig.

## Auszug aus einem rechtsmedizinischen Gutachten des Universitätsklinikums Hamburg-Eppendorf vom 28. Juli 2004:

*»Sehr geehrte Frau Milert,*
*in Ihrem Auftrag habe ich am 27. Juli 2004 gegen 12.45 Uhr Ihre Tochter untersucht.*

**Vorgeschichte**
*Das Mädchen berichtete, am 26. Juli 2004 gegen 22.30 Uhr im Bereich von St. Pauli körperlich angegriffen worden zu sein. Das Mädchen war nicht bereit, zu berichten, wie sie verletzt wurde und wer sie verletzt hat.*

**Rechtsmedizinische Untersuchung**
*Anlässlich der Untersuchung berichtete das Mädchen, dass ihr heute Morgen etwas schwindelig war. Anlässlich des Vorfalls soll sie leicht aus*

dem Mund geblutet haben. Unterhalb der linken Augenbraue war eine deutliche Schwellung des Unterhautfettgewebes feststellbar. Das linke Augenoberlid wies eine bandförmige, ca. 3,5 cm lange und 0,5 breite bläuliche Verfärbung auf. Das linke Augenoberlid war stark geschwollen, das Mädchen konnte im Bereich des linken Auges nur durch einen schmalen Spalt sehen.
(...) Die Haut im Bereich der rechten Wange war bläulich verfärbt. Das darunterliegende Gewebe war stark geschwollen.
(...) An der Unterlippe, ca. in der Mitte, war ein ca. erbsengroßer Schleimhautdefekt sichtbar.

**Rechtsmedizinische Beurteilung**
Anlässlich der rechtsmedizinischen Untersuchung konnte festgestellt werden, dass Lea Milert Spuren von mehrfacher äußerer, stumpfer Gewalteinwirkung aufwies. Als Folge dieser Gewalteinwirkung sind oben beschriebene Verletzungen anzusehen. Bei der Verletzung im Bereich der rechten Wange kann es sich aufgrund des Verletzungsmusters auch um einen Tritt handeln.
Die Mutter von Lea wurde gebeten, sich mit ihrer Tochter in der chirurgischen Notaufnahme des Universitätsklinikums Eppendorf vorzustellen zwecks einer radiologischen Untersuchung des rechten Jochbogenknochens.«

Kai hatte Lea zusammengeschlagen. Ich habe ihn natürlich angezeigt und dazu dieses Gutachten erstellen lassen. Aber vor Ort wollte Lea nicht mit der Sprache herausrücken, wie es zu den Verletzungen gekommen war. Und sie hat auch nicht gegen Kai bei der Polizei ausgesagt. Leider kam es daher nicht zum Prozess.

---

**Chat von Lea, 13. September 2004, 7.02 Uhr**: Bitte, Kai, es tut mir so leid. Ich weiß, ich bin an allem schuld, weil ich viel zu eifersüchtig bin. Es tut mir leid. Bitte!

*Kai, 13. September 2004, 10.49 Uhr:* Du bist 'ne Schlampe, das sagen alle. Deine Mutter ist eine missgeburtige Schlampe, und da ist zu viel durchgekommen.
*Kai, 13. September 2004, 10.50 Uhr:* Ich schneide dir deine Halsschlagadern mit meinen Zähnen durch.
*Kai, 13. September 2004, 10.51 Uhr:* Ich beiß deinen Kitzler ab und spül ihn im Klo runter.
*Kai, 13. September 2004, 10.58 Uhr:* Ich brauch dich nicht mehr, ich habe fast 'ne Neue. Und außerdem sind die ganzen Schlampen auch nicht schlecht, die ich haben kann. Deswegen fick dich!

Es machte mich unendlich traurig, was ich gelesen hatte. Kai hat sie systematisch erniedrigt, doch sie blieb immer bei ihrem: Ich bin schuld an allem. Bitte, bitte, verzeih mir, ich will auch alles richtig machen.

### Tagebucheintrag von Lea, 20. Oktober 2004:

»*Er hat sich LE in den Arm geritzt, und er meint, das A müsste ich mir verdienen. Das hat mich voll berührt, dass er das gemacht hat. Ich liebe ihn über alles, und ich glaube daran, dass alles gut wird, weil ich keine Scheiße mehr baue.*«

Im selben Jahr wollte sie ins betreute Wohnen. Aber sie wurde nirgendwo angenommen oder sie entschied sich dann am Ende doch anders, so richtig weiß ich das nicht mehr. Ich erinnere mich aber noch, dass eine Bedingung für das Leben in so einer betreuten Wohngruppe war, dass man keine Drogen konsumiert. Weil das angesprochen wurde und Lea so zögerlich reagierte, meinte ich, dass ich mit meinem vagen Verdacht wohl richtiglag: Meine 15-jährige Tochter nimmt Drogen.

Ich stamme aus der DDR. Ich will nicht sagen, da gab es keine Drogen. Aber ich hätte gar nicht gewusst, von wem man Drogen überhaupt bekommt. Ich hatte bis zu diesem Zeitpunkt überhaupt noch nie mit dem Thema zu tun gehabt. Ich wusste nicht, was eine »Tüte« ist, ja ich erkannte nicht einmal diese blöde Fahne mit Cannabisblatt, die Lea auf eine Tasche genäht hatte. Ich kannte den Geruch von Cannabis nicht, wusste nicht, wie die Leute aussehen und wie sie sich verhalten, wenn sie drauf sind.

Und so hatte ich auch nicht mitbekommen, wann Lea damit angefangen hatte, Drogen zu nehmen.

Wie ich später medizinischen Gutachten entnehmen konnte, war Lea schon als 15-Jährige nicht mehr nur bei Alkohol und Cannabis, sondern sogar schon bei Kokain. Speed. Ecstasy. Ja, sie nahm sogar Heroin! Man kann sich fragen: Wie kann eine Mutter so etwas denn nicht bemerken? Mir ist es so passiert. Ich habe es irgendwann schon vermutet, aber einen Beweis hatte ich lange Zeit nicht. Und wenn ich Lea mit meinem Verdacht konfrontierte, hat sie es immer abgestritten.

Hinzu kam: Lea blieb immer häufiger, ohne Bescheid zu sagen, über Nacht fort, kam manchmal sogar mehrere Tage und Nächte nicht nach Hause. Beharrlich habe ich jedes Mal eine Vermisstenanzeige gemacht. Bis die Polizei mir irgendwann sagte, ich bräuchte mich nicht mehr zu melden, es habe keinen Zweck.

Eines Tages, Lea war schon wieder seit Tagen verschwunden und ließ nichts von sich hören, da wusste ich mir nicht mehr anders zu helfen, als Tabletten zu nehmen. Viele Tabletten. Schlaftabletten mit Alkohol. Immer mehr, eine nach der anderen, alle hintereinander.

Bis die Packung leer war.

Das Telefon, das immer wieder läutete, ließ ich klingeln. Dann habe ich fürchterlich geweint. Mein Körper hat gebebt, so als schüttele er die ganze Anspannung ab.

Da klopfte es an der Wohnungstür. Es war die Nachbarin. Meine

Mutter hatte sie angerufen, damit sie nach mir sieht. Als hätte sie es geahnt. Sie hatte die ganze Zeit versucht, mich anzurufen, sie wusste, wie schlecht es mir wegen Lea ging. Wir sind dann gemeinsam ins Krankenhaus. Eine Kohlelösung musste ich trinken. Und eine Nacht zur Überwachung bleiben. Dann wurde ich entlassen. Und meldete mich in einer Tagesklink zur Therapie an. Lea kam dann im Herbst zu einer Pflegefamilie. Das wollte sie so, weil Kai es ihr eingeredet hatte. Aber ich war zu dem Zeitpunkt auch schon unglaublich aufgezehrt, und der Gedanke, dass sie bei diesen Pflegeeltern sicherer aufgehoben war als bei mir, der verschaffte mir auch Erleichterung. Wir sind gemeinsam zum Jugendamt, und das hat diese Pflegeeltern gefunden, wir lernten zunächst aber nur die Frau kennen, eine Erzieherin, recht zugänglich und nett. Lea und ich haben sie einmal getroffen, Lea fand sie okay und ist mit all ihren Sachen dort hingezogen. Ich fand die Frau auch ganz in Ordnung, aber ich hätte im anderen Fall auch keinen Einspruch erhoben, denn Lea wollte ja in jedem Fall weg von mir.

**Tagebucheintrag von Lea, 18. Oktober 2004:**
Ich habe meine Sachen fertig gepackt, und Papa hat mich nach Niendorf gefahren. Ich habe ein Zimmer in der unteren Etage bekommen. Ist ganz schön. Habe nicht so gut geschlafen, aber das ist ja normal in einer neuen Umgebung. ( ... ) Nach der Schule war ich bei Ikea, und weiß schon, was für ein Bett, Schrank und Sessel ich bekomme. Einen Fernseher kaufen wir auch, und rauchen darf ich bei offener Tür. Wird bestimmt alles ganz schön. Barbara will Kai kennenlernen am Mittwoch.

Die Spielregeln bei Barbara waren wohl andere. Zum Beispiel durfte Kai zu Besuch kommen und auch dort schlafen.

**Tagebucheintrag von Lea, 21. Oktober 2004:**
*Mittwoch war mein Schatz das erste Mal bei mir und hat Barbara kennengelernt. Voll heftig, sie wusste aus zwei Stunden Gespräch, dass Papa noch was von Ina will. Kai hat ganz viel geredet, und sie meinte, er brauche eine Therapie. ( ... ) Ich habe mich geärgert, weil er sich später noch mit Steffi getroffen hat, und ich dachte natürlich, sie schläft bei ihm. Als ich Donnerstag nach der Schule zu ihm ging, war sie da. Er meinte, sie hätte bei einer Freundin geschlafen. Okay, ich versuche, ihm zu vertrauen, auch wenn ich keinen Grund dazu habe. Ich habe mein altes Tagebuch gelesen. Daher weiß ich, dass er mich mal angelogen hat, dass er mit keinem anderen Mädchen was hatte. Später hat er mir gestanden, dass da doch was war. Nun habe ich Angst, dass er das wieder tut, um mich zu verletzen. ( ... ) Wir haben mein Zimmer eingeweiht. Er ist so süß, geil, lieb ... unbeschreiblich. Ich liebe ihn.*

Eigentlich durfte sie erst einmal keinen Kontakt zu mir haben. Aber warum sollte sie sich daran halten? Sie kam immer, wenn es ihr nicht gut ging. Und sie hat dann auch bei mir geschlafen. In meinem Bett. Das war total schön.

**Tagebucheintrag von Lea, 24. Oktober 2004:**
*Sonntag bin ich zu Kai. Er ist irgendwann duschen gegangen, vorher hat er mich nicht wirklich beachtet. Nach dem Duschen hat er sich auf einmal aufgeregt, meinen Vokabelzettel zerrissen und mir plötzlich eine geklatscht. Er meinte noch irgendetwas von wegen, dass ich gestern mit drei Typen gefickt und dann Koks gezogen haben soll. Er hat mich dann noch mal gehauen (Faust), davon hatte ich eine kleine Stelle unterm Auge. Die allerdings niemand außer Ina bemerkt hat. Zu ihr musste ich, um für ihn Geld zu holen. Bis Gärtnerstraße sind wir zusammen gefahren, dann meinte er: Du Nutte kommst nachher mit Geld, dann kannst du dich verpissen. Ich war dann bei Ina. ( ... ) Als ich zu seinem Kumpel bin, stand er vor der Tür. Dann hat er mich noch einmal angeschrien, und als er los ist, war ich natürlich so dumm und bin ihm hinterhergelaufen. Ich weiß,*

*dass das falsch war. Aber ohne das Gefühl, dass alles in Ordnung ist, kann ich nicht von ihm weg. ( ... ) Ich weiß nicht mehr, was ich machen soll. Ich komme mir so überflüssig vor. Wofür bin ich denn da? Es wird schon wieder alles voll scheiße. Seit Tagen heul ich wieder, und mir geht's scheiße. Ich bin nichts. Mein ganzes Leben macht nicht mal Spaß. ( ... )*

Ich war immer glücklich, wenn sie trotz des Kontaktverbots kam, obwohl wir dann einen Anschiss vom Jugendamt bekamen. Ich dachte dann, dass sie mich ja doch liebhat. Und so lagen wir eines Tages da, sie hielt meine Hand, der Schweiß war ihr ausgebrochen, sie krümmte sich und zitterte ganz stark. Und dann hat sie gestanden, was sie all die Zeit vehement abgestritten hatte. Sie sagte mir, dass sie Drogen nimmt. Dass sie heroinabhängig ist. Und dass das Zittern vom Entzug käme – sie wolle damit aufhören, sagte sie.

Heute denke ich: Durch die Distanz zu mir, als sie noch bei der Pflegemutter wohnte, hat sie vielleicht bemerkt, dass es zu Hause so übel doch nicht war – in dieser Zeit kam ich ihr so nah wie nie zuvor. Sie vertraute sich mir an, und das war eine Chance, die ich, obwohl ich schon sehr aufgezehrt war, voller Angst und Sorge, ergreifen wollte. Wir sprachen bald über Therapie und sahen uns in den folgenden Tagen gemeinsam eine Klinik für eine Langzeittherapie in Schleswig an.

Im späteren Verlauf ihrer Sucht hätte ich gern öfter so nachsichtig und unterstützend reagiert wie bei dieser ersten Drogenbeichte. Aber je öfter sie mir dann doch wieder sagte, dass sie wieder Drogen genommen hat, desto mehr klangen ihre Versicherungen, sie wolle nun wirklich endlich aufhören, es sei tatsächlich das allerletzte Mal, wie Lügen. Ich wurde später immer öfter wütend und wohl auch verzweifelt. Oft verdächtigte ich sie, dass sie wieder was genommen hat, manchmal sicher auch zu Unrecht. Und wenn sie dann doch wieder beichtete, dann hat mir diese Gewissheit das letzte bisschen Hoffnung geraubt, dass mein Kind noch zu retten war. Ich wusste, was sie macht, bringt sie um. Und ich wusste auch, dass all meine Mühen vergebens waren. Das schürte in mir fürchterliche Angst. Aber diese Angst, ich weiß auch nicht, die äußerte sich in Wut. Ich war wütend darauf, dass ich nichts tun konnte, um sie von alldem abzuhalten.

Hätte ich meine Verzweiflung nicht immer so rausgebrüllt, hätte ich sie nicht angeschrien, ihr gesagt, dass das dumm ist, was sie tut, vielleicht wären wir einander näher gekommen, und Lea hätte mir vielleicht mehr vertraut. Sich von mir mehr leiten lassen.

Aber den Gedanken, dass mein Kind sich selbst umbringt, den hielt ich einfach nicht aus.

**Brief von Ina, 14. Oktober 2007:**
*Wuffi-Kindi, ich vermisse dich so. Immer wieder geht mir durch den Kopf, was nie wieder sein wird.*
*Nie wieder wirst du in die Wohnung gestürmt kommen, deine Sachen halb ausgezogen, weil du so dringend aufs Klo musst.*
*Nie wieder wirst du meinen Bademantel anhaben.*
*Nie wieder an der Wohnungstür Wuffi-Mami sagen.*
*Nie wieder wirst du anrufen und fragen: Ina?*
*Nie wieder wirst du in meinem Bett schlafen.*
*Nie wieder kann ich dir eine Wärmflasche machen.*
*Nie wieder kann ich dir sagen, wie lieb ich dich hab. Hätte ich es dir doch bloß öfter gesagt in der letzten Zeit. Immer und immer wieder. Aber ich war doch so verzweifelt wegen der ganzen Drogengeschichte. Ich konnte das auch nicht mehr. Vielleicht hätte ich es einfach so akzeptieren sollen, dass das dein Weg war, und dir trotzdem immer zeigen sollen, dass ich dich über alles liebe. Jetzt muss ich es ja auch akzeptieren, dass du gesprungen bist.*

Hätte ich noch einmal die Chance, ich würde es alles anders machen.

Ich halte es beim Wiederlesen kaum aus, was ich in meinen Kalendertagebüchern notiert habe. Wenn ich in Leas Zimmer oder bei ihren Sachen irgendetwas fand, was auf Rauschmittel hinwies, Spritzen oder Löffel, »Tütchen« oder Pfeifen, dann bin ich jedes Mal ausgerastet und habe sie sofort angeschrien. Ich habe keine Lösungen gesucht, ich habe sie nur beschimpft. Das ist nicht mehr gutzumachen. Sie kann mir ja nicht mehr verzeihen oder sagen: »Ist okay, hätte jeder gemacht.«

Meine Kalendertagebücher helfen mir, mich zu erinnern: Nachdem wir uns diese Klinik in Schleswig angesehen hatten, wollte sie dort aber nicht hin. Sie lebte zu dieser Zeit weiterhin bei Pflegemutter Barbara, doch auch dort lief es nicht gut. Im Gegenteil. Schuld daran war, wieder einmal, Kai. Oder sagen wir: Leas Liebe zu ihm. Sagen wir: Ich bin schuld, denn womöglich liegt es ja an mir, dass sie immer nur auf Typen wie Kai geflogen ist.

## Tagebucheintrag von Lea, 27. Oktober 2004:

*Ich bin Mittwoch nach der Fünften zu Kai, aber es ging mir voll komisch, ich habe die ganze Zeit geweint. ( ... ) Als wir bei Barbara ankamen, gab es voll Ärger, weil wir zu spät waren. Ich habe es wieder so gemacht, dass er gut dasteht. Ich bin ja egal. Was ich mache, geht sowieso schief, weil ich alles falsch mache. ( ... ) Es ist so schwer: Manchmal ist alles so schön bunt und sonnig, dann falle ich wieder in dunkle Tiefe. Nur die ist länger da. Es ist nur schön, wenn ich für eine gewisse Zeit, auch wenn sie nur kurz ist, bei ihm bin. Und diese kurze Zeit ist noch das einzig Lebenswürdige. Sonst ist alles scheiße. Wenn er nicht bei mir ist, aber ich weiß, er ist sauer. Ich muss dann bei ihm sein, damit er alles an mir auslassen kann. Sonst ginge es mir noch schlechter. Ich kann das nicht mehr aushalten, dass er sauer ist und ich an allem schuld bin. ( ... ) Ich bin so dumm. So unendlich dumm. Er hat mich mal wie einen Engel behandelt. Ich habe es selber kaputt gemacht, weil ich es nicht geschätzt habe, wahrscheinlich. Wenn ich jetzt zurückdenke, war die Zeit am Anfang schön. Auch wenn ich jeden zweiten Tag geweint habe. Es war alles okay, bis auf meine Schüchternheit und so. Bis ich alles immer mehr falsch gemacht habe. Mit einem Mal ist alles schlecht geworden. Durch einen Vorfall hat sich alles geändert. Was das war, weiß ich nicht. So gesehen nichts Supergroßes. Aber es hat alles in Gang gesetzt. ( … ) Aber warum? Warum muss mir das passieren? Warum geht alles in meinem Leben kaputt? Warum bin ich zu dumm, um zu erkennen, warum alles so schiefgeht? Ich weiß nicht, wie ich das alles in den Griff bekommen soll. Ich glaube, es ist so bestimmt worden. Ich werde irgendwann zu irgendwas gebraucht werden. Ich will was, das meinem Leben Inhalt gibt. Nein, das ist das falsche Wort: Ich will glücklich sein. Aber das kann ich nicht.*

Ich weiß nicht, worum Kai und Lea sich andauernd gestritten haben. Vermutlich hatte er den Verdacht, dass sie sich prostituierte, um Geld für Drogen zu haben. Diese fürchterliche Sache habe ich ab einem gewissen Punkt auch geahnt, und schließlich bestätigte Lea mir meine Befürchtung irgendwann. In einem ihrer Tagebücher habe ich nach ihrem Tod außerdem Notizen gelesen – Sätze wie: »Oh, krass, früher haben wir 50 Euro am Tag verdient. Wahnsinn, was wir jetzt kriegen.« Irgendwoher musste das Geld ja auch kommen. Natürlich war das scheiße. Aber warum hat sie all das wohl unter anderem getan? Eigentlich wäre das mit Kai simpler Teenie-Liebeskummer gewesen – aber so hart, wie er sie erniedrigt hat, trug auch er zu einem nicht unbedeutenden Teil zu ihrem Absturz bei.

Im Frühjahr 2005 hat Lea sich eine Insulinspritze von Kai, der Diabetiker ist, eingejagt. Daraufhin kam sie in die Psychiatrie Lüneburg, warum dorthin, weiß ich nicht. Vielleicht einfach, weil dort ein Platz frei war. Ich weiß auch nicht, wie genau sie gefunden wurde, ich wurde von Barbara informiert. Ich weiß nur: Mit Insulin kann man sich umbringen. Ich musste dann zum Amtsgericht, eine Zwangseinweisung beantragen, wie es das Jugendamt empfohlen hatte. Denn ich hatte für Lea immer noch das Sorgerecht. Es gab dann wieder im Jugendamt eine Erziehungskonferenz, wo dann alle, also die Pflegemutter, ich, Leas Vater und der Jugendamtsbetreuer, zusammenkommen und entscheiden, was nun passiert. Es blieben zwei Optionen: Langzeittherapie oder Rauswurf aus allen Maßnahmen.

Wir haben es per Einweisung mit einer stationären Therapie versucht, aber in der Klinik war Lea nur zwei oder drei Wochen. In Deutschland ist es nicht einfach, selbst Minderjährige zwangsmäßig in Therapie zu belassen, da dies mit Freiheitsentzug verbunden ist. Ein Richter aus Hamburg ist daher nach kurzer Zeit hingefahren, hat die Zwangseinweisung aufgehoben und ihr den weiteren Aufenthalt dort zur Option gestellt. Sie wollte aber nicht bleiben, wurde dann in die Kinder- und Jugendnothilfe Lüneburg entlassen. Dann war sie wieder verschwunden und ich erneut völlig aufgelöst.

Ich hatte inzwischen aber auch die Tagesklinik abgebrochen. Kurz zuvor hatte ich mich um eine neue Stelle bemüht und konnte dann relativ kurzfristig anfangen. Aber diese Therapie dort war auch nichts für mich. Ich denke, weil ich ja Co-abhängig und für eine noch minderjährige Süchtige verantwortlich war – während die meisten dort selbst betroffen und erwachsen waren und mir leider auch nichts Nützliches mitgeben konnten. Meiner Meinung nach unternahmen die auch nicht so richtig etwas, damit es ihnen besserging. Es wirkte auf mich, als würden sie die Therapie als Wärmstube begreifen, als richteten sie es sich prima in ihrem Leid und der damit verbundenen Entlastung ein – keiner von den Mitpatienten arbeitete, aber alle bekamen jede Menge medizinische und finanzielle Unterstützung. Ich konnte es dort unter den traurigen Gestalten noch weniger aushalten als mit Lea in dem bitteren Teufelskreis. So habe ich abgebrochen und zunächst eine Weile lang keine Therapie mitgemacht.

Stattdessen habe ich Rat in Büchern gesucht.

Ich weiß gar nicht mal, ob ich nach Verständnis für Leas Situation gesucht habe, ich denke mal nicht. Wenn Eltern leiden, weil ihr Kind leidet, dann ist das Mitleid. Ich habe zu diesem Zeitpunkt aber schon kein Mitleid mehr gehabt. Ich war nur noch wütend vor Verzweiflung und Schmerz. Aufgegeben hatte ich aber auch nicht richtig, ich wollte wissen, wie andere mit all diesem Wahnsinn umgehen, der mich förmlich aufzehrte. Vielleicht brachten die mich ja auf eine Idee!? Doch erst die beiden Böckem-Bücher, »Lass mich diese Nacht überleben« und »Danach war alles anders: Suchtgeschichten«, trafen bei mir einen Nerv. Im Gegensatz zu anderen Autoren holt Böckem die Problematik mal aus der Gosse raus. Er schreibt über sich selbst, der er einerseits für den *Spiegel* arbeitet und da in wichtigen, prominenten Welten unterwegs ist – andererseits ständig überlegt, wie und wann er endlich an den nächsten Schuss kommt.

Lea trieb sich viel auf der Straße herum. Oder am Hauptbahnhof am Drop In, das ist ein staatlich installierter Raum für Fixer, wo es Sanitäter und auch sauberes Spritzbesteck gibt – um die Verbreitung von Infektionskrankheiten einzudämmen und Drogentote zu verhindern. Gleichzeitig weiß jeder Junkie, wo er hinmuss, wenn er andere Junkies treffen will, um gemeinsam zu konsumieren und auch um sich gegenseitig Stoff zu besorgen. Lea hing jedenfalls, das erzählten mir später auch Freundinnen von ihr, dort ziemlich häufig ab. Manchmal muss sie auch, so habe ich es nach ihrem Tod durch die Erzählungen und Briefe anderer rekonstruieren können, bei Freiern übernachtet haben, wenn ich mal wieder nicht wusste, wo sie war.

So oder so: Als sie dieses Mal wieder auftauchte, konnte sie nicht mehr zurück zu Barbara.

Also kam sie zu mir. Das machte mich unendlich glücklich – und es machte mir wahnsinnige Angst.

Denn von da an waren wir auch ganz auf uns allein gestellt.

Das Jugendamt hatte alle weiteren Maßnahmen eingestellt. Das war im April 2005. Es lief dann eine ganze Weile erstaunlich gut. Wir näherten uns einander wieder an. Machten zusammen Yoga und gingen gemeinsam aus zum Essen. Wir sahen Filme im Kino und Serien im Fernsehen, am liebsten *King of Queens*. Wir spielten häufig Karten, meistens Skip-Bo, und Lea wurde für mich insgesamt wieder etwas nahbarer. Es war schön. Aber auch aufreibend, denn all diese Aktivitäten waren für mich auch immer mit der Angst verbunden, dass irgendetwas passiert. Selbst bei der geringsten Kleinigkeit hat sie sofort die Fassung verloren und musste los. Und mit der Zeit wurde ich selbst immer sensibler, versuchte alle nur erdenklichen kleinen und großen Katastrophen vorherzusehen, zu beschwichtigen und zu lösen. Ich erinnere mich, ihr einen Bagel gekauft zu haben und dann zur Arbeit gefahren zu sein. Da rief sie an, überfordert und den Tränen nahe: »Ina, der Bagel ist runtergefallen.« Dann bin ich sofort losgerannt und habe ihr einen neuen Bagel gekauft. Alles, damit sie nur keinen Grund fand, wieder zu Drogen greifen, sich betäuben und wieder auf der Straße rumtreiben zu müssen.

Dann, Ende Mai, traf ich sie zufällig in einem Supermarkt – mit blutender Platzwunde am Kopf. Kai hatte sie wieder geschlagen ... Lea muss auf Drogen gewesen sein, denn sonst läuft man ja so frisch verletzt und ganz so, als sei nichts geschehen, nicht in der Öffentlichkeit herum. Ich wollte Kai wieder anzeigen – aber Lea nicht. Wieder nicht. Ohne ihre Aussage blieben meine Mühen allerdings chancenlos. Also ließ ich es und hoffte, dass das nur ein Vorfall und kein echter Rückfall war. Dass wir so gut weitermachen konnten wie bis hierher.

Einen kleinen Erfolg gab es dann auch. Lea ging wieder regelmäßiger zur Schule und träumte von der Zukunft, von möglichen Ausbildungen und Jobs, die sie machen könnte.

Und sie las wieder ganz viel. Körbeweise Bücher musste ich anschleppen. Bücher wurden bei ihr auch zum Suchtstoff. Sie war eigentlich mit allem, auch mit Klamotten und Kosmetik, durch und durch eine Suchtperson.

Und als es einmal mit dem nächsten »Harry Potter«-Band nicht schnell genug ging, hat sie ihn einfach selbst geschrieben. Nicht so einen dicken Schmöker, aber 15 eng geschriebene Seiten schon. Ich glaube, das hätte sie auch gern gemocht: Autorin zu werden. Oder Journalistin, so wie ich.

Noch hatte sie aber nicht einmal einen Schulabschluss. Ich habe sie daher im August 2005 auf einer privaten Realschule angemeldet – die staatlichen wollten sie nicht mehr, da sie inzwischen 16 und nicht mehr schulpflichtig war. Lea hatte aber jetzt wieder den Wunsch, doch noch die Kurve zu kriegen; Kais Mutter hatte ihr außerdem einen Job im Edeka-Markt besorgt, da hat sie zweimal in der Woche an der Kasse gejobbt.

Auch wenn Lea oft noch schlecht drauf war und viel an sich gezweifelt hat, hatte ich noch die Hoffnung, dass sich alles zum Guten wenden würde.

Lea wollte, da war ich mir sicher, etwas mit ihrem Leben anfangen. Sie hat sich für die Drogen und was damit verbunden war, geschämt. Ich weiß, dass sie Freunde, die nicht in der Szene waren, deshalb auch angelogen hat, dass sie es verheimlicht hat, dass sie Drogen nahm. Das waren strikt zwei Welten.

So kam es auch, dass ich als einzige Person zwischen diesen Welten hing. Und ich versuchte, Lea in Balance zu bringen, ihr Erlösung und sogar einen neuen Freund zu verschaffen, damit sie endlich von diesem Kai loskam.

Ich bin mit ihr oft in Urlaub gefahren – das ging anfangs auch noch gut, vielleicht war sie da noch auf leichteren Drogen oder hatte mehr cleane Phasen. Oder vielleicht hatte sie sogar Drogen dabei, ich weiß es nicht. Jedenfalls flog ich mit ihr immer dorthin, wo viele junge Menschen waren. Meist buchte ich Clubs, damit sie, so hoffte ich, mit anderen Jungen in Kontakt kam. Lea hatte aber keine Augen für irgendjemand anderen außer Kai.

Bis Mitte 2006 lief alles noch ganz gut, dachte ich zumindest. Im Frühjahr hatte Lea sogar noch ihren Realabschluss gemacht – was ich ein Jahr zuvor nicht für möglich gehalten hätte! Ich habe mich dermaßen darüber gefreut, dass ich ihr eine gemeinsame Reise in die Türkei schenkte. Kurz vor Abreise deutete sie mir aber immer wieder an, dass sie auf diesen Urlaub keine Lust hat. Und ich nahm an, das sei wegen Kai. Er hatte sie im Dezember 2006 ein weiteres Mal geschlagen und ihr dieses Mal sogar die Nase gebrochen. Lea musste operiert werden – aber auch das hatte nichts an ihrer Liebe zu ihm geändert. Zu Hause stand ich alldem nur hilflos gegenüber. Umso wichtiger fand ich es, Lea schöne Erlebnisse weit weg von diesem Schläger zu verschaffen.

Als wir nun in Aldiana ankamen, wurde mir bald klar: Das ist nicht wegen Kai. Lea ist auf Entzug. Sie schaffte es morgens nicht aus dem Bett, sie zitterte, schwitzte und schlief ganz viel und wollte immer nur wieder nach Hause. Ich wusste nicht, was ich tun sollte. All meine Hoffnung schwand mit einem Mal. All meine Kraft war aufgebraucht. Ich konnte nichts tun. Das heißt, ich werde sie wohl angeschrien haben. Denn ich habe zum Schluss eigentlich immer, wenn es um diese verteufelten Drogen ging, geschrien. Weil es mich schlicht und ergreifend sonst von innen heraus zerrissen hätte.

Was sollte ich auch machen? Lea war inzwischen 17 Jahre und mir schon längst entglitten. Halten konnte ich sie nicht. Abhalten schon gar nicht. Also setzte ich sie in den nächsten Flieger nach Berlin – und blieb selbst in der Türkei.

Ich weinte nicht mal mehr. Ich war nur noch wütend und entsetzt, dass sie immer wieder jede noch so kleine Chance auf ein besseres Leben wegwarf. Dass sie ihr Leben wegwarf. Und ich vollkommen machtlos war. Das Einzige, was ich aus der Ferne zu tun imstande war, war, ihr Konto zu sperren. Meine Mutter hatte ihr noch 1000 Euro überwiesen als Belohnung für ihren Schulabschluss.

Vielleicht würde ich das Konto heute aber nicht sperren. Vermutlich hätte sie all das Geld für Drogen und Kai ausgegeben. Aber dann hätte sie das wenigstens von der Prostitution abgehalten, denke ich. Ich weiß es natürlich nicht. Ich weiß nur: Ich hätte nicht schimpfen sollen. Ich fühle mich so unglaublich schuldig, ich denke, ich habe sie mit meiner Art in den Tod getrieben. Was haben meine Beschimpfungen schon gebracht? Ich weiß bis heute nicht, was in mir vorgegangen ist, wenn ich sie als »Cracknutte« bezeichnet habe. Bestimmt habe ich nicht gedacht, wenn ich dieses Wort zu ihr sage, wird sie denken: »Oh, was mache ich denn? Cracknutte? Das werde ich mal schnell lassen, so mein Geld zu verdienen.«

Die absolute Hilflosigkeit hat mich immer härter werden lassen. So wie ein Schutzpanzer, der immer härter werden muss, weil er die vielen Einschläge einfach nicht mehr erträgt. Aber ich hätte mir mein Gebrüll sparen können. Besser gemacht hat es das jedenfalls nicht.

Gleichwohl: Ich wüsste bis heute nicht, wie ich sie denn aus diesem Teufelskreis hätte retten können. Ich hatte später einen Psychiater, der sagte nur: »Wenn ich in Ihrer Situation wäre, ich wüsste auch nicht, was ich machen soll.« Danke, toll.

Dann war ich noch privat bei einem Heilpraktiker. Der hat mir diese Abgrenzungsnummer empfohlen, die man als betroffene Eltern oft zu hören bekommt: »Werfen Sie sie raus, sie muss es allein schaffen.« Aber das mit dem Rausschmeißen für immer ist ja nicht so einfach. Es ist doch dein Kind, dein Baby. Ich habe das immer mal wieder getan, was ich heute aber zutiefst bereue. Dieser Heilpraktiker hat mir am Ende auch die letzten Stunden erst gar nicht in Rechnung gestellt – nachdem er erfahren hatte, was passiert war.

Lea hatte sich zwar tatsächlich noch auf einem Wirtschaftsgymnasium angemeldet, ging aber nur ein paar Mal hin. Aus den Akten der Kliniken, die Lea in den darauffolgenden, ihren letzten zwölf Lebensmonaten alle noch aufsuchte, weiß ich, dass sie ab diesem Sommer 2006 auch auf Crack war. Das zu wissen, erklärte mir im Nachhinein sehr viel. Denn Crack ist noch eine Nummer krasser als Heroin oder Kokain, glaube ich. Du wirst davon schneller high und fällst tiefer, wenn der Rausch nachlässt, habe ich im Netz gelesen. Allzu intensiv habe ich mich damit aber auch nicht mehr beschäftigt.

Wozu noch?

Im Nachhinein wurde mir auf einen Schlag klar, wie rapide sie in diesem Jahr vor ihrem Tod abgebaut hatte. Auf Fotos erkennt man das auch. Da sieht man, seitdem sie Crack nahm, waren ihre Augenringe

riesig und viel dunkler geworden. Sie hatte einige Kilo abgenommen und wirkte ständig gereizt und gestresst. Ich erinnere sie nie relax.
Sie war fahrig. Und irgendwie: zerbrochen.

**Notiz von Lea, September 2006:**
*Hi Ina,
es tut mir leid, ich habe aufgegeben. Ich pack das nicht mit der Schule und allgemein. Das, was mir am wichtigsten war im Leben, war Kai. Ich kann nicht mehr ohne Drogen. Fühl mich nur noch scheiße. Es macht keinen Sinn, mich wieder zu suchen. Ich komm nicht mehr klar, es tut mir leid. Bitte lass mich. HDL*

Wie genau es mit Kai auseinanderging, weiß ich nicht. Wir haben nicht darüber gesprochen. Aber ich glaube nicht, dass das so wirklich freiwillig war. Ich bekam bald mit, dass es da andere Typen gab. Ominöse Männer auch, die ihr Geld gaben. Einer war sogar ein Stalker, und ein anderer hat nach ihrem Tod – vermutlich wusste er davon erst mal nichts – noch Briefe mit 100-Euro-Scheinen drin geschickt.

Aber auch Kai traf Lea, soweit ich weiß, immer mal wieder. Eigentlich bis zu ihrem Tod.

Und dann war da Dustin: Er war, als er Lea kennenlernte, gerade aus dem Knast entlassen worden. Ohne Resozialisierungsmaßnahme, ohne Wohnung. Ohne alles. Er hat jedoch nie richtig Drogen genommen. Er hatte wegen schwerer räuberischer Erpressung gesessen – und Lea hat ihn immer mit zu uns nach Hause gebracht, weil er nirgendwo sonst schlafen konnte. Das war natürlich wieder Konfliktpotenzial ohne Ende zwischen uns beiden. Dustin war laut. Er ist immer laut. Und ich habe mit den Nachbarn Ärger bekommen, wenn er vom Balkon gespuckt hat. Er lebt, seit er 13 ist, auf der Straße. Manieren und all das musste ich ihm erst einmal beibringen. Aber ich wollte auch mal ein Leben führen und nicht noch einen fremden Kerl erziehen. Ich habe zu Lea gesagt, ich will nicht, dass er immer bei uns ist. Das gab Streit. Wir haben es dann versucht. Wir haben mit ihm gegrillt, sind gemeinsam essen gegangen. Und plötzlich war er einfach immer da. Auch wenn Lea zu mir ins Wohnzimmer kam, er trottete immer hinterher. Er war, man entschuldige den Vergleich, wie ein Hund.

Auch so treu, muss ich sagen! Er hat sich viel um Lea gekümmert, ist mit ihr zur Therapie gefahren, war nett, hat sie nicht geschlagen. Und er hat dann sogar organisiert, dass Lea ambulant ein Substitutionsmittel bekam.

Das wollte ich anfangs nicht, weil ich gelesen hatte, dass die meisten Substitutionspatienten Beikonsum haben. Nach wie vor bin ich auch der Meinung, dass dieses Zusammenbringen von Leuten, die alle das gleiche Problem haben, nicht die Lösung ist. Weil sie alle gleichzeitig runterdosiert werden und alle gleichzeitig Suchtdruck aufbauen und sich gegenseitig pushen und einer den anderen mit dem ein oder anderen Mittelchen versorgt. Die dealen ja auch untereinander, sogar mit ihrem Substitutionsmedikament!

Es sind sicher welche dazwischen, die es schaffen. Aber es gibt auch eine ziemlich hohe Abbrecherquote, und das trägt dann alles bloß zur Szenebildung bei. Darum wollte ich das nicht. Eigentlich. Denn Dustin hat tatsächlich einen Arzt ausfindig gemacht, der Rezepte für solche Junkies ausstellte, für die es wichtig ist, dass sie zur Schule gehen oder arbeiten und die daher nicht jeden Vormittag in einer Arztpraxis unter Aufsicht das Medikament einnehmen können. Diese Abgabe, das machen nicht viele Ärzte, weil die Bedingungen dafür in Deutschland sehr streng geregelt sind und man sich bei der kleinsten Abweichung wegen Verstoß gegen das Betäubungsmittelgesetz strafbar macht.

Aber Dustin organisierte das, und so bekam Lea täglich, in einer Apotheke ums Eck, Polamidon ausgehändigt.

In diesem letzten Jahr haben Lea und ich beide verzweifelt an ganz verschiedenen Stellen nach Hilfe gesucht. Lea ging im Dezember 2006 sogar freiwillig im Allgemeinen Krankenhaus Ochsenzoll in die Psychiatrie – brach nach nicht einmal einem Monat aber den

Aufenthalt ab. Im Februar 2007 versuchte sie es in der Fachklinik Bokholt, die ist 30 Kilometer von Hamburg entfernt. Dort blieb sie aber auch nicht, vielleicht wurde sie bei den strengen Kontrollen dort auch mit Drogen erwischt, so genau weiß ich das nicht mehr. Als sie im April 2007 wieder nach Bokholt kam, bin ich mit und habe gesagt: »Komm, wir gehen zur Leitung und sagen: Wenn du das nächste Mal abbrechen möchtest, sollen sie dich eine Nacht festhalten. Sie sollte das unterschreiben, wollte sie auch. Aber die haben gesagt: Das machen sie nicht. Solange jemand mündig ist, und Lea wurde wenige Tage später 18, muss er frei entscheiden – was ich irgendwie verstehe, aber andererseits auch nicht. Diese Sucht bestimmt dich doch so sehr, dass du gar nicht klar denken kannst. Du musst ja erst einmal über diesen Punkt kommen, an dem du glaubst, wirklich alles zu tun, nur um wieder an diese Droge kommen. Wäre sie diese eine Nacht festgehalten worden, hätte sie es dieses Mal vielleicht weiter als nur bis zum ersten Suchtdruck geschafft. Denn es war immer so: Sie war auf Entzug, hat sich bei Mitpatienten was besorgt oder ist abgehauen und hat dann morgens um vier wieder in der Klinik angerufen: »Darf ich zurückkommen?«

Im Mai 2007, also nur drei Wochen nach Therapiebeginn, war es in Bokholt wieder vorbei. Dann durfte sie auch nicht mehr wiederkommen.

Ich habe zur selben Zeit Rat bei der Drogenberatung des Universitätsklinikums Hamburg-Eppendorf (UKE) gesucht – die haben mir noch gesagt: »Rausschmeißen für immer. Klare Grenzen ziehen.« Dann war ich bei einem Elternkreis süchtiger Kinder – aber nur einmal, weil mir gleich zu Anfang gesagt wurde, ich solle nicht denken, dass mein Problem mit Lea schlimmer sei als die Probleme der anderen. Aber das habe ich natürlich gedacht. Ich meine, wenn Eltern dagegen kämpfen, dass ihr Sohn computerabhängig ist, ist das sicher genauso schwer. Aber ich muss gestehen, in dem Moment habe ich gedacht: Hätte ich nur so ein Problem! Ich habe mich da in meiner Not nicht erkannt gefühlt, daher bin ich da nicht mehr hin.

Dann war ich noch beim Fürstenberg Institut, wo man Beratung, Coaching und Seminare zu allen möglichen Themen der Gesundheit bekommt. Und dann bei diesem Heilpraktiker. Natürlich hatte ich auch überlegt, wegzuziehen. Aber wohin? Die Mutter einer Freundin von Lea war aufs Land gezogen, und ihre Tochter ist zwar heute clean und macht ihr Abitur, aber sie war trotz des Umzugs noch viele Jahre lang drogensüchtig. Ich war mir bewusst, dass sie es nur allein schaffen kann. Und dann war da auch noch die Sache mit meinem Job. Den wollte ich nicht aufgeben.

Im Sommer 2007 musste Lea nach einem Ohnmachtsanfall infolge einer abenteuerlichen Mischung aus Polamidon und fünf Tabletten, deren Namen und Inhaltsstoff sie nachher nicht mehr wusste, auf die Intensivstation. Als sie entlassen wurde, haben wir uns aus dem Krankenhaus kommend ins Auto gesetzt und sind direkt zum UKE gefahren, damit sie sie stationär in der Psychiatrie aufnehmen. Aber die haben sie nicht reingelassen. Ihre Vitalwerte seien zu gut, sie solle auf die Warteliste, haben sie gesagt. Das dauert zum Teil drei Monate, und Lea und ich, wir ahnten beide, diese drei Monate hat sie vielleicht nicht. Wir sind dann direkt weiter nach Ochsenzoll, da war es das Gleiche: »Wenn du einen Platz willst, setz dich auf die Warteliste. Auch für dich gibt es eine.«

Ich habe beiden Kliniken einen Brief geschrieben, als Lea tot war. Eine Antwort habe ich nie erhalten.

Lea wurde volljährig.

Am Tag vor ihrem Geburtstag habe ich noch Kleinigkeiten besorgt, Lea war mit Dustin bei uns zu Hause, die sind dann aber nach dem Abendessen noch mal los, um Dustins Sachen irgendwo zu holen. Am nächsten Tag, dem 18. Mai 2007, war Lea nur schlecht drauf. Meine Mutter kam zur Feier des Tages. Lea zog dann aber wieder mit Dustin los, warum weiß ich nicht mehr. Es war uns aber recht, denn wir haben in der Zwischenzeit die Geschenke auf dem Tisch aufgebaut und die Wohnung mit Blumen und Kerzen und mit Fotos aus Leas Baby-, Kinder- und Jugendzeit dekoriert. Es war schön, ich freute mich richtig. Bis Dustin anrief: »Wo ist Lea, ist sie bei dir?«

»Nein, ich dachte, sie ist mit dir unterwegs?«

»War sie. Aber dann hat sie 20 Euro von mir genommen und ist verschwunden.« Ich kann gar nicht sagen, was in diesem Moment in mir tobte. Welche Sorgen und welcher Hass, denn natürlich dachte ich: Sie ist los, um Drogen zu besorgen. Wir haben dann alles wieder weggeräumt, die Päckchen, die Deko und den Schokoladenkuchen. Und als ich die Geschenke in ihr Zimmer brachte, fand ich dort auch noch eine Crackpfeife, da war der Ofen aus. Ich habe mit meiner Mutter Wein getrunken, geredet und geweint und bin dann völlig fertig ins Bett.

Lea kam irgendwann nachts nach Hause.

Und ich bekam sie auch noch am Mittag des nächsten Tages kaum aus dem Bett.

Wir haben dann gestritten, und ich nahm ihr in aller Wut die Wohnungsschlüssel ab. Sie sollte gehen, ich, wir als Familie waren ihr ja ohnehin egal. Sie ging, wie ich es wünschte.

Dann habe ich eine ganze Woche lang nichts von ihr gehört.

Am 24. Mai rief sie mich am Abend an. Sie stünde auf einer Brücke und springe jetzt. Ich konnte sie etwas beruhigen, ihr versichern, dass ich Hilfe hole. Dann rief ich ihren Sozialarbeiter aus Ochsenzoll an – der zu dieser Brücke fuhr und sie später nach Hause brachte.

Vier Tage danach bekam ich wieder einen Anruf: Sie stehe auf einer Brücke und bringe sich um, weil sie alles verloren habe, sagte sie. Dann habe ich die Sucht-Ambulanz von Ochsenzoll angerufen, die die U-Bahn-Wache Fuhlsbüttel zur Rettung schickte – so kam Lea, zwei Wochen, nachdem sie sie wegen ihrer guten Vitalwerte abgewiesen hatten, auf diesem Weg dort in die Psychiatrie. Und dann untersuchten sie sie nochmal und sagten ihr dann, ganz nebenbei, sie habe Hepatitis C. Und nach dieser Nachricht gaben sie ihr Ausgang. Und was machte sie? Sie hat sich auf den Schock natürlich wieder Drogen besorgt. Das war Anfang Juni. Und das war es dann.

Sie wurde positiv auf Drogen getestet, und sie warfen sie aus der Klinik. Am nächsten Tag war sie bei mir, aber nur, um sich umzuziehen. Am 9. Juni wollte sie wiederkommen, kam aber nicht, ohne Absage. Am 10. Juni hat sie bloß Sachen vorbeigebracht, geduscht, und ist wieder verschwunden. So ging das dann, mit immer wieder cleanen Phasen und immer neuen Rückfällen, weiter.

Einen Tag vor Dustins Geburtstag, am 2. September 2007, kam Lea und sagte mir, die beiden hätten Schluss gemacht. Warum, weiß ich nicht, aber Dustin kam mit ihr zu mir, weil er wieder nicht wusste, wohin sonst. Und er war sehr betrunken. Lea und ich haben die ganze Nacht versucht, ihn aus der Wohnung zu schaffen. Aber er hat geweint, geschrien, gepoltert. Lea hat geweint, geschrien und gepoltert.

Ich habe dann nach einer schlaflosen Nacht am Morgen mit meiner Mutter telefoniert. Außer ihr gab es niemanden, der mir in dieser Zeit zur Seite stand. Wir telefonierten auch oft, und ich schrieb ihr Kurznachrichten wie diese:

**SMS von Ina, 3. September 2007, 8.52 Uhr:**
»Mutti, ich schaff das nicht. Lea nimmt was, wenn sie sauer ist. Mir macht das Angst. Die Nachbarn beschweren sich bei der Hausverwaltung. Heute die ganze Nacht Terror, weil Dustin besoffen war und nicht gehen wollte. Trau mich nicht mehr nach Hause.«

Am nächsten Morgen, als ich Dustin rauswarf, wollte Lea auf einmal mit ihm fort. Das war ein Montag. Lea kam am Mittwoch noch einmal nach Hause, Sachen wechseln. Am nächsten Tag schrieb sie meiner Mutter eine Nachricht.

**SMS von Lea, 6. September 2007, 9.50 Uhr:**
»Hallo Oma, bin im Café Sperrgebiet, diesem Projekt für Obdachlose und Prostituierte, weißt du noch, davon habe ich mal erzählt? Habe mir auch Polamidon geholt. Wir fahren am Nachmittag in den Hansa-Park, freue mich drauf. Melde mich.«

Am 7. September, einem Freitag, um 23 Uhr klingelte es an meiner Tür. Ich hatte schon geschlafen. Ich schlüpfte in meine Hausschuhe und öffnete die Tür. Zwei Polizisten standen vor mir.

Sie werden mir wohl gesagt haben, dass meine Tochter von einer Brücke gesprungen ist und im Krankenhaus liegt. Aber daran habe ich keine Erinnerung. Sie werden mich gebeten haben, mich anzuziehen, und haben mich dann ins St. Georg gebracht. Aber auch daran erinnere ich mich nicht. Ich muss wohl ziemlich gefasst gewirkt haben. Eine Freundin, die Anwältin ist, hat später das Protokoll gelesen. Da stand drin: »Mutter völlig cool, sie hatte damit schon gerechnet.«

Aber das eine ist ja, was man in solch einem Moment sagt und zeigt. Das andere, was man denkt und fühlt.

In Wahrheit stand ich unter Schock.

Es stimmt schon, ich habe oft gedacht: Nur einer von uns beiden überlebt das alles. Und dann: Ich will nicht diese Überlebende sein. Ich habe auch ständig darüber gesprochen, dass Lea sich mit den Drogen umbringt, denn nichts anderes bedeutet es ja. Aber selbst, als ich in dieser Nacht neben ihrem Krankenbett auf der Intensivstation stand und sie an Geräte angeschlossen daliegen sah, habe ich nicht daran gedacht, dass sie wirklich sterben könnte. Selbst nicht, als die Ärzte sagten: »Die Chancen stehen nicht gut!« Ich konnte mir das nicht vorstellen. Ich habe diese Möglichkeit vollkommen aus meinem Bewusstsein ausgeblendet.

Die Ärzte haben mich dann weggeschickt, ihr sollte die Milz entfernt werden. Aber ich bin im Warteraum geblieben, während sie im OP war. Und während ich dasaß und man ihr den Bauch aufschnitt, gingen mir ständig solche Gedanken durch den Kopf: Lea wird mir wegen der Narbe bestimmt in den Ohren liegen. Sie wird schrecklich jammern, weil sie sich jetzt nicht mehr traut, einen Bikini anzuziehen.

Ja, das waren meine Gedanken.

Dass sie mich damit nervt.

Weil sie so war.

Sie hasste jeden noch so kleinen Makel an sich, weil sie das verunsicherte. Weil all die Dinge, die auch andere Menschen fehlbar machen, die auch anderen Menschen passieren und die ganz normal sind im Leben, weil sie die so wenig verkraftete. Sie war nicht in der Lage, all das ohne Drogen auszuhalten.

So gegen drei Uhr in der Nacht haben die Ärzte mich endgültig nach Hause geschickt. Sie würden mich anrufen, wenn etwas ist. Und ich habe mir ein Taxi gerufen. Bin heimgefahren. Und habe mich wieder in mein Bett gelegt.

Um halb acht klingelte das Telefon. Ich solle kommen, »sie stirbt«, sagte mir eine Krankenschwester. Ich bin sofort zu ihr. Lea war an einer Lungenmaschine angeschlossen, aber sie sah nicht so aus, als würde sie im Sterben liegen. Sie war so warm und zart und friedlich irgendwie.

»Wir würden die Maschinen jetzt abstellen«, sagte ein Arzt.

Und ich habe noch einmal die Decke angehoben und Lea gestreichelt. Und ich habe gedacht: »Wenn sie wüsste, dass sie ihre Beine nochmal rasieren müsste.« Und ihre eigenwillig lackierten Nägel betrachtete ich noch einmal. Dann habe ich den Arzt um etwas Valium gebeten.

Es war kein Psychologe bei mir, niemand der Ärzte dort hat sich noch weiter um mich geschert. Sie haben einfach die Geräte abgestellt, die ihre letzte Verbindung zu diesem Leben waren.

Und ich bin gegangen.

Ich bin die Straße entlanggelaufen, ziemlich weit, habe mich dann in ein Café gesetzt und habe alle angerufen, meine Mutter, Leas Vater, meinen Chef. Danach bin ich durch die halbe Stadt, immer weiter, bis zu der Apotheke, wo Lea ihr Polamidon bekam. Ich weiß nicht, warum ich dorthin lief.

Kurz vor der Apotheke griff mich meine Mutter auf und brachte mich nach Hause.

Wir haben beide nicht geweint.

Auch an die Wochen nach Leas Sprung von der Brücke kann ich mich kaum erinnern. Wir haben Lea beerdigt, in einer Urne, mit einem Grabstein, dessen Form anmutet, als hielte eine Person eine andere im Arm. Weiter weiß ich nichts.

Außer vielleicht noch, dass viele Leute kamen, die sie nun vermissen würden!

Und dass ich krankgeschrieben war.

**Brief von Ina, 7. Oktober 2007**
*Wuffi-Kindi,*
*ich war heute wieder auf dem Friedhof. Die Blumen sind noch schön, es sind sogar neue da – hat dich jemand besucht?*
*Es fällt mir schwer, mir dich dort vorzustellen. Und mit dir dort zu sprechen. Wenn ich doch wüsste, wo du bist, ob du noch irgendwo bist. Wenn ich nur wüsste, dass du dich erlöst fühlst.*
*(...) Ich habe so einen Hass auf den ganzen Suchtklinik-Scheiß! Dustin hat erzählt, dass du am Freitag vor deinem Sprung von der Brücke nochmal in Ochsenzoll warst. Warum hat denn keiner der Ärzte reagiert? Und dann hat Dustin dich zu mir gebracht, weil du schlafen wolltest. Hätte ich doch das Schloss nicht ausgetauscht! Warum hast du denn nicht angerufen, ich wäre doch gekommen und hätte dich reingelassen. Ich habe dich doch Freitag noch gesprochen, wärst du doch früher gekommen!!!*
*Ich weiß gar nicht, was ich ohne dich machen soll. Ich wollte dich doch noch besser kennenlernen und glücklich sehen. Und du wolltest doch irgendwann Kinder und springst einfach so von einer Brücke!*

An dem Tag, als Lea sprang, gab es mehrere Momente, die alles hätten verändern können, die dieses schlimme Ende hätten verhindern können. Zum Beispiel hat eine Freundin von Lea mir später erzählt, dass Lea noch am Drop In gesessen und fürchterlich geweint hätte. Vor Ort gibt es auch Sanitäter, für den Fall, dass jemand eine Überdosis oder andere ernsthafte Gesundheitsprobleme hat. Denen hat diese Freundin gesagt: »Lea will sich umbringen.« Und die haben wohl geantwortet: »Wenn wir immer reagieren würden, wenn jemand das sagt, hätten wir den ganzen Tag nur damit zu tun.« Was wäre heute, wenn die Sanitäter sich um Lea gekümmert, mit ihr gesprochen hätten?

Lea war an dem Freitag, so erzählte mir Dustin, aus purer Verzweiflung auch nochmal in der Klinik Ochsenzoll gewesen und hatte darum gebeten, akut wiederaufgenommen zu werden – sie haben das aber nicht getan. Würde sie heute noch leben, wenn man ihre Verzweiflung ernst genommen hätte? Und dann kam sie bei mir nicht rein! Ich hatte das Schloss ausgetauscht, so als könnte ich all die Sorgen und Probleme einfach aussperren. Lea könnte vielleicht noch leben, wenn sie sich zu Hause hätte ausruhen können.

Dustin hat mich sogar zwei Mal angerufen, aber keine Nachricht auf Mobilbox gesprochen, sodass ich nicht wusste, wie schlimm die Situation war. Hätte er mir doch eine Nachricht hinterlassen, wie schlecht es ihr ging. Ich wäre doch sofort gekommen und hätte sie reingelassen.

Lea hatte Dustin nochmal angerufen, bevor sie sprang. Mehrfach. Auch kurz bevor sie es dann tatsächlich tat. Er ist dann schnellstmöglich zum Hauptbahnhof gerannt, zu der Brücke. Aber er kam zu spät. Er hat noch gesehen, wie der Rettungsdienst Lea von den Gleisen holte. Und er ist wohl zu ihr hin und hat ihr immer wieder gesagt: »Ich bin hier, mein Schatz, alles wird gut. Ich bin hier, mach die Augen auf, ich bin hier. Bei dir.«

»Die war ganz weiß, die starb nicht, die war da schon tot«, sagte er mir später.

Ich weiß nicht, wann genau es zu spät war. Aber was ich weiß, ist: Es gab all diese und vielleicht sogar noch mehr Momente, in denen man sie vielleicht noch hätte aufhalten können. Sodass es dieses Mal nicht passiert wäre.

Wäre es dann ein anderer Tag geworden?

Wäre sie überhaupt je von den Drogen losgekommen?

Wie sehr wünsche ich mir, dass ich als Mutter noch einmal eine Chance bekommen hätte, alles besser zu machen. Ich, mit meinem Verhalten ihr gegenüber. Und die Lehren, die ich draus gezogen habe.

Aber das einzig Sichere ist wohl: Einem Kind, das Drogen nimmt, keine Grenzen zu setzen und das alles auszuhalten, bedeutet, dass du genauso kaputtgehst. Es ist ein unvorstellbarer Stress mit so jemand, der unberechenbar und nicht vertrauenswürdig ist, dem du immer misstraust, mit dem du in permanenter Angst und andauernd im Konflikt lebst, weil du immer vom Schlimmsten ausgehst, ob der Mensch nun etwas macht oder nicht.

Aber ich würde es nun genausomachen. Mit der Erfahrung jetzt, ja. Ich würde es versuchen, auch wenn es vielleicht nicht einmal etwas bringen würde. Es hätte vielleicht nicht einmal geholfen. Vielleicht wären wir beide draufgegangen.

Aber beim zweiten Mal würde ich es besser machen.

Nur: Es gibt für uns kein zweites Mal.

**Brief von Ina, 10. Oktober 2007**
*Wuffi-Kindi,*
*ich habe heute von dir geträumt. So richtig kann ich mich nicht mehr erinnern, aber ich weiß, dass ich lange mit der Straßenbahn oder dem Bus gefahren bin und irgendetwas wiedergesehen habe. Und dann an eine Stelle kam, an der eine Frau eine ganze Tasche mit deinen Sachen hatte und ich mir etwas von dir rausgesucht habe – ein bestimmtes Teil, das ich plötzlich unbedingt haben wollte. ( ... ) Sie ist dann mit mir ausgestiegen, und wir haben irgendwo gesessen, im Traum war es unsere Wohnung. Und dann sind wir auf den Dachboden geklettert, und dann warst du plötzlich da. Und du hast gesagt, du hättest doch bloß etwas trinken wollen und nicht sterben. Und wir sind gelaufen, hinter das Haus, da*

*war ein Spielplatz mit Figuren, und du wolltest dort hin und hast immer gesagt: Oh, wie geil.*
*( ... ) Ich weiß gar nicht, was ich jetzt ohne dich machen soll. Vielleicht sollte ich ein Jahr warten, bis zu deinem ersten Todestag, und wenn es dann immer noch so schrecklich weh tut, dann komme ich zu dir. Bist du bei Opa? Weißt du, was ich nicht überlebt hätte? Wenn ich dich noch bei Bewusstsein angetroffen hätte und du zu mir gesagt hättest: »Ina, ich will doch nicht sterben ...« Ich glaube, dann wäre ich sofort gesprungen.*
*( ... ) Hättest du doch etwas anderes getan, etwas, wonach man dich hätte retten können. Du hast sicher nicht geglaubt, dass du wirklich sterben könntest nach dem Sprung, oder? Hätte ich auch nicht. ( ... ) Du bist sicher bloß blöd gefallen.*

Als Mutter oder Vater hat man im Prinzip nur zwei Optionen: Entweder man lebt weiter oder man springt hinterher. Ich habe mich, gebe ich zu, nie so richtig entschieden. Aber ich habe viel darüber geredet, unter anderem mit meiner Mutter, die meinte: Noch einen Verlust verkraftet sie nicht. Auch bei einer Trauerbergleitung war ich. Dort habe ich dann einen Psychotherapeuten vermittelt bekommen, zu dem ich anschließend vier Jahre lang zweimal die Woche hingegangen bin. Und dann besuchte ich noch den Kreis der Verwaisten Eltern. Aber auch das fiel mir wieder sehr schwer, weil wir da so Dinge machen sollten, wie unsere Kinder malen – und zwar mit Wurzeln und einer Krone, wie bei einem Baum. Und dann sollten wir die Bilder interpretieren, und viele dort sprachen vom Werden und vom Wachsen, und ich dachte dann: Ey! Mist, da wächst nichts mehr!

Im Lauf meiner Therapien habe ich vieles ausprobiert, unter anderem mit Speckstein zu arbeiten und Tanztherapien, sowas alles, das fand ich alles gut. Aber wenn es esoterisch wird, da bin ich nicht der Typ für, mich auf sowas einzulassen. Und was mich außerdem unglaublich belastet hat, war die Tatsache, dass da eine Frau in der Gruppe war, deren Sohn hatte sich zwei Jahre zuvor getötet. Und sie weinte und weinte, und Lea war zu dem Zeitpunkt gerade einmal einige Wochen tot. Dass da Eltern saßen, deren Verlust so lange her war und die immer noch so betroffen waren, das hat mich nur noch mehr runtergezogen.

Im April hat sich der Sohn von einem Arbeitskollegen das Leben genommen. Mit 17. Und da ich die Erfahrung gemacht habe, dass alle einen großen Bogen um einen machen, der sein Kind verloren hat, und dass keiner damit umgehen kann, bin ich gleich zu dem Kollegen hin und habe ihn in den Arm genommen. Denn häufig sind betroffene Eltern am Ende ganz allein, weil die anderen sich nicht trauen, mit ihnen über den Verlust zu sprechen. Oder weil sie nicht wissen, was sie machen sollen.

Es gibt da eine so große Unsicherheit, letztes Jahr habe ich zufällig eine Kollegin bei unseren Schrebergärten getroffen, und wir kamen ins Gespräch – auch über Kinder und über Lea, und schließlich sagte sie: »Ich schäme mich so, ich habe fast zehn Jahre nichts zu dir gesagt.« Am Schluss hat sie geweint, und ich musste sie trösten.

Die Leute wissen nicht, was sie einem sagen sollen. Manche Leute haben sich nach Leas Tod einfach nie mehr gemeldet.

Meine Trauer und meine Verzweiflung, die brachen aber erst viel später aus mir heraus. Als ich unsere Katze einschläfern lassen musste, Luna, die Lea noch kannte und die seit Leas Tod ganz anders, viel trauriger und am Ende auch sehr krank war. Die Tierärztin gab ihr eine Spritze. Ich brach in der Tierarztpraxis zusammen, habe geweint und geweint und der Tierärztin von Leas Leben und ihrem Sterben erzählt.

Das war knapp neun Jahre nach Leas Tod.

Wenn mich heute jemand fragt: »Hast du ein Kind?«, dann sage ich: »Ja, ich habe eine Tochter.« Und wenn mich jemand fragt, wie es mir geht – vor allem, wenn ich den- oder diejenige lange schon nicht mehr gesehen habe –, dann will ich immer zurückfragen: »Meinst du wegen Lea?« Überwinden – ich denke nicht, dass man sowas überwinden kann. Ich habe immer Flashbacks. Zum Beispiel, wenn ich Handtücher zusammenlege und jedes Mal daran denken muss, wie sie beim Wäscheabnehmen die großen immer liegen ließ und sagte, sie wüsste nicht, wie die zusammengelegt werden. Bei jedem Gang in die Stadt. Wenn ich an einer bestimmten Eisdiele vorbeifahre. Wenn ich das Café sehe, in dem wir mal nach der »Apotheke« waren. Lea ist immer noch bei mir – und damit auch der Schmerz. Das Gefühl von Schuld. Die Leere.

Aber man lernt, damit zu leben. Und sosehr ich das Gefühl habe, mich dafür rechtfertigen zu müssen, die Wahrheit ist: In den letzten Jahren ohne Lea ging es mir bedeutend besser als in diesen sechs Jahren ihrer Sucht.

Die Frau, die diese Gruppe verwaister Eltern geleitet hat, deren Tochter hatte sich zwölf Jahre zuvor umgebracht. Und sie sagte damals zu mir: Jeden Tag denke ich noch an sie. Aber es wird anders.

Leas Tod ist nun zehn Jahre her – und ich sage ehrlich: Wenn sich bei meinem Kollegen nun der erste Todestag seines Sohnes jährt, in dessen Haut möchte ich dann nicht stecken. Ich möchte nicht all diese Jahre noch vor mir haben.

Früher bin ich jeden Sonntag zum Friedhof gegangen. Jetzt habe ich einen Garten.

Und: Ich habe Dustin.

Dustin stand, nachdem Lea sich umgebracht hatte, dann wieder ganz auf der Straße, hatte aber noch Sachen bei mir. Und er fragte mich: »Was machst du?« Und ich fragte ihn dasselbe. Und ich hatte Prospekte gesammelt, die darüber aufklärten, wo man als Obdachloser hingehen kann, um sich eine Wohnung zu suchen. Dann habe ich ihm zehn Euro in die Hand gedrückt, die man braucht, um sich einen Personalausweis machen zu lassen. Und irgendwie hat er es geschafft, in ein Wohnungsprogramm zu kommen. Er hat Minijobs geleistet, und er kam immer wieder mal vorbei. Dann, irgendwie, wurde das Verhältnis enger. Er wurde immer selbstverständlicher, und irgendwann war der Punkt erreicht, wo es für mich kein Zurück mehr gab.

Im kleinen Prinzen gibt es so eine Stelle, wo der Prinz zum Fuchs sagt oder der Fuchs zum Prinzen: »Du bist für immer für das verantwortlich, was du dir vertraut gemacht hast.« Wir haben irgendwann angefangen, zusammen Sport zu machen. Zu laufen. Er hadert natürlich mit seinem Schicksal, dass er keinen Schulabschluss hat, keine Ausbildung, nichts. Dann hat er manchmal überlegt, wieder kriminell zu werden. Aber in solchen Momenten sagt er immer: »Dann weint Ina.« Und ja, Dustin ist heute der einzige Mensch, um den ich mir richtig Gedanken mache. Um den ich mich sorge, er ist mein Ziehsohn.

### Brief von Ina, 16. Oktober 2007

*Wuffi, ich habe heute eine Reportage gesehen über Kinder, die für ein Austauschjahr ins Ausland gehen. Wie hätte ich dir das gewünscht. Ich wäre sicher auch schrecklich traurig gewesen, wenn du gegangen wärst. Aber ich hätte ja dann gedacht, dass du eine schöne Zeit gehabt hättest. Wenn ich dann diese Kids gesehen habe, wie anders sie waren. Wie gesund, lebenstüchtig sie wirken. Das hat sicher nichts mit Gymnasium zu tun. Das ist sicher die andere Einstellung zum Leben.*

*( … ) ich bin total voll. Ich habe mich, wie du so oft, total überfressen. Ich war mit Dustin in der italienischen Kneipe, in der du mit deinem Nachhilfelehrer so oft warst. Ist doch schön blöd, oder? Weil ich ihn rausgeschmissen habe, ist das alles passiert. Und dann geh ich mit ihm essen.*

*Aber ich will eigentlich immer bloß über dich reden, mit Leuten zusammen sein, die dich kannten.*

*Und weißt du was? Heute hat mir ein Freund gesagt, dass du in mir warst, in mir bist und immer in mir sein wirst. Und ich bin in dir und werde immer in dir sein.*

*Und ich spüre, dass es so ist.*

*Ich hoffe es ganz fest.*

# Überblick: Drogen und Suchtsituation in Deutschland (Teil 1)

Seit einigen Jahren steigt die Zahl der Drogentoten. 2016 waren es 1333, neun Prozent mehr als im Jahr zuvor. Die meisten haben sich durch Opiate selbst vergiftet. Andere starben an den Folgen ihres Konsums, schweren Infektionskrankheiten oder Blutvergiftungen durch offene Wunden, Leberversagen oder durch Suizid zum Beispiel.

Gründe für die leicht steigende Zahl der Drogentoten sehen Experten in einer perfiden Kombination aus steigender Stoffqualität und sinkenden Preisen. Beides resultiert aus einem nach wie vor großen Angebot an Drogen – und einer starken Nachfrage: Laut BKA werden in Deutschland täglich rund vier Tonnen illegale Drogen konsumiert.

Cannabis ist dabei die in Deutschland und der EU am häufigsten konsumierte illegale Droge. An zweiter Stelle folgt Kokain, dann Amphetamine, Heroin und MDMA. Wie Drogenbehandlungseinrichtungen laut Europäischer Beobachtungsstelle für Drogen und Drogensucht (EMCDDA) berichten, geht der injizierte Konsum, also der Gebrauch von Heroin mit Spritze und Nadel, zurück. Indes aber tauchen immer neue, synthetisch hergestellte, und bisweilen schwer gesundheitsgefährdende Substanzen auf dem Schwarzmarkt auf. Die Handelsmärkte für illegale Drogen verlegen sich dabei mehr und mehr in das sogenannte Darknet, aber auch das reguläre Surface Web. Ähnlich wie bei eBay oder Amazon bieten hier verschiedene Anbieter Produkte an, deren angeblichen Inhalte und Preise man vergleichen kann. Laut EMCDDA werden in der Europäischen Union jährlich zwischen 21 und 31 Milliarden Euro mit Drogen umgesetzt.

Das Verbot nutzt nichts, behaupten daher verschiedene Fachleute aus Politik, Suchtmedizin, Justiz und Polizei. Sie fordern in den vergangenen Jahren immer häufiger die Legalisierung von Drogen – und betrachten diese als Regulierung. Jedes Kind, liest man unter anderem im aktuellen Drogenbericht der EMCDDA, kann heute überall ganz einfach Drogen erwerben, wenn es will. Hinter dem Verkauf aber stecken Kartelle und Dealer, die ausschließlich Profit im Sinn haben. Eine Regulierung durch Legalisierung würde Verbraucher- und Jugendschutz leisten, es würde Beratung und Kontrolle fördern, so argumentieren die Befürworter. Wer süchtig wird oder in Sorge ist, es zu werden, der traue sich außerdem vielleicht eher aus der Schattengesellschaft hin zum offenen Gespräch – weil er weniger fürchten muss, stigmatisiert und kriminalisiert zu sein.

Die Politik stellt sich bislang weitgehend gegen diese Forderung aus Forschung, Strafverfolgung und Suchthilfe. Der Staat – ein Dealer? Dafür will niemand verantwortlich sein.

Stattdessen setzt die Bundesregierung weiter auf Repression, also Strafverfolgung, Behandlung und Inhaftierung. Genaue Zahlen über die Kosten, die das verursacht, gibt es nicht. Die EMCDDA schätzt diese in ihrem Europäischen Drogenbericht 2017 auf 0,1 bis 0,5 Prozent des Bundesinlandsproduktes. Das sind in Deutschland rund drei bis sechs Milliarden im Jahr.

Für Prävention indes wird weiter zu wenig Geld ausgegeben, das fängt schon bei der Erhebung verlässlicher Zahlen über das Ausmaß und die Ursachen von Sucht an. Zwar legt die Bundesregierung alljährlich einen »Drogen- und Suchtbericht« vor. Dieser stützt sich aber auf viele kleinere Studien, die – so steht es im Drogen- und Suchtbericht 2016 – miteinander teilweise gar nicht vergleichbar sind.

Eine Einschätzung zur Lage bilden die hier zugrunde gelegten Studien durchaus. Man muss aber davon ausgehen, dass das Lagebild verzerrt ist, unter anderem, weil die Erhebungen vielmals auf telefonischen und Online-Befragungen beruhen, an denen – das darf angenommen werden – Menschen, die selbst von Sucht betroffen sind, womöglich eher nicht teilnehmen oder falsche Angaben machen.

Die Zahlen, die wir haben, sind also die Spitze eines Eisbergs: Menschen, die als Süchtige erfasst werden können, weil sie entweder bereits in therapeutischer Behandlung, strafrechtlich aufgefallen oder nachhaltig gesundheitlich geschädigt sind.

Laut Drogen- und Suchtbericht der Bundesregierung haben 10,2 Prozent der Jugendlichen und 34,7 Prozent der jungen Erwachsenen im Alter von 18 bis 25 Jahren mindestens einmal in ihrem Leben illegale Drogen konsumiert. Die Dunkelziffer, vor allem was die Häufigkeit des Konsums angeht, dürfte weit höher sein.

# 2 LÜGEN – Kiffen bis die Lunge kollabiert

Leon ist das Jüngste der drei Nowak-Kinder. Er hat viele Drogen genommen, vor allem hat er jahrelang gekifft – so oft und so viel, dass er letztlich mit einer schweren Psychose in einer Psychiatrie landete und erst durch Medikamente nach und nach wieder zu sich kam. An seiner Seite: Mutter Agnieszka Nowak, die Aga genannt wird. Eine Frau, deren Liebe und Zuwendung keine Grenzen findet. Die ihre Kinder gestärkt und alles für sie getan hat – auch die Augen vor dem Unliebsamen verschlossen. So hat sie sich viel zu oft zur Komplizin der Sucht ihres Sohnes gemacht.

**4. November 2016, Heinsberg, NRW – Präventionsvortrag von Leon Nowak:**

Eine Bühne. Ein Flipchart, auf dem drei Wörter stehen:
Selbst.
Wert.
Gefühl.

Leon Nowak betritt die Bühne, ein Mann mit offenem Blick, lockeren Schultern, das obere Haar zum Dutt zusammengebunden, unten kurz rasiert. Er trägt graue Lederschuhe, eine verwaschene Trash-Chic-Jacke, den Kragen hochgestellt. Er sieht sein Publikum an, bleibt in der Mitte der Bühne stehen, lächelt. Lächelt nicht mehr. Und sagt dann: »Der 2. Juni 2004 war der tiefste Punkt in meinem Leben.«

Angespannte Ruhe beherrscht sofort den Raum. Der Redner schaut nach rechts in die Reihen, nach links, und schließlich auf die

Empore, auf der die Menschen an Tischen sitzen und mit freiem Blickfeld zu ihm herübersehen. »Dieser Tag war aber auch der Wendepunkt in meinem Leben. Denn ich musste und wollte mit einem Schlag Verantwortung für mich übernehmen.«

Leon Nowak ist Sohn einer polnischen Köchin und eines Bundeswehrsoldaten, geboren im beschaulichen Örtchen Hückelhoven-Millich, das zum Kreis Heinsberg gehört. Nach einem Hauptschulabschluss wurde er Bergwerkarbeiter, ist vom Leben, meint man womöglich, zunächst vielleicht gar nicht für diese Bühne gemacht. Aber sein Überleben, so scheint es, motiviert ihn zur Botschaft und gibt ihm Kraft. In Schulen, in Betrieben, in Suchthilfe- und therapeutischen Einrichtungen spricht er schon seit Jahren regelmäßig darüber, wie er »ein Hardcore-Kiffer wurde«, so nennt er es selbst; wie er deshalb beinahe gestorben wäre und was ihm bei seinem Weg zurück in ein gesundes, abstinentes Leben am meisten geholfen hat.

Man muss ihn sehen, da oben, um die Energie zu spüren, die er versprüht. Lust am wiedergewonnenen Leben. An der Freiheit. Ein bisschen buddhistische Lebenshaltung, ein bisschen rauschhaften Enthusiasmus für seine Idee – gemischt mit jener Zartheit, die Männer zeigen, die Männer lieben und sich nach vielen Jahren der Selbstverleumdung endlich trauen, dazu zu stehen. »Hallo Baby. Wo bist du denn? Ah, da bist du ja«, fällt Leon Nowak kurz aus seiner ernsten Rolle und winkt seinem Lebenspartner Gerome auf der Empore zu. Gerome, ein schlanker, gut trainierter, schwarzer Kerl mit gezupften Augenbrauen und Dreitagebart, lächelt verschämt und winkt zurück.

Rund 300 Frauen und Männer jeden Alters sind ins Hotel Reussbach gekommen.

Leon senkt den Blick, macht eine Pause. Dann hebt er wieder den Kopf und seine Hände so, als packe er etwas an. So als packe er zu und halte etwas ganz fest: »Ich habe damals entschieden, die Liebe und die Wahrheit zu leben. Ab sofort. Ich möchte heute von meinem Weg zur Liebe und zur Wahrheit erzählen – und davon, wie alles mit Selbsthass und Selbstbetrug angefangen hat.« Leon spricht mit freier Gestik und wirkt trotz seiner Tenorstimme locker und jugendlich. »Ich bin jetzt fast 50«, nimmt er das glückliche Ende seiner beinahe tödlichen Geschichte vorweg: »Und ich habe den Großteil meiner Jahre gebraucht, um zu erkennen, dass Gefühle der Schlüssel zu allem sind. Denn die Gefühle, die man pflegt, die strahlt man auch aus – und man bekommt entsprechende Antworten von den Menschen und vom Leben generell darauf zurück.« Und mit aufgedrehter Stimme fährt er fort: »Das mächtigste Gefühl von allen ist dieses hier«, er läuft auf das Flipchart zu und zeigt auf das erste Wort: »Es geht um das Selbst, also um mich«, dann deutet er auf das zweite Wort: »Es geht um Werte im Leben. Und ...«, er zeigt auf das dritte Wort: »... es geht um Gefühle. Das ist ein ganz starkes Wort: Selbstwertgefühl. Es fasst alles zusammen, worum es geht, wenn wir über Sucht sprechen. Es trifft den Nagel aller Belange auf den Kopf, wenn ich gefragt werde: Warum bist du denn süchtig geworden, woran hat es dir denn gefehlt? Dann war es vor allem das. Es fehlte mir an einem sicheren Selbst, an echten Werten, und vor allem fehlte es mir an authentischem Gefühl.«

### Sechs Wochen vorher, Hückelhoven-Millich – Treffen bei Leons Mutter:

Aga Nowak zieht die Handbremse ihres blauen Twingo an. Dann steigt sie aus dem Auto aus, läuft zum Kofferraum, öffnet ihn und zieht energisch eine große Bäckertüte heraus und einen Sechserpack Orangensaft.

»Brauchen Sie Hilfe? Kann ich Ihnen etwas abnehmen?«, frage ich.

»Ach, das wäre doch gelacht!« Die 70-Jährige winkt ab und stapft strammen Schrittes los, die knapp 30 Stufen zur Tür ihres Hauses den Hang hinauf. »Ich komme hier noch immer genauso hoch wie runter«, sagt sie noch im Gehen. Das »R« rollt sie dabei energisch, ihr polnischer Akzent gibt den Sätzen eine eigene Melodie. Sie atmet tief ein und meint dann: »Aber es gab diesen Tag vor ich weiß gar nicht mehr wie vielen Jahren, da musste ich unter den schlimmsten Schmerzen hier hinab. Ich schaffte es kaum bis zu meinem Auto. Das war nach einer Knie-OP, es hatte Komplikationen gegeben, ich war zu Hause, wartete auf meine Reha, und schon im Liegen tat mir alles weh.« Sie verdreht dabei die Augen und schaut gequält in den Himmel. »Da rief Leon an. Es ging ihm gar nicht gut, habe ich sofort an seiner Stimme bemerkt. War ja nicht das erste Mal, dass er so seltsam klang. Oder dass er mir sagte, er glaube, er bekomme Aufträge direkt von Gott.«

Aga Nowak verlagert Brötchen und Flaschen in den linken Arm, sie streckt die rechte Hand aus, steckt den Haustürschlüssel ins Schloss, dreht nach rechts, und die weiße Metalltür mit Verglasung und fliederfarbenem Blumenkranz springt auf.

Wir stehen jetzt im Flur, ihre Stimme bekommt hier einen kleinen Hall: »Er solle jemanden opfern, jemanden umbringen, sagte er zu mir. Jesus hätte ihm das aufgetragen. Da rannte ich sofort los. Oder: Ich kroch. Kam kaum ins Auto rein vor lauter Schmerzen. Aber da kommen wir gleich drauf zu sprechen, gehen wir erst einmal rein.«

Die gebürtige Polin lebt einfach und bodenständig in dieser noch recht konservativen Ecke von Nordrhein-Westfalen. Einst gab es hier viele Straßenfeste, jeder kannte jeden. Und jedermanns Kinder. Die meisten von denen sind jetzt fort, man trifft sich seltener. Aber, erzählt Aga mit einem Augenzwinkern und einem verschmitzten Lächeln, »man beobachtet sich doch«.

Die Markise über dem Balkon, den man von der Straße unten aus sehen kann, hat sie daher »kürzlich noch vom Vogelmist befreit«. Die Gardinen dahinter sind glattgebügelt und strahlend weiß. Zwischen Hauswand und Straße liegen rund 50 Quadratmeter Vorgarten, in dem die ersten Maiglöckchen aus dem Boden sprießen. Ahorn steht hier, sauber geschnittener Buchsbaum, und der Weißdorn trägt noch seine rote Winterpracht. »Gerome hat den Garten gemacht«, sagt Aga. »Leon und er haben, als die beiden noch nichts hatten, noch nicht einmal einen Führerschein, einige Jahre hier im Erdgeschoss für ein paar Mark gewohnt.«

Wir betreten durch den Flur jene Dreizimmerwohnung, die sie meint. »Sie steht nun seit zwei Jahren leer, ich richte gerade alles her und will sie jetzt vermieten.« Aga hätte das nicht sagen müssen, man spürt die Einsamkeit der kalten Wände, nur eine beige Couch ist aus den alten Zeiten übrig, eine braune Küchenzeile und ein schwerer, mit einer Wachsdecke belegter Eichentisch. Einst tobte hier das Leben, in den beiden oberen Etagen hat Aga Nowak ihr halbes Leben lang für ihren Mann und für die drei Kinder sowie immer auch mal für deren Partner und Partnerinnen geputzt, gesorgt, gekocht. Eine weitere Familie wohnte zur Miete im Kellergeschoss. »Eine Frau mit drei Kindern, geschieden. Der habe ich geholfen, Stütze zu bekommen. Und wenn sie wegmusste, waren auch ihre Kinder bei uns, und ich habe für die vier Wäsche mitgemacht.«

Gäste bewirten – das ist Agas Beruf. Und ihre Leidenschaft.

»Kommen Sie, drehen wir doch mal ordentlich die Heizung auf«, schlägt sie vor, noch bevor sie ihre braune Steppjacke auszieht oder den granatrot gefärbten Kurzhaarschopf von dem grünen Stirnband befreit. Geschäftig läuft sie von Raum zu Raum, dreht an allen Reglern, stapft an der eichenen Sitzbank vorbei, bis sie entschlossen vor dem Backofen steht: »Und ich mach mal eine Pizza rein, was meinen Sie?!«

»Danke«, sage ich. »Es ist ja erst elf Uhr.« »Später vielleicht. Noch ist mein Hunger nicht so groß.«

»Gut, dann gehen wir erst einmal nach oben ...« Aga Nowak hat schnell einen neuen Plan. »Schauen wir uns etwas um, da, wo ich jetzt lebe.«

Oben, das ist zurück in den Flur, 180 Grad nach rechts, ein paar schwarz-weiß marmorierte Steinstufen hoch. Hinter einer dünnen

Falttür findet man 60 Quadratmeter mit Dachschrägen, mit einer kleinen Küche und einem von oben bis unten gelb gefliesten Bad. Zimmer um Zimmer ist von Decke bis Boden mit buchefarbenen Holzpaneelen vertäfelt. »Das hat man damals so gemacht«, sagt Aga. »Das war modisch und schick. Außerdem half das bei der Isolierung, immerhin haben Leon und die beiden Mädchen hier oben geschlafen.«

Auch Agas Sofaecke, grünes Samt auf viel Polster, stammt aus alten Sowjetzeiten. Die gestickten Spitzendeckchen, die bronzenen Kerzenständer, und die dunklen Rahmen an der Wand ebenso. Aga Nowak steht stumm vor der Collage familiärer Erinnerung und lässt zum ersten Mal, seit ich sie vor etwas mehr als einer Stunde kennenlernte, die Schultern hängen. »Ich habe sie alle hier, meine Leute«, meint sie dann. Hält inne. Atmet tief ein und prustet dann aus: »Wenn ich mir die alle so ansehe, dann denke ich, ich habe alles falsch gemacht.«

Es ist das traurige Resümee einer Frau, die ihr ganzes Leben lang zu viel gegeben hat. »Ich habe immer an andere gedacht. Um mich selbst habe ich mich gar nicht mehr gekümmert. Aber ich war wohl kein gutes Vorbild, so wie ich mich für alle immer aufgeopfert hab«, sagt sie und lacht leise auf. Dann winkt sie ab, will nicht weiter darüber reden. Hält das für »nicht wichtig«, was zum Thema passt, sucht Ablenkung. »Kommen Sie, wir trinken erst einmal einen schönen Kaffee unten.«

Ich steige hinter ihr die Stufen wieder hinab, will in ihrer Verletzung nicht bohren. Aga ist es nicht gewohnt, sich zu öffnen, erzählt sie mir dann auch bald. Sie habe nie eine Therapie gemacht und halte Fremden wie mir gegenüber eigentlich sehr gern eine recht schmerz- und angstbefreite Fassade aufrecht: »Ich mag das normalerweise nicht so, darüber reden, was ich alles ausgehalten habe. Ich will mich damit nicht auch noch wichtigmachen.« Heute versucht sie eine Ausnahme, auch das ihrem Sohn zuliebe, der sie gefragt hat, ob sie nicht eine Autorin unterstützen will, die Präventionsarbeit leistet, so wie er.

Unten angekommen, läuft Aga geradewegs erst einmal wieder in die Küche, zur Kaffeemaschine, die dort auf der Arbeitsplatte steht. »Früher waren auch hier überall Holzpaneele verlegt. An der Decke und auch an den Wänden. Aber Leon und Gerome, die haben das alles runtergerissen, die wollten das lieber modern.« Während sie redet, löffelt die Mutter, die inzwischen auch dreifache Großmutter ist, braunes Pulver in die Maschine, lässt Wasser in einen Filter laufen und schüttet erst dann das entkalkte Wasser in den Automaten rein. »So hält sich die Maschine länger, wissen Sie? Ich habe ja auch immer dafür gesorgt, dass alles da war, habe alles gepflegt und das Geld beisammengehalten.«

Wir setzen uns an den schweren Eichentisch, der so gut wie alles andere hier noch aus Leons Kinderzeiten stammt. Aga rückt die Tischdecke zurecht. Dann faltet sie ihre Unterarme, stützt sich darauf, lehnt sich etwas vor: »Ich habe Leon gesagt, ich komme zu seinen Vorträgen nicht mit, auch nicht, wenn er in Heinsberg spricht. Ich möchte da nicht die Hauptperson bei diesen Events spielen. Ich möchte nicht dabei sein, weil ich nicht alle Aufmerksamkeit auf mich ziehen will. Denn ... « Aga tippt mit dem Finger auf den Tisch, » ... ich wäre ja nicht seine Mutter, wenn ich da nicht dann auch noch weinen müsste. Das Risiko gehe ich erst gar nicht ein.«

Als könne sie allein die Vorstellung kaum ertragen, springt Aga Nowak schon wieder auf, kaum, dass sie den Satz zu Ende gesprochen hat. Sie holt drei weiß-rosa Porzellantassen mit goldenem Griff aus dem Schrank, dazu drei passende Untertassen. »Und was ist mit Gabeln und Tellerchen?« Sie habe ja auch Schokoladentorte da!

Es ist inzwischen halb eins, die Zeit verstreicht, und ich glaube bald, sie wird mir heute nicht mehr viel darüber erzählen wollen, wie es ihr ergangen ist mit einem Sohn, der so massiv kiffte, dass er an den Folgen der Sucht beinahe gestorben ist. Immer, wenn sie anfängt zu berichten, lenkt sie bald auch schon wieder ein. Ich will sie nicht bedrängen.

Aber sie drängt. Ich solle Kuchen essen. Oder doch eine Pizza? »Zumindest ein Äpfelchen. Obst ist ja auch noch da.« Ich lehne ab,

67

immer wieder, dankend, aber langsam unsicher, wie oft ich noch nein sagen kann, ohne unhöflich zu sein. »Ich meine es nur gut«, sagt Aga, als sie das bemerkt. Aber ich glaube, das ist nur die halbe Wahrheit. Ich glaube, sie ist auch ganz schön aufgeregt.

Vielleicht sollte ich bald gehen, denke ich gerade, als die 70-Jährige sich dann eben doch noch setzt. Sie hält inne. Und sagt aus heiterem Himmel: »Natürlich war das alles ganz schlimm mit dem Leon. Der sah ganz krank aus, abgemagert, die Augenringe tief und schwarz. Einmal stand der hier am Haus, war wieder drauf. *Ich fick die Dachrinne*, hat er so laut geschrien, dass es alle Nachbarn hören konnten.« Sie habe viele solcher Geschichten zu erzählen, fast 20 Jahre hat Leon immerhin jeden Tag gekifft. »Und nicht nur das. Er hat dann ja auch noch andere Drogen genommen. Wobei ich das damals nicht wusste«, stellt sie gleich klar. »Erst im Nachhinein habe ich verstanden, dass der andauernd unter Drogen gestanden haben muss.«

Vieles habe sie inzwischen auch schon wieder vergessen. Abgehakt. Das kam mit der Zufriedenheit, wenn alles in Ordnung ist. Jetzt ist alles in Ordnung, sodass ich nicht mehr so wichtig bin. Ich habe einfach irgendwann aufgehört, mich so wichtig zu nehmen«, sagt Aga. Und schließlich: »Der Herrgott mutet keinem Menschen mehr zu, als derjenige auch ertragen kann.«

Der Herrgott, an den Agnieszka Nowak fest glaubt, hat ihr noch vor ihrer Volljährigkeit die Mutterrolle zugemutet. Als sie 17 war, kam Maria zur Welt, knapp zwei Jahre später folgte Lena. Deren Vater nahm Aga in schwarzen Kleidern zum Ehemann vor Gott, der ihr mit ihm dann aber so viel Leid zugemutet hat, dass sie darüber heute nicht mehr sprechen will.

Als sie sich scheiden ließ, hat Gott ihr das Gespött der Nachbarn zugemutet. Deren Herablassung, »ich galt als asozial, nur weil ich alleinerziehende Mutter zweier Mädchen und am Tresen einer Kneipe tätig war«. Vor Gewalt und Häme ist sie geflohen, »mit Gottes Hilfe«, wie sie sagt. In Wahrheit war es ein Onkel, der noch vor Ende des Krieges vor der Roten Armee nach Holland fliehen konnte, der

Aga und ihren Töchtern 1967, kurz vor dem Prager Frühling und ähnlicher Reformbewegungen in Polen, aus der UdSSR auf die deutsche Seite der Grenze zu den Niederlanden verhalf. Die Übersiedlung war legal, was damals nur sehr wenigen Menschen möglich war. Die Umstände ebendrum aber so aufreibend, dass Aga auch darüber nicht mehr reden möchte.

Eines Tages jedenfalls kam ein Mann in das kleine Hotel, in dem Aga dann an der Bar arbeitete. Ein Oberfeldwebel, der ihr in seiner Uniform zunächst Angst machte, ihr im Lauf des Abends dann aber doch gefiel. »Die meisten deutschen Männer saßen in der Lobby«, erinnert sie sich, »haben gesoffen und sich die Pornoheftchen angeguckt. Viele kamen mit Prostituierten, zumeist Frauen, die aus ärmeren Ländern kamen, so wie ich. Aber der Hans, der hat das nicht gemacht! Der war anders. Und da habe ich gedacht: Den kann man nehmen.«

Mit Hans, der viel im Auslandseinsatz war, hat der Herrgott Aga dann eine zweite Ehe zugemutet, in der sie oft wochen- und monatelang als Strohwitwe allein zu Hause mit den Kindern war – auch nach der Geburt des gemeinsamen Sohnes Leon 1969 war das so.

Noch mehr Schichten, auch in der Nacht, hat er ihr außerdem zugemutet, als das Geschäft in dem kleinen Hotel plötzlich nicht mehr so lief. »Nebenbei haben wir dann ein Catering-Unternehmen für Hochzeiten und Geburtstagsfeiern aufgemacht, um uns das Haus hier leisten zu können«, erklärt Aga. Und erinnert sich weiter stumm. Sie schaut aus dem Fenster, hin zu dem Backsteinhaus auf der anderen Straßenseite. »Hier, die Nachbarin hat mich, nachdem sie mich nachts die Fenster putzen sah, gefragt, wann ich eigentlich schlafe.« Aga lacht. »Was mich angetrieben hat, war Mutterliebe.« Sie streckt sich nach der braunen Papiertüte auf dem Tisch: »Brötchen?«

**Heinsberg, Leon Nowaks Vortrag:**
»Ich habe heute jemanden mitgebracht«, sagt Leon Nowak seinem Publikum und geht auf eine etwa ein Meter hohe Statue zu. Eine Jungenpuppe, so wie man sie für gewöhnlich aus einem Schaufenster kennt – außer, dass die hier komplett aus Gold ist. »Das ist mein Mini-Me, mein kleines Ich«, sagt Leon. »Ich bin so ein Bilder-Typ, ich versuche immer, Anker zu setzen, das Männchen werdet ihr vielleicht so schnell nicht vergessen, denke ich.« Das Publikum lacht.

»Meine Mama sagt mir immer wieder ein oder zweimal im Jahr: *Ach, als Kind warst du so süß. Du hattest so goldene Locken. Und warst so knuddelig.*« Pause. »Gut, aus dem Blond ist Aschgrau geworden.« Das Publikum lacht wieder. »Darum habe ich, symbolisch, ein goldeneres Ich bestellt.« Er fasst der Puppe auf die Schultern. So, wie man es macht, wenn man einem Kind zeigen möchte: Alles ist gut. Du bist nicht allein, lass nur den Kopf nicht hängen. »Dann stand der Kleine hier bei mir zu Hause, und als meine Mama die Figur sah, stürmte sie darauf zu. *Oh, das bist ja du! Oh, guck mal, wie süß!*, rief sie.«

Das Publikum applaudiert. Leon schmunzelt. »Da dachte ich: Alles richtig gemacht.«

Dann wird es still, Leons Blick wird ernster. »An der Puppe, meinem jüngeren Ich, will ich verdeutlichen, welche Bedürfnisse ich als Kind hatte und wie die Tatsache, dass diese Bedürfnisse nicht erkannt wurden, dazu führte, dass ich so süchtig nach Cannabis geworden bin, dass ich wahrhaft verrückt wurde.«

Er macht wieder eine kurze Pause. Wendet sich von seinem Mini-Me ab, dem Publikum zu: »Wir alle lernen immer in der Schule und überall: Über Gefühle spricht man nicht. Wir lernen, zu sagen, was wir denken – aber nicht, was wir fühlen. Gefühle sind schwierig, über sie zu reden ist anstrengend. Das stimmt. War es auch für mich. Aber für mich war es auch der Auslöser meiner Drogensucht, dass ich nicht über das geredet habe, was in mir war, wie ich mich gefühlt habe. Dass ich mich nicht getraut habe. Sodass meine Bedürfnisse nicht befriedigt wurden und sich meine Persönlichkeit nicht ordentlich entwickeln konnte. Sodass ich dann zu dem Menschen wurde, der ich dann schließlich war. Ich war unecht. Ich konnte mich nur über Feedback von außen und Stimulanzien gut fühlen. Denn ich hatte mich selbst um die Erfüllung meiner Bedürfnisse betrogen. Darum hatte ich kein Selbstwertgefühl. Im Gegenteil, ich hasste mich.«

Pause.

»Die Bedürfnisse, die man als junger Mensch hat, sind eigentlich ja Werte, nach denen man strebt.« Der 49-Jährige geht rüber zum Flipchart. »Aber man ist ja noch nicht so erfüllt von Bewusstsein und weiß noch nicht, dass man sich das, wonach man sich sehnt, selbst geben kann.« Er blättert, nun steht da: Sicherheit, Vertrauen, Erkenntnis, Akzeptanz. Wertschätzung, Verantwortung, Achtung. »Das waren meine Bedürfnisse. Es gibt noch viel mehr, aber das hier, das war, was ich brauchte. Was mir fehlte. Denn wenn Sie hinsehen …« – Leon nimmt einen Stift aus der Jackentasche, zieht den Deckel ab, setzt beim ersten Begriff an – »… vor all das kann man ein *Selbst* davorsetzen, dann heißt es Selbstsicherheit, Selbstvertrauen, Selbsterkenntnis und so weiter. Ein Riesenthema immer noch für mich sind die Selbstverantwortung und die Selbstachtung. Mein Schatz schimpft immer mit mir«, Leons Blick wandert wieder durchs Publikum hin zu Gerome, der schmunzelt und offenbar schon weiß, was nun kommt. »Er sagt immer, ich zweifle noch zu oft an mir und grenze mich immer noch zu wenig von Menschen ab, die mir nicht guttun und die ich ihrer Eigenverantwortung überlassen müsste. Ich bin zu nachsichtig.«

Gerome zuckt die Schultern, nickt, lacht.

»15 Jahre sind wir nun zusammen«, erzählt Leon, schickt einen Luftkuss durch den Raum.

Das Publikum klatscht.

»Aber wie das Wort selbst sagt: Alles, was ich Ihnen heute erzähle, das ist meins. Es sind meine Erkenntnisse und in dem Sinne nicht übertragbar. Es sind die Ergebnisse meiner Reflexion, sie können anderen aber vielleicht dabei helfen, etwas bei sich selbst zu erkennen.

Allen, die nach Gründen für ihre Sucht suchen, möchte ich sagen: Es gibt für mich nicht den einen Grund, warum ich süchtig geworden bin.

Es waren viele.

Als Erwachsener habe ich mal ein Buch gelesen, in dem stand, dass Menschen mit Migrationshintergrund oft das Gefühl haben, dass sie nicht richtig sind. Dass sie sich nirgendwo wirklich dazugehörig fühlen und Probleme mit der Wertebildung und der kulturellen Identifikation haben. Per se können sie eher etwas unsicherer sein. Ich bin nur zur Hälfte Pole. Und zur anderen Hälfte bin ich deutsch. Aber genau da liegt mein Problem. Ich fühle mich in der Heimat meiner Mutter genauso wohl wie hier. Und gleichzeitig nirgends. Ich habe zwei Seelen in meiner Brust, die eine ausfallend laut, stolz, dem Alkohol zugewandt. Die andere zurückhaltend, diszipliniert, fast preußisch. Und ich versuche, seit ich denken kann, die Balance zwischen beiden Seiten zu wahren – um nicht aus dem Rahmen zu fallen, weder hier noch dort.

Das ist, wie gesagt, nicht allein der Grund für meine spätere Drogensucht. Aber es hat eine Unsicherheit in mir hervorgerufen, mit der ich wohl zeitlebens zu kämpfen habe.

Dann kam mein ungelebter Berufswunsch hinzu. Heute habe ich einen geilen Job, bin Make-up-Artist mit eigenem Salon. Ich reise viel um die Welt, lerne spannende Menschen kennen, darf Teil großartiger Projekte, von Filmen und viralen Kampagnen sein. Als Kind habe ich oft mit der Schminke meiner Mutter, mit Tüchern und anderen Accessoires gespielt – natürlich habe ich mich letzten Endes immer als Indianer bemalt und verkleidet oder weiß wie ein Geist. Ich habe mich also eher in Gestalten verwandelt, die möglichst männlich sind, damit man nicht über mich lacht.«

Leon hält inne, fasst sich an den Hinterkopf. Dreht sich kurz um: »Wer hätte gedacht, dass ich mit einem Zopf mal dermaßen im Trend sein würde.« Jemand im Publikum pfeift anerkennend, ein Teil applaudiert. Leon winkt ab. »Zurück zum Job: Bühnengestaltung und Maskenbildnerei, das war mein Traum. Ich habe mich dafür geschämt und niemals gedacht, dass ich so etwas Schönes ernsthaft kann. Aber ich musste mir natürlich einen Beruf suchen, und meine Eltern haben gesagt, ein handwerklicher Beruf sei doch das Beste. Ich habe gesagt, ich wolle auch zur Bundeswehr, aber die haben mich nicht genommen, weil ich Kontaktlinsen trage. Ich habe mich dann gefügt, also nicht so richtig gewehrt. Irgendwie war das damals so. Dann haben wir eine Bewerbung für eine große Firma in Heinsberg geschrieben. Ich wurde angenommen, und dann wurde ich Bergwerkarbeiter.« Pause. »Das ist erst mal nicht schlimm.« Lautes Gelächter erfüllt den Raum.

»Aber ich wollte nie in einer Zeche arbeiten.«

»Meine größte Herausforderung im Leben jedoch war: Ich bin ein homosexueller Mann! Ich habe mich immer schon zu Männern hingezogen gefühlt. Aber ich habe mich ganz lange nicht geoutet. Das alles hat dazu geführt, dass ich Defizite hatte. Bei der Erfüllung meiner Bedürfnisse. Aber dadurch bedingt auch in der Entwicklung meiner Person. Meines Selbstwertgefühls.«

### Hückelhoven-Millich – Treffen bei Leons Mutter:

»Leon war immer schon der Familienclown«, meint seine Mutter. »Er hat immer gelacht, immer Witze gemacht und Unfug gebaut. Einmal hat er meinen Pelzmantel aus dem Schrank geholt und uns mit Löffeln in der Hand und Stöckelschuhen an den Füßen als Marilyn Monroe etwas vorgetanzt. Da war er gerade einmal sechs oder sieben. Wir haben uns kaputtgelacht! Leon war beliebt. Er hatte jede Menge Freunde. Viele davon waren auch bei uns Dauergäste. Ich habe für alle gekocht, ich habe alle abgeholt und wieder nach Hause gebracht. Und im Nachhinein muss ich zugeben: Das war aus Angst. Ich dachte, wenn er immer hier bei mir ist, dann weiß ich, mit wem er zu tun hat. Vielleicht habe ich ihn damit etwas eingeengt.«

Die Heizungen bollern jetzt. Aga Nowak schwitzt nicht mehr,

ihre Stimmung ist derweil etwas aufgetaut. Sie hat die Brötchen aufgeschnitten. Es ist schon fast halb drei. Jetzt nehme ich ihr gern etwas zu essen ab. »Nur nicht so viel, bitte«, versuche ich einzulenken, als sie ein halbes Dutzend verschiedene Käse- und Wurstsorten auf den Tisch stellt, dazu Bananen, Mandarinen, Butter, für uns beide ein Fünf-Minuten-Ei. »Wer soll das alles essen? Ich schaffe so viel nicht.«

»Ach«, winkt sie ab. »Bei uns hat es immer viel zu essen gegeben. Als die Kinder noch klein waren, haben wir morgens gemeinsam gefrühstückt, und zweimal am Tag habe ich frisch gekocht, neben der Arbeit. Als das mit den Nachtschichten mehr wurde, waren die drei dann bis nachts um vier immer allein. Aber die Älteste war da schon 15.«

Ich belege mein Brot, überschlage derweil grob, dass Aga Nowak wahrlich viele Jahre kaum geschlafen haben kann. Aber – »nein, halt!«, reißt sie mich aus meinem Gedanken. »So geht das nicht!« Ich müsse beide Seiten belegen, nicht nur eine Scheibe Putenbrust zwischen zwei Hälften, auf beide Seiten »muss ordentlich was drauf«.

Ich zögere kurz irritiert, erkläre nochmal: »Danke, aber ich mag es so gern.«

»Schon gut, ich weiß, ich weiß«, lenkt sie da ein. »Machen Sie, wie sie es wollen. Leon sagt auch manchmal, wenn ich es eigentlich gut meine, bevormunde ich in Wahrheit zu viel«, sagt Aga, lacht über sich selbst, sodass man nicht böse sein kann. Sodass man auch lachen muss. Und ich denke an meine Oma, die über 90 Jahre alt ist und in Serbien lebt. Daran, wie ich auch bei meinen Besuchen bei ihr immer wieder mitbekam, dass ein reichhaltiges Angebot an Essen in den Jahren der Verknappung des Sozialismus und auch danach noch einfach wichtig für das Wohlbefinden der Gastgeber war. Ebenso Eigentum: Besitz und Freiheit bedeutet Menschen, die vieles nicht machen und nur wenig haben durften, eben besonders viel.

»Ich sehe schon einige Dinge, die ich falsch gemacht habe«, meint Aga. »Zum Beispiel, dass ich keine Regeln aufgestellt habe. Die Kinder konnten machen, was sie wollten. Sie haben auch immer bekommen, was sie wollten. Mein Mann ist ja auch immer arbeiten gegangen, wir haben nie Not gelitten. Im Gegenteil. 1979 haben wir einem Freund den Commodore 64 abgekauft, den hatte damals sonst noch keiner! Später dann haben wir den Commodore 128 ganz neu gekauft. Jedes der Kinder hat den Führerschein bezahlt bekommen, jeder hat ein nagelneues Auto gehabt. Es gibt sicher Kinder, denen es schlechter geht, die dann an Drogen kommen«, sagt sie, beißt in ihr dick belegtes Brötchen. Kaut. Schluckt.

»Aber Hans war auch sehr streng und hat von den Kindern vielleicht mehr erwartet, als sie zu leisten in der Lage waren.« Nicht, dass man denkt, sie hätten nichts geschafft. Nein, nein. »Die Maria ist Bankkauffrau und hat sich in einer Filiale hochgearbeitet«, erzählt Aga mit geschwellter Brust. »Lena war erst Altenpflegerin, leitet jetzt aber das Büro bei einem Pflegedienst, sie hat viele Leute unter sich. Und der Leon, der hat es am Ende noch am besten von allen dreien gemacht. Der hat jetzt ein eigenes Unternehmen und arbeitet für namhafte Leute aus Film, Wirtschaft und Politik!«

Aga gießt sich mit einem zufriedenen Lächeln noch einen Kaffee nach. »Ich denke, ein Problem war, dass mein Mann nicht so sehr Gefühle gezeigt hat. Er hat nie gelobt, nie mit den Kleinen gespielt – wenn er manchmal ein paar Tage oder Wochen hier war, wollte er sich ausruhen. Schlafen, sein Bier trinken, Fußballspiele im Fernsehen sehen. Manchmal habe ich ihn mir beiseitegenommen, auf ihn eingeredet, weil ich wusste, wie das war. Meine Mutter war ja auch eine richtige Geschäftsfrau mit Schusterei, Einzelwarengeschäft und später einer eigenen Milchbar. Da gab es ganz viele Angestellte, und es gab allerlei hübsche Dinge, wir hatten damals den ersten Plattenspieler und den ersten Fernseher – und das im Sozialismus! Aber Liebe und Zuneigung, die gab es nicht. Ich musste von der Schule immer allein, mit einem Schlüssel um den Hals gebunden, nach Hause gehen. Die meiste Liebe bekam ich von meinem Papa.

Ich habe meinem zweiten Mann, Leons Papa und Stiefvater meiner Mädchen, gesagt, dass ich nicht will, dass es unseren Kindern genauso geht. Und er hat mir, wenn auch ohne Worte, gezeigt, dass er das versteht. Hat mir zu verstehen gegeben, dass es anders wird. Aber dann kam wieder der Alltag und ja, ich würde sagen, auch die Hilflosigkeit zurück. Hans wusste sich da nicht zu helfen, er war einfach nicht so emotional.

Wie alles zusammenhängt ist mir klar, seitdem ich darüber nachgedacht habe, was wohl schiefgelaufen ist. Inwiefern ich an Leons Krankheit schuld bin. Und dabei fiel mir vor allem auch ein, dass ich die Kinder zum Lügen erzogen habe. Damals meinte ich es gut, ich wollte sie beschützen. Aber im Nachhinein war das falsch, das haben meine Töchter mir, als sie erwachsen waren, auch gesagt.

Es kam dazu, weil mein Mann Hans, wenn er nach Hause kam, immer fragte, ob alles in Ordnung gewesen sei. Und wenn nicht, dann gab es in der kurzen Zeit, in der er sich ausruhen und wir vielleicht etwas Schönes mit den Kindern unternehmen sollten, nur Ärger und Streit. Ich war, muss ich rückblickend sagen, überfordert und permanent müde, und ich wollte diesen Ärger und diese Streitereien einfach nicht. Vor allem für meine Kinder nicht, denn denen fehlte der Zuspruch vom Papa ohnehin. Also habe ich ihnen beigebracht, immer nur die positiven Dinge zu berichten und die Dinge zu verheimlichen, die schiefgelaufen sind. Vielleicht habe ich ihnen dadurch aber auch die Hemmung genommen, alle möglichen Mittel anzuwenden, nur um niemals Fehler einzugestehen. Und ich habe ihnen vielleicht das Gefühl gegeben, nicht zu sich selbst stehen zu können. So, wie sie waren und wie sie sind. Für Leon muss das besonders schlimm gewesen sein, er war gar nicht der liebe Sohn, wie er nach meiner Instruktion vor seinem Vater behaupten musste. Wobei er ja sogar mir gegenüber seine Probleme und Straftaten verheimlichte, vermutlich weil er dachte, ich wolle die Wahrheit auch nicht hören. Später war er dann auch nicht der Sohn, der … Ach, das soll er Ihnen selbst erzählen.«

Aga lobt Gerome in höchsten Tönen, schwärmt von dessen Feingefühl gegenüber Tieren und Pflanzen, meint, er habe gute Manieren und passe verlässlich auf ihren Leon auf. Aber Aga spricht auch immer wieder erfreut über Lotte, jene Frau, mit der Leon fast zehn Jahre zusammen war, bevor er sich als schwul geoutet hat. »Die war total nett, und ich fand auch, das hat gut gepasst«, sagt sie, um kurze Zeit später selbst zu erklären: »Also, Sie wissen das ja auch schon: Der Leon hat Frauen aber nie geliebt. Das hab ich aber erst später von ihm erfahren. Das war aus Unsicherheit, dass er mit Lotte zusammen war. Seine Angst, uns ... und vor allem den Papa zu enttäuschen. Leon hat gedacht, Hans würde ihn ablehnen, wenn er Männer mag. Dass er ihn dann nicht mehr zum Sohn haben will. Dabei war das gar nicht so. Als Leon sich 2003 doch noch geoutet hat, da hat Hans meines Wissens nach einfach gar nichts dazu gesagt. So krank wie der war, hat ihn diese Information vermutlich überfordert. Er hat nie darüber geredet, vermutlich hat er es verdrängt. Und er hat Gerome dann auch nie kennengelernt.«

Im Lauf des Nachmittags berührt sie mich immer mehr, diese Agnieszka Nowak, die Frau mit der funktionalen Fassade, die sich nur ungern öffnet – und auch nur dann, wenn sie wirklich jede Konsequenz ihrer Worte bedacht und umfänglich geklärt hat, welche davon ich aufschreiben soll und was das Geschriebene über ihre Liebsten sagt. Sie gehört zu jenen Menschen, die sich einigeln, wenn man sie bewegen möchte. Die aber sprudeln, wenn man sie kommen lässt. Die nicht befragt werden möchten, sondern freiwillig erzählen. Nach und nach entblößt die Rentnerin ein von Schuldgefühlen und Selbstzweifeln geplagtes Wesen, das allen Leistungen zum Trotz immer noch denkt, der Familie etwas schuldig zu sein. Sie geht hart mit sich selbst ins Gericht, nimmt alle anderen aber ohne Wenn und Aber in Schutz. Auch an jenen Stellen, an denen objektiv betrachtet vielleicht Wut angebracht wäre – da rationalisiert Aga, verklärt teilweise sogar. Allem voran dann, wenn es um Hans und sein Verhalten gegenüber den Kindern geht. Auf Agas Wunsch hin belassen wir es bei derlei Andeutungen in Bezug auf ihren Mann. Er ist 2005 nach einem Schlaganfall gestorben.

»Mein Mann und ich, wir hätten vielleicht einen Psychiater gebraucht«, fasst sie zusammen. »Ich war einmal bei einem, aber das war nichts für mich. Und eine zweite Scheidung kam unter gar keinen Umständen in Frage, denn aus Erfahrung weiß ich: Wenn ich mich von dem einen Partner trenne und habe dann den anderen, dann wird es nicht unbedingt besser. Es wird nur anders. Irgendwo stumpft alles ab. Wir waren unterm Strich ein gutes Team. Wir hatten dann ja auch diese Catering-Firma, er neben der Bundeswehr, ich neben meinen vielen kleinen Koch-Jobs. Wir haben zusammen was geschafft. In der heutigen Zeit bist du schnell geschieden. Aber damals? Noch dazu mit drei Kindern – das wäre vielleicht wirklich asozial geworden.«

### Heinsberg – Leon Nowaks Vortrag:

»Jede Geschichte hat einen Anfang. Meine Sucht fand ihren bei einer Azubi-Reise dieser großen Firma, bei der ich damals arbeitete. Wir fuhren in eine Zeltstadt am Waldrand, mit Lagerfeuer, Stockbrot und vor allem Sorglosigkeit. Dann ging ein Joint rum. Und die anderen Auszubildenden haben mich gefragt: ›Hast du das schon mal gemacht?‹ Und ich habe gelogen, weil mein Mangel an Erfahrung mit Drogen sich in diesem Augenblick wie ein Makel anfühlte, den ich kaschieren muss. Ich wollte dazugehören, daher habe ich so getan, als kenne ich das alles schon. Ich habe am Joint gezogen, und dann war ich ganz schnell benebelt. Und belustigt, ich habe gelacht. Das war ein befreiendes Gefühl, so ein bisschen betäubt sein, so ein bisschen ein spirituelles Erleben.

Mein Suchtgedächtnis wurde aktiviert. Das limbische System, das Glückshormone ausschüttet, wenn es einen bestimmten Reiz erhält, so viel weiß ich heute.

Das wirkt dermaßen euphorisierend, dass man das immer wieder will. Dass man immer wieder versucht, dieses erste Gefühl wieder zu bekommen. Vor allem, wenn man sich sonst nicht so gut fühlt. Ich habe mir dann selbst was besorgt, sporadisch gekifft, meist auf Partys. Und das war auch toll, ich war so frei und so leicht. Zehn-, vielleicht

15 Mal war es noch gut. Aber irgendwann nicht mehr. Denn der Körper gewöhnt sich an den Rausch, um den Reiz auszulösen, braucht es dann immer mehr. Irgendwann habe ich ständig gekifft und war andauernd breit.«

Leon Nowak steht nun schon seit mehr als einer Stunde auf der Bühne und ist mit dieser Passage erst an jener Stelle seiner Geschichte angelangt, an der er mit dem Rauschmittel, das folglich zehn Jahre lang sein Leben bestimmen sollte, das erste Mal in Berührung kam.

Das liegt daran, dass er, genau wie seine Mutter, gern weit ausholt und sein eigener Stichwortgeber ist. Aber während Aga gern ablenkt, klärt Leon mit seinen Ausflügen Hintergründe auf. Im Anschluss an seine Therapie 2004 bis 2006, nachdem er bei ersten Vorträgen in kleiner Runde viel Zuspruch bekam, hat Leon auch eine Weiterbildung zum Redner absolviert und eine Stiftung für Suchtprävention mit aufgebaut. Seine persönlichen Erfahrungen kombiniert er jetzt mit allerlei Fachwissen. Und so macht sein Vortrag an dieser Stelle klar: Um Sucht zu begreifen, reicht es nicht, nur über die Droge zu sprechen. Leon holt so weit aus, weil Abhängigkeit sich vor allem in Kombination mit bestimmten, eher unsicheren Persönlichkeiten und im Rahmen deren Kampfes um gesellschaftliche Anerkennung und Sicherheit entwickelt.

»Ich war so ein Rockabilly«, stellt Leon sein süchtiges Ex-Ich vor. »Ich hatte eine mit Pomade festgeklebte Tolle, so eine lange wie Johnny Depp im Film *Cry Baby*. Ich trug enge Jeans, ein Portemonnaie mit Kette und diese Creeper-Schuhe mit den hohen Sohlen, die jetzt wieder total in sind.

Ich war schon süß.

Die Mädels guckten mir hinterher.

Ich ihnen nicht.«

Die Zuschauer applaudieren. Es bleibt viel mehr Info hängen, weiß der geübte Redner, wenn man bei so einem ernsten Thema ab und an und vor allem auch mal über sich selbst lacht.

»Nach dem ersten Jahr meiner Kifferkarriere hat mich ein Freund gefragt, ob ich ihn nach Würzburg zu einer Bootparty fahren kann. Konnte ich, klar, ich hatte ein Auto, einen blauen BMW. Und so begleitete ich diesen Freund zu einer Technoparty, auf der ich auf lauter Raver traf, Menschen mit Piercings, neonfarbenen Haaren und Schlagjeans. Ich fühlte mich schon wieder ein bisschen wie ein Fremdkörper bei diesem Event, als ich bemerkte, wie frei und locker die alle waren. Dazu die sphärischen Klänge und Beats, von der Musik allein warst du schon high. Und da war es wieder: mein erstes großes Glücksgefühl. Ich nahm dort Speed, also Amphetamine. Ich wollte unbedingt so gut drauf sein wie die anderen. Außerdem, erfuhr ich, kann man auf Speed länger feiern.

Es dauerte nicht lange, dann ging ich auch unter der Woche in Clubs, auf Partys, nahm beinahe täglich Drogen – rauchte mich mit Cannabis runter, schnupfte mich mit Speed wieder hoch. Und runter. Und rauf. So ging das jahrelang.

Das Problem dabei: Der Körper, wenn er sich erst mal an die Drogen gewöhnt, stellt irgendwann die Produktion von Dopamin ein. Irgendwann kannst du ohne Droge quasi gar nicht mehr glücklich sein.«

### Hückelhoven-Millich – Treffen bei Leons Mutter:

Gegen 17 Uhr kommt Leon zum Gespräch mit seiner Mutter dazu. Es gibt Küsschen. Und eine Umarmung, herzlich und fest, fast, als hätte Aga ihren Jungen nicht erst vor ein paar Tagen, sondern seit Monaten nicht mehr gesehen. »Leon ist erwachsen geworden, sodass ich ihm blind vertraue!«, hatte die Mutter kurz vor seiner Ankunft noch gesagt. »Ich höre ihm zu und weiß, er macht die Dinge aus bestimmten Gründen. Und das ist so richtig. Es gab eine Phase, da habe ich ihn noch viel hinterfragt. Aber ich merke jetzt, dass er die Sachen im Griff hat.«

Nun sitzt der 49-Jährige am Kopf des üppig gedeckten Tisches, das linke über das rechte Bein gekreuzt, stochert in seinem Stück Schokoladentorte und kommt ohne Umwege direkt zum Punkt:

»Vom Papa habe ich mich nicht geliebt gefühlt, von dir, Mama, viel zu viel«, sagt er und schluckt den letzten Bissen runter. »Und dieses Lügen permanent zu Hause deinerseits, nur um es allen immer recht zu machen, das hat zu einem Mangel an Urvertrauen in dieser Familie geführt. Zu einer Angst vor dem Ungewissen, vor dem, was unter diesen Lügen verborgen lag.«

»Aber so wirktest du gar nicht«, lenkt Aga mit ernstem Blick ein. »Du warst immer so lustig und einnehmend.« Sie versucht zu verstehen.

Leon erklärt: »Das war alles unecht. Das war eine Maske. Ich habe aller Welt was vorgespielt, in Wahrheit habe ich mich immer schon ganz klein gefühlt.« Auch am Esstisch wechselt er zwischen persönlich und fachmännisch, genauso, wie er es sechs Wochen später auf der Bühne im Heinsberger Hotel Reussbach tut. »Sobald da Defizite in der Persönlichkeitsentwicklung sind«, erklärt er seiner 70 Jahre alten Mutter, »willst du Belohnung, um diesen Mangel an Glücks- und Selbstwertgefühl zu kompensieren. Ob das Drogen sind, Kauf- oder Esssucht, Spielsucht, völlig egal. Alles greift an das Belohnungssystem. All das brauchst du dann, um dich besser zu fühlen, wenn du so wenig Selbstbewusstsein hast.«

»Und du hattest so wenig Selbstwertgefühl …«, hakt Aga noch einmal nach, als Leon schon unterbricht: »Weil ich schwul bin und das nicht zugeben konnte«, sagt er. »Weil ich mir nicht zugetraut habe, meine Wünsche und Bedürfnisse zu leben, und weil ich mich einfach immer falsch fühlte. Mir fehlte vollkommen das Akzeptanz- und Zugehörigkeitsgefühl.«

»Aber du warst doch so lange mit der Lotte zusammen …« Aga kann oder will immer noch nicht ganz begreifen.

»Ja, Mama. Ich war 23 und noch Jungfrau. Und die Kollegen auf Zeche waren allesamt harte Kerle. Schwuchtel war ein verdammtes Schimpfwort! Und meine größte Angst war die vor Zurückweisung und Beschimpfung. Anerkennung, das ist, wonach wir alle streben. Das Bedürfnis nach Zugehörigkeit ist eine verdammt starke Kraft.«

Aga Nowak, so scheint es, wird das Gespräch an dieser Stelle zu abstrakt. Für sie geht es hier vor allem um die Frage der Schuld. Um ihre mögliche Schuld an den Defiziten in der Persönlichkeitsentwicklung ihres Sohnes, von denen Leon eben sprach. Und um die Schuld, vor allem aber die Unschuld ihres Mannes: »Der Papa war nicht nur schlecht«, sagt sie. Es klingt, als wolle sie nicht nur ihn verteidigen, sondern auch die Tatsache, dass sie ihn immer schon verteidigt hat. Sie sitzt in der Runde mit mir ihrem Leon nun in einem Gefühl der Anklage gegenüber, der Eindruck verfestigt sich. Dabei geht es weder Leon noch mir um Schuld. Dazu wissen wir beide über diese Krankheit inzwischen zu viel. Es gibt keine Schuldigen. Es geht um Zusammenhänge. Um ein Zusammenspiel von Charakter, Erlebnissen und Werten, die auch noch von Betroffenem zu Betroffenem und in jeder Familie verschieden sind.

»Sagt ja auch keiner«, antwortet Leon. »Niemand ist nur schlecht. Keiner hat allein Schuld. Darum geht es gar nicht. Wenn ich gesund werden will, muss ich mich aber damit auseinandersetzen, was mich krank gemacht hat.«

Aga zieht sich zurück in ein Innen, als bräuchte sie Schutz. Ihre stolze Brust sackt ein, ganz so, als ob ihr Rückgrat erschlafft. »Wir sind alle Opfer und Täter«, sagt sie in den Raum, beinahe, als besänftige sie sich selbst.

Mit einem Mal wird auch Leons Gesicht ganz zart. Er scheint bewegt und so, als schlüpfe er aus der Rolle des Überlebenden heraus, der seine Krankheit überwunden und verstanden hat, und der anderen nun erklärt, wie man es besser macht. Er stellt das linke Bein ab, wirft das rechte nun rüber und ist mit einem Mal wieder Sohn. Jüngstes Kind einer Frau, die ebenfalls keine leichte Kindheit hatte. Und eines Mannes, der »ich liebe dich« nicht nur nie gesagt, sondern auch schon selbst nie gehört hat.

»Es ist okay«, sagt er seiner Mutter und legt ihr die rechte Hand auf die linke Schulter. »Auf dem Sterbebett hat Papa es mir doch gesagt: dass er mich liebt. Und ich habe ihn ja gefragt, warum er das all die Jahre zuvor nie gesagt hat. Da hat er mir erklärt, dass es diese Worte in seiner Familie nicht gab.«

»Wissen Sie«, wendet sich Aga nach einer kurzen Weile mir zu. »Der Spruch stammt vom Leon. Wir sind alle Opfer und Täter. Das hat mir unheimlich geholfen, als er das zum ersten Mal zu mir sagte. Denn ich gebe mir an allem die Schuld. Dabei auch zu bedenken, dass auch ich ein Opfer bin, dass wir vieles einfach selbst nie gelernt und manches dann ungewollt weitergegeben haben, das hat mir sehr geholfen.«

Mutter und Sohn erzählen mir dann, dass die Großeltern sowohl mütterlicher- als auch väterlicherseits »einfach nicht zu gebrauchen waren. Lieblos und geldgeil«, nennen sie sie. »Vor allem die Mutter meiner Mutter, die war eine oberflächliche Etepetete-Tante, die alle Menschen hasste und für jeden, auch meine Mutter, absolut unnahbar war«, meint Leon. Ich erfahre, wie einsam Agnieszka in ihrer Kindheit war, weil beide Eltern arbeiteten und sich um möglichst viel Wohlstand, nicht aber um Geborgenheit und Zuwendung bemühten. Dass sie sich immer schon eine große Familie und viel Trubel und ein Leben als Mutter einer Rasselbande gewünscht hat, die sie umsorgen kann. »Deshalb ist sie so eine tüchtige Frau, die alles im Griff hat. Schon seitdem sie klein war. Sie musste sich einfach schon früh um alles kümmern.«

Nur Aga selbst verzeiht sich nicht: »Ich war auch berufstätig. Vielleicht war das falsch«, will sie es einfach nicht sein lassen, nach ihren Fehlern zu suchen. »Vielleicht hätte ich eher mitbekommen, was bei dir ist, wenn ich mehr da gewesen wäre.«

Leon erklärt, es sei beinahe unmöglich, das mitzubekommen, selbst wenn man viel zu Hause ist. »Wir Abhängigen sind alle Schauspieler und haben unsere Mittel, die Sucht zu verheimlichen. Ich zum Beispiel habe mir immer Tropfen gegen Bindehautstörungen in die Augen gemacht. Niemand hat meine roten, müden Augen gesehen.« Aga schüttet erst Leon, dann mir ganz selbstverständlich Kaffee nach. »Dass jemand drogensüchtig ist«, sagt Leon, »bemerken Außenstehende nur am Faktor Zeit. Wenn Veränderungen schon erkennbar sind oder sichtbar werden. Der hibbelige, schizophrene Leon, der ich war, den gab es ja auch nicht über Nacht. Das war ein schleichender Prozess, das macht es Angehörigen so schwer.«

Aga hat das erste Mal Cannabis in ihrem Haus gefunden, als Leon 20, also schon seit drei Jahren Kiffer war. »Spritzt du das Zeug schon?«, fragte sie ihn damals. Cannabis kann man gar nicht spritzen. Aga hatte keine Ahnung von Drogen, und Leon tischte ihr, wie er es gelernt hatte, Lügen auf. Er konsumiere die Droge selbst nicht, er verkaufe sie nur. Und das auch nur zum ersten- und das letzte Mal, versprach er ihr.

Aga glaubte ihrem Jungen. Und verstand, als der in den darauffolgenden Jahren immer mehr Gewicht verlor, seine Haut fahl wurde und die Augenringe immer dunkler, die Welt nicht. Fragte sich, ob er zu viel arbeite, zu häufig unter Tage war, ob der Mangel an Sonnenlicht ihn depressiv machte. Damit er zu Kräften kam, ließ sie Leon immer lange schlafen, am Wochenende oft bis 14, 15 Uhr. Sie schmiss ihm den Haushalt, auch, als er dann mit seiner Freundin zusammenlebte. Und sie hat ihm heimlich Traubenzucker in den Kaffee gemacht.

Die Falten zwischen ihren Augen werden wieder tiefer, als ihr Sohn sie sanft aus der Klammer ihrer Erinnerungen und Selbstzweifel holt: »Du hast mir auch total viele positive Dinge mitgegeben. Du hast zum Beispiel immer und in jeder Situation zu mir gesagt: Du schaffst das, ich glaube an dich, du bekommst das hin. Das ist der einzige Grund, warum ich noch hier sitze, glaube ich. Dass ich auch so eine Gabe habe, so eine Kraft, an mich zu glauben – trotz allem.«

Leon wendet sich mir zu, fällt zurück in seine Präventionsrolle und erklärt: »Es gibt auch viele Eltern da draußen, die ihren Kindern sagen: Mach das nicht, du kannst das nicht. Vorsicht! Das ist nichts für dich. Ich halte das für problematisch und kann mich noch an einen Kumpel erinnern, der war immer genau das Gegenteil von mir.

Ich sagte: *Komm, wir fahren in die Stadt.*
Er: *Oh ne.*
Ich: *Warum nicht?*
Er: *Wir kriegen keinen Parkplatz.*
Ich: *Warum denn nicht, ich kriege einen, sofort, direkt davor!*
Irgendwann hat es mir gereicht. Er war total lieb, aber immer nur negativ. Irgendwann, wir waren drauf, da bin ich ausgerastet und habe ihm gesagt: *Es reicht mir. Sag mir jetzt, warum du so bist.*

Und dann hat er ganz traurig und kleinlaut gesagt: *Mein Vater hat mir immer gesagt, ich tauge nichts, ich kann nichts, es wird nichts aus mir.*

Wie traurig, die Programmierung, die er als Kind bekommen hat. Die schleppt er durch sein ganzes Leben.«

»Ich habe dich immer aufgefangen, das war mir wichtig.« Mit diesen Worten findet Aga ihre starke Stimme wieder.

»Das ist wahr. Das hat sie«, bestätigt Leon mir.

Und Aga erklärt: »Du kannst einen Menschen, der eine Droge nimmt, nicht noch beschimpfen und auf ihm rumhacken. Damit treibst du ihn doch nur noch mehr ins Unglück. Ich habe Leon keine Vorhaltungen gemacht. Ich habe ihm gesagt, dass ich ihn liebhabe. Immer.«

### Heinsberg – Leon Nowaks Vortrag:

Leon atmet schwer. Er schaut in die Runde, wieder auf die Empore, als ihn das Scheinwerferlicht etwas blendet und er schützend die rechte Hand vor seine Augen hebt. Dann senkt er den Blick wieder, sein Ausdruck wird ernst. »An dem Punkt ist mir alles entglitten«, erzählt er. »Dieses schlechte Gefühl, das ich ohne Drogen nun hatte, hat bald dazu geführt, dass ich nur noch zwei oder drei Tage die Woche nüchtern war. Zum Ende der Ausbildung kam ich in den Schichtdienst und habe dann, weil ich das Feiern und die Drogen nicht sein lassen konnte, manchmal drei, vier Nächte hintereinander nicht geschlafen. Außerdem habe ich täglich gekifft, von früh bis spät. Ich war inzwischen ein Hardcorekiffer, und durch das massive Kiffen hatte ich schon lange einen chronischen Husten.«

Im Reussbacher Hotel ist es ganz still. Die vermeintliche Leichtigkeit hat sich in bedrückende Schwere verwandelt. In diesem Moment wird auch dem Letzten im Publikum klar: Mit dem Humor ist es nun vorbei. Leon hat sein Publikum mit seiner lockeren Art gefesselt. Nun folgen die harten Infos, die fiesen Geschichten, Details, die man vielleicht unter anderen Umständen gar nicht hören mag:

»Ich habe kaum gegessen und nichts getrunken, bin viel ausgegangen und habe infolge des Drogenkonsums und vom Tanzen sehr viel geschwitzt. Ich war total ausgetrocknet. Extrem dehydriert. Die Lunge hat aber ein Lungenzwerchfell, und dahinter ist eine Flüssigkeit, die den Muskel gleiten lässt. Also atmen. Wichtig ist, dass die Membran immer feucht ist, und wenn du austrocknest, haftet sie einfach nicht mehr. Bei einem Hustenanfall ist mir 1994 dann die Lunge gerissen.«

### Hückelhoven-Millich – Treffen bei Leons Mutter:

»Und damit ist der noch eine Woche arbeiten gegangen«, regt sich Aga bis heute auf und kann einen leichten Schauder, allein bei der Erinnerung an diesen Sommer 1994, nicht unterdrücken. Beinahe wäre ihr Sohn damals gestorben.

»Das Verrückte war, dass ich mich mit dem Schmerz arrangiert hatte. Ich habe nur noch flach geatmet, ging gebückt, habe nur auf der einen Seite geschlafen. Der Schmerz war total heftig, aber der Körper gewöhnt sich mit der Zeit daran. Und ich habe das ausgehalten. Ich wollte auf keinen Fall zum Arzt, denn ich hatte total Angst vor der Diagnose. Ich wusste: Das ist was Schlimmes.«

»Und ich dachte zuerst, er sei erkältet. Aber als es eine ganze Woche lang nicht besser wurde und er von Tag zu Tag mieser dran war, da habe ich ihn gebeten, zum Arzt zu gehen. Er wollte nicht. Ich habe ihn angefleht, aber er wollte partout nicht, und als ich es nicht mehr aushielt, ihn so husten und kriechen und keuchen zu sehen, da habe ich vor lauter Verzweiflung geweint.«

»Da bin ich dann doch zum Arzt. Meine Mama tat mir leid, und ich wusste auch inzwischen: Wenn ich mich nicht bald untersuchen lasse, wird es mir wohl immer schlechter gehen. Der Arzt war aber an dem Tag gar nicht da. Nur Schwestern haben in der Praxis gearbeitet, und die haben auch ein Röntgenbild von meiner Lunge gemacht, durften aber keine Diagnose stellen. Also bin ich wieder nach Hause und am nächsten Tag auch wieder zur Arbeit gegangen. In der Zwischenzeit hat der Arzt drauf gesehen.«

»Ich hatte inzwischen eine Anstellung in einem Spielwarengeschäft – dort rief der Arzt an, weil er Leon in der Mine nicht erreichen konnte. Ich solle meinen Jungen sofort abholen und mit ihm ins Krankenhaus fahren, sagte der mir. Es ginge um Leben und Tod.«

»Mama hat mich dann auf Arbeit ausrufen lassen und mich sofort ins Krankenhaus gebracht. Dort haben wir dann erfahren, was los war. Und dass es unter Umständen um Minuten geht. Weil du so flach atmest, um Schmerz zu vermeiden, kann die andere Lungenhälfte auch kollabieren. Dann bist du innerhalb kürzester Zeit tot.«

Aga Nowak wirkt jetzt wieder befreiter. Es ist inzwischen fast 18 Uhr, ich fühle mich etwas erschöpft und lehne mich in meinem Stuhl zurück. Es ist schön zu beobachten, dass die Anspannung einer liebevollen Verbundenheit zwischen Mutter und Sohn gewichen ist: »Damals habe ich deine Hand gehalten. Du hattest so fürchterliche Schmerzen«, erinnert sich Aga.

»Ja, das hast du! Ehe du dann in Ohnmacht gefallen bist«, scherzt Leon. Beide müssen laut lachen.

»Sowas habe ich noch nicht gesehen.« Leon zeigt mit dem Finger auf seine Mutter. »Die sah aus wie in einem Comicfilm. Erst hatte ihr Gesicht eine relativ normale Farbe, und in dem Moment, als sie mich aufgeschnitten haben und der Arzt den Schlauch reinschob, da wich die Farbe sichtbar aus ihrem Gesicht. Wie ein Wasserpegel, der sinkt, wurde sie von oben nach unten hin plötzlich kreidebleich.«

»Die haben seine linke Seite ohne Narkose längs aufgeschnitten.«

»Ja, weil die so einen Eingriff nicht unter Vollnarkose machen können, weil das viel zu gefährlich ist. Eine Betäubung im Lungenmuskel würde bedeuten, dass ich nicht mehr atme. *Nö, nö*, sagte der Doc. *Das müssen Sie nun aushalten.* Und während er das Skalpell ansetzte, sagte er noch, es könne sein, dass sie mich noch weiter aufschneiden und die Lunge wieder annähen müssen. Denn da die seit einer Woche schon kollabiert war, sei die Chance klein, dass sich das wieder entfaltet. Aber ein Versuch war es wert – und er ist Gott sei Dank auch geglückt. Nachdem die mich aufgeschnitten haben, schoben sie mir einen Schlauch in die Lunge, der dort ein Vakuum erzeugte. Das hat die Lunge wieder hochgezogen.«

»Das war harter Tobak«, sagt Aga. Und fragt: »Erzählst du die Geschichte auch genauso auf der Bühne? Auch von deiner Mutter?«

Leon lächelt.

### Heinsberg – Leon Nowaks Vortrag:

Headset, Banner, die Marke: »Leon Nowak – Keynote Speaker, HighLifeDown«, so steht es auf einem großen, dunklen Plakat. Es wirbt für den Kurzfilm, den Leon schon über sein Leben produziert und ins Netz gestellt hat. Selbst finanziert. Selbst gemacht.

»An der Stelle mit der Lunge schütteln manche mit dem Kopf«, sagt Leon. Auch sein Publikum ist angespannt, entsetzt. Wie jemand nur eine ganze Woche lang mit einer kollabierten Lunge noch arbeiten gehen kann! »Diagnose kommt vom Altgriechischen und heißt: Urteil. Und ich hatte Angst, dass man ein schlimmes Urteil über mich fällt«, erklärt Leon. Und schließlich, wie es dennoch zum Krankenhausaufhalt und zur Ohnmacht seiner Mutter kam.

»Ich habe nach dieser für mich doch sehr schmerzhaften Erfahrung sechs Jahre lang nicht mehr gekifft. Kein Joint mehr für Leon, von 1994 bis Silvester 2000!«, sagt er abschließend. Und beim Zuhörer setzt an dieser Stelle vielleicht Erleichterung ein. Wer ganz unten ankommt, mag man meinen, für den geht es nur noch bergauf. Aber der Weg aus der Sucht, er verläuft meist in Wellen. Es geht immer mal wieder bergauf. »Ich habe auch nichts mehr genommen, was man durch die Nase zieht«, sagt Leon. Es gab aber auch immer wieder Rückfälle. »Ich habe dann Speedbömbchen gefressen. Und Haschcookies. Bald wieder jeden Tag.«

Ich hatte viele gute Vorsätze. »Immer mal wieder zwei, drei Wochen, da habe ich dann keine Drogen zu mir genommen.« Und dann, wenn der Suchtdruck zu groß ist, dann scheint wieder alles egal. »Bis hierhin waren 13 Jahre seit meinem ersten Joint vergangen. Und dann hatte ich die Idee, selbst Drogen einzukaufen und mit Marge wieder zu verkaufen. So hatte ich mein Zeug umsonst.«

Leon Nowak war, nur zwei Jahre nach seinem Spontan-Pneumothorax, so heißt der Lungenschaden, den er hatte, Großdealer. Da war er 27, und er brauchte das Geld. Um sich seinen Drogenkonsum leisten zu können, hatte er sich immer wieder Geld geliehen, und nun schon einige Schulden. »Ich hatte gar kein Bewusstsein mehr für richtig oder falsch. Ich habe alles falsch gemacht.«

Rückblickend war das auch die Zeit, in der Leon im wahrsten Sinne wahnsinnig wurde. Zunächst größenwahnsinnig: Er kaufte immer mehr Drogen, verkaufte immer mehr. Wie das Leben als Dealer so war, will er nicht erzählen. Nicht von der Macht. Nicht vom Geld. Aber von den Konsequenzen: Er wurde verpfiffen, er wurde verhaftet, und nur weil er an genau jenem Tag seiner Festnahme ausnahmsweise nicht so viele Drogen in seinem Auto hatte wie üblich, landete er nicht auch noch für mehrere Jahre in Haft. Aber: »Man hat mich zu zweieinhalb Jahren auf Bewährung verurteilt, die haben mir den Führerschein weggenommen, und ich musste 10.000 Mark an eine gemeinnützige Einrichtung zahlen. »Ich habe dann nicht mehr gedealt. Ich hatte dafür nun Ängste und war vorbestraft. Und dann habe ich das erste Mal gedacht: Was bin ich nur für ein Mensch? Ich bin total unecht. Alles, was ich mache, ist künstlich herbeigeführt. Ich überschreite Grenzen, und das ist mir nicht einmal bewusst.«

Er habe dann »Erlösung in der Liebe gesucht«, erzählt er. »Inzwischen war das Internet populär, und ich habe mich endlich getraut, Kontakt zu Männern im Netz zu suchen. Damals war ich noch mit meiner Freundin zusammen, aber da war ein Trieb, den konnte ich nicht mehr wirklich steuern. Ich habe mich auch nicht als Fremdgänger empfunden, aber meine damalige Freundin machte mit mir Schluss, nachdem sie auf unserem Computer meine Chats gefunden hatte. Sie wusste, das, was ich suche, das kann sie mir nicht geben. Wenn es eine Frau wäre, sagte sie, könne sie um mich kämpfen. Aber diesen Kampf gewinne sie nicht.

Sie hatte recht. Und ich war dankbar, dass sie mich in die Freiheit entließ. Denn jetzt fühlte ich mich richtig erlöst, ich hatte ja auch sonst keine Verpflichtungen. Keine Hobbys und kein Kind. Nur einen Job, den ich sowieso nicht mochte. Also: Ich konnte nun, wann ich wollte, raus zum Feiern! Ich genoss die Ausgelassenheit. Echt zu sein. Mein wahres Ich zu zeigen. Und so kam es, dass ich einem Kollegen erzählt habe, ich sei bisexuell.

Der hat das überall rumerzählt, hat mir bei meinem Outing geholfen.

Ich habe die Scham aber erfolgreich betäubt. Weggeballert mit Haschcookies. Das hat funktioniert. Und ich habe mir Mut angefressen mit Speedbömbchen. Und dann bin ich ins Nachtleben. Geradewegs, das erste Mal in eine Schwulenbar. An dem Abend habe ich Gerome kennengelernt.«

Jetzt geht er zu Gerome in den Zuschauerbereich.

In dem Moment, als Leon Gerome traf, erzählt er eine lange, innige Umarmung später, war ihm klar: »Ich bin nicht bi, ich bin ein schwuler Mann.« Wer die Gelegenheit hat, Gerome nach diesem für ihn und seinen Leon so bewegenden Abend zu fragen, der erfährt, dass es auch für den gebürtigen Namibianer Liebe auf den ersten Blick war. »Ich hatte vorher viele Männer. Keiner hatte Bedeutung. Aber Leon, der war anders, so liebevoll und so schön. Ich stand in dieser Bar, und während wir die ersten Worte miteinander wechselten, dankte ich Gott.«

»Aber«, sagt Leon zurück auf der Bühne. »Ich war immer noch

süchtig. Und ich habe, weil ich so häufig nicht geschlafen habe, erste Halluzinationen und Wahnvorstellungen bekommen. Nächtelang saß ich vor dem PC und habe das Netz durchforstet, mich mit Numerologie, Verschwörungstheorien, Kriegsgeschichte und Religionen beschäftigt. Ich glaubte bald, mich vor elektrischen Strahlen schützen zu müssen, weil ich sonst sterben müsse, und habe mich nach und nach in meiner Wohnung verbarrikadiert.«

### Hückelhoven-Millich – Treffen bei Leons Mutter:

»Irgendwann nach der Jahrtausendwende«, erzählt Aga Nowak, »hat Leon mich andauernd angerufen und erzählt, er sei der Heilige Geist.« Das war 2003. Die Phase der Trennung, der Transformation, schließlich des Outings. »Und dann kam Mama immer vorbei und bemutterte mich. Sie hatte allen Grund, sich Sorgen zu machen, zu dem Zeitpunkt war ich schon völlig verrückt. Aber ich empfand das als Bevormundung. Und dann habe ich gesagt: Das kann ja nicht sein, ich mache jetzt alles, wie ich es will. Und ich wollte alles möglichst verrückt. Also habe ich mir im Sperrmüll allerlei alte Technik zusammengesucht – und dabei andauernd vor mich hin gemurmelt *Das ist Gold! Das ist Gold!* Mit Aluminium, Drähten, Konsolen, Schrauben, Brettern und dergleichen habe ich mir meine kleine verrückte Welt gebaut. In meinem Wahn bildete ich mir ein, einen Roboter schaffen zu können, der die Welt retten kann. Ich wollte mich selbst retten, aber das wusste ich damals noch nicht. Der Roboter wurde nie fertig, dafür sah meine Wohnung bald wie ein Raumschiff aus.«

»Zu der Zeit wusste ich immer noch nicht, was wirklich mit dem los war. Ich dachte, mein Junge ist verrückt, einfach verrückt«, sagt Aga und schlägt die Hände über dem Kopf zusammen.

»Na, du wusstest schon, dass ich Drogen nehme«, widerspricht Leon. »Ich habe es dir erzählt.«

»Ja, aber dass du süchtig bist, das wusste ich nicht.«

»Das stimmt. Wie viel das war, das hast du bis zum Schluss nicht mitbekommen.«

»Heute ist mir das alles klar!« Bei diesem Satz haut Aga auf den Tisch. »Der war ständig total drauf! Zum Beispiel, als er mich einmal anrief und sagte: *Ich sitze in Köln in einer Hausecke. Ich kann nicht mehr aufstehen. Ich sitze hier und kann mich nicht mehr bewegen. Ich weiß nicht, wie ich heimkommen soll.* Da war ich so fertig. Und ich habe auf ihn eingeredet: *Steh auf, setz dich ins Auto, komm nach Hause.* Heute denke ich: Der stand da bestimmt unter Drogen, der hätte gar nicht mehr fahren dürfen. Aber damals habe ich es noch nicht kapiert.«

An dem Tag, als Leon in Köln war, erzählt er, »bin ich völlig abgedreht. Kurz vorher hatte ich in Mönchengladbach jemanden kennengelernt, der auf meine psychotischen Ausführungen eingegangen ist und von dem ich dann dachte, er sei mein Erlöser. Ich wusste nur seinen Vornamen, sonst nichts. Meinte aber, Gott habe mir ein Zeichen in meine Wohnung gesendet, ich müsse los, ihn wiederfinden. Wie bei einer Schnitzeljagd bin ich dann vermeintlichen Zeichen gefolgt, stand plötzlich in Köln und habe jemanden angesprochen, der in seinem Auto schlief. Ich habe ans Fenster geklopft, er ist erschrocken, ich sah ja auch inzwischen destruktiv und irre aus. Jedenfalls sagte ich nur: *Gib mal Zettel, gib mal Zettel. Du hast die nächste Botschaft für mich.* Und er gab mir einen Zettel, auf dem stand eine Adresse in Hannover. Das war für ihn, mit mir hatte das nichts zu tun. Ich wollte nach Hannover, aber dann war mein Körper und mein Verstand schon dermaßen am Ende, ich konnte gar nichts mehr.

Heute weiß ich, diese Störung nennt man Beziehungsideen-Bedeutungserlebnis. Das ist eine Krankheit innerhalb der Schizophrenie. Betroffene beziehen alles auf sich. Egal, wie schlimm es mir ging, ich kiffte immer nur noch weiter. Bald litt ich auch an epileptischen Anfällen, ging natürlich aber nicht zum Arzt, sondern habe weiter Drogen konsumiert, um mich zu betäuben, zu verdrängen und zu vergessen. Aus meinem Sendungs- wurde dann ein Verfolgungswahn, und ich meinte, meine Kollegen wollen mich bei der Arbeit in der Mine in einen tödlichen Unfall verwickeln.«

»Ich wollte ihn einweisen«, unterbricht Aga und sieht mich ernst an. »Ich dachte, der dreht komplett durch. Er ist eine Gefahr für sich und für andere.«

»Meine Mutter hatte inzwischen versucht, eine Verfügung zu erwirken. Sie hatte sogar schon mit dem Familiengericht und dem Hausarzt gesprochen, um mich entmündigen zu lassen. Das war gut so.«

»Dann kam meine Knie-OP und Leons Anruf, bei dem er mir sagte, er habe den Auftrag von Gott, jemanden umzubringen. Da bin ich schmerzerfüllt vom Sofa aufgestanden. Ich habe die Polizei gerufen und bin dann zu ihm hin.«

»Die Polizei war zuerst da. Die haben meine Tür eingerammt, und einer meinte ganz hektisch und forsch: *Was ist denn los, Herr Nowak?*

Auf dem Wohnzimmertisch hatte ich einen Haufen Drogen liegen. Cannabis und Speed. Ich bin rückwärts durch die Wohnung, sah die Beamten eindringlich an, lächelte und sagte, *Ja, kommen Sie rein, alles gut*. Die haben sich dann in den Räumen umgeschaut, das waren sechs Mann und eine Frau. Und während ich rückwärtslief, bewegte ich mich in Richtung Tisch, nahm eine Zeitung, warf sie auf die Drogen drauf, breitete im Schwung noch den Arm gastfreundschaftlich aus, zeigte auf die Couch, die gleich neben dem Tisch stand, und sagte: *Setzen Sie sich doch!*

Die haben nichts gemerkt, weder, dass ich drauf war, noch, dass ich Drogen hatte. Und als sie mir erklärten, dass es meine Mutter gewesen war, die sie alarmiert hatte, weil ich gedroht habe, im Auftrag Gottes jemanden umzubringen, da erklärte ich: *Klar habe ich meiner Mutter gesagt, ich töte mich oder bringe jemand anderes um – aber nur, damit sie endlich aufhört, mich zu nerven.* Damit haben die sich zufriedengegeben. Die haben mein Raumschiff bewundert, und dann sind die gegangen.«

»Du hast damals gesagt, du hättest von Jesus den Auftrag, jemand umzubringen.«

»Ja, das habe ich zu dir gesagt. Aber den Bullen doch nicht. Denen habe ich gesagt, ich hätte dir das erzählt, damit du mich endlich mal in Ruhe lässt. Ich war schizoid, ich konnte direkt umswitchen, wenn es wichtig war, sich normal zu geben. Ich bin ja auch zur Arbeit gegangen, obwohl ich von Woche zu Woche immer schräger wurde.«

Leon sieht mich an. »Das ist übrigens eine Szene, die ich so nie auf der Bühne erzähle, weil ich nicht will, dass das verherrlichend rüberkommt. Dass ich mich da als eine coole Socke darstelle. Ich konnte mich schon immer rausreden. Das machen alle Junkies. Das ist krank.«

**Heinsberg – Leon Nowaks Vortrag:**
»Am 2. Juni 2004 habe ich gedacht, ich bring mich um, das macht alles keinen Sinn mehr. Ich wollte auf der Autobahn gegen einen Pfeiler fahren. Das war mein Plan. Aber als ich die Spax aus meinem Rahmen gebohrt hatte, mit denen ich inzwischen meine Tür immer verriegelte, traf ich vor meinem Haus einen Kollegen. Dieser Kollege hatte offenbar bemerkt, dass es mir nicht gut ging, und er wollte nach mir schauen. Aber ich dachte ja immer noch, die anderen von der Zeche planten ein Komplott gegen mich. Ich glaubte, der Kollege sei gekommen, um mir etwas anzutun! Ich war total verrückt, und als der auf mich zugelaufen kam, da hatte ich Angst. Ich wich zurück, sackte auf dem Boden zusammen, er erschrak, kam mir nach, hockte schließlich über mir, während ich zusammengesackt war. *Junge, was ist mit dir los? Wie kann ich dir helfen?*, fragte er und legte seine Hand auf meine Schulter. Ich schlug sie weg, ich dachte, der tut mir jetzt weh. *Geh, geh weg, niemand kann mir helfen. Ich kann niemandem vertrauen.*

Er: *Wieso? Wem kannst du denn nicht vertrauen?*
Ich: *Alle sind mit dem Teufel. Auch meine Eltern.*

Dieser Mann kannte meine Mutter nicht, aber er meinte zu mir: *Wieso, deine Mutter hat dich doch geboren, die muss dich doch liebhaben.*

Mit seinen Worten hat er irgendwas in mir getroffen, irgendeinen Nerv, ein Gefühl, das tief in mir saß und von all den anderen, künstlich herbeigeführten, vergraben war. Wie in einem Hollywood-

Blockbuster ist vor meinem inneren Auge meine ganze Kindheit abgelaufen: das erste Mal Fahrradfahren, Karneval, wie meine Mutter meinen Schwestern und mir die Butterbrote schmierte. Das war wie so ein Nahtoderlebnis, nur ohne Licht.

Ich habe keine Ahnung, was da passiert ist, aber ich habe mich in dem Moment selbst erkannt. Ich habe gemerkt: Ich bin nicht der Heilige Geist, ich bin nur der Leon. Ich half mir selbst auf, indem ich mir aufhelfen ließ von diesem Kollegen! Und mit einem Mal hatte ich keinen Suchtdruck mehr. Ich hatte nur Angst. Ich habe die Augen aufgemacht und gedacht: Ich bin der Leon, ich bin krank, und ich brauche Hilfe. Da war ich 35.

Aber das Einzige, was ich zu dem Mann sagte, war: *Ich hab's verstanden.*

*Was?*

*Ich hab's verstanden, ich fahre jetzt nach Hause.*

Dann bin ich zu meinen Eltern gefahren und habe ihnen alles gestanden. Dass ich seit 18 Jahren permanent unter Drogen stehe. Und dass ich dringend Hilfe brauche.

Meine Mutter und ich, wir sind dann zur Diakonie, und dort hat man mich an eine Klinik weiterverwiesen, in der man mich erst einmal sediert hat. 23 Tabletten gaben mir die Ärzte – pro Tag. Ich hatte fast zwölf Jahre nicht oder nur wenig geschlafen. Dann habe ich ein halbes Jahr lang nur geschlafen. Ich wollte auch schlafen, denn wenn ich wach und nüchtern war, dann fühlte ich mich unfassbar leer und hatte große Ängste. Vor der Zukunft. Vor mir. Ich hatte 50.000 Euro Schulden bei der Bank.

Zwei Jahre lang war ich in stationärer Behandlung – Gerome hat mich durch die ganze Zeit begleitet. Er hat mich besucht und versorgt. Die Tage, an denen ich nur in seinen Armen liegen und nichts tun durfte, haben mich geheilt. Es war das erste Mal, dass ich mich nicht mehr dafür geliebt fühlte, wie ich war, sondern einfach weil ich bin. Ich war komplett leer, auf Werkseinstellungen zurückgesetzt, wie ein Handy, bei dem alle Daten und Gebrauchsspuren gelöscht wurden. Die Wiedereingliederung bei der Arbeit hat mit einer Stunde am Tag begonnen. Ich musste mir alles erst wieder aneignen, Zeitgefühl, Belastungsvermögen, auch das Handwerk als solches musste ich erst wieder lernen.

Aber ich fand einfach nicht wieder zurück in den Job. Das gängige Miteinander, wie die Leute sich auf Zeche anschrien und übereinander lachten, das mochte ich nicht. Und als der Erste kam und mich wegen einer Nichtigkeit blöd anmachte, da hatte ich zwei Möglichkeiten: Entweder ich nehme wieder Drogen, um das auszuhalten. Oder ich kündige.

Aber kündigen mit Schulden?

Ich habe mir dann einen Fünfjahresplan erstellt und ein Gewerbe angemeldet. Kaum zu glauben, aber ich schaffte das wirklich durchzuziehen. Ich habe meine Geschichte niedergeschrieben und einen Film über meine Sucht und den Weg heraus gedreht. Für meine Präventionsarbeit. Das war 2007. Ich habe mit Laiendarstellern gearbeitet, weil ich das selbst nicht spielen konnte. Das ging mir viel zu nah. Ich habe den Film geschrieben, danach stand ich wochenlang neben der Spur. Hätte ich mich selbst spielen müssen, ich wäre dabei vermutlich vor die Hunde gegangen, da muss man sich ja immer wieder einfühlen in das, was war. Ich habe stattdessen die Kulissen selbst gestaltet, die Requisite geschneidert und die Filmcrew geschminkt. Und ich spürte: Das ist mein Traum. Das will ich machen. Ich hatte nichts zu verlieren und jede Menge Energie, und ich habe das dann einfach getan.«

Was daraus wurde, kann man heute Abend sehen: Leon Nowak bei bester Gesundheit, begleitet von einem Menschen, der ihn schon liebte, als er ganz unten war. Sein Make-up-Salon läuft gut, er hat reichlich Aufträge, das wissen viele hier, auch bekannte Gesichter aus Leons Berufsleben sind, nachdem die Ankündigung des Vortrags in lokalen Nachrichtensendungen war, heute gekommen. Das hat ihm noch einmal besonderen Mut abverlangt, sich vor Geschäftspartnern zu offenbaren. In Schulen, Betrieben, bei Krankenkassen »war das nie ein Problem«, sagt er. »Die bezahlen mich dafür und wissen, worauf sie sich einlassen. Aber Menschen, die mich aus einem beruflichen Umfeld kennen und vor allem als sprudelnden Kreativen und verlässlichen Partner schätzen – wenn die hören, wie krank ich war, das ist erst mal heftig für die ... aber die Feedbacks bestärken mich, dass es richtig ist, mich zu öffnen.«

### Hückelhoven-Millich – Treffen bei Leons Mutter

»Die Mama ist 150 Prozent Liebe und Aufopferung. Sie ist selbstlos, mehr geht gar nicht. Die überschüttet dich, denkt für dich mit, wo könnte sie was tun und machen. Merkt aber nicht, dass sie steuert und regelt. Eine Übermutti ist sie«, sagt Leon und kneift seiner Mama mit beiden Händen in die Schultern, so, wie wenn er sie massiert.

Beide lachen. Aber Aga meint: »Jetzt habe ich ein schlechtes Gewissen.«

»Aber das brauchst du nicht mehr«, insistiert Leon, legt beide Hände ab und sieht sie eindringlich an. »Hey, ich habe jetzt ein schönes, ein gutes Leben. Und meine Vergangenheit hat mich genau hier hergeführt. Sie hat mich zu dem gemacht, der ich heute bin. Selbst der Zeche kann ich nichts Schlechtes mehr abgewinnen. Das war die Schule meines Lebens.«

Er lächelt zufrieden. Dann schüttelt er kurz den Kopf, nimmt ihre Hand: »Mama, du hast dich selbst aufgegeben. Das bewundere ich zum Teil sogar. Das ist eure Lebensleistung, ihr seid wegen der Kinder nicht in Urlaub gefahren, wegen der Kinder habt ihr euch nicht getrennt, kein eigenes Hobby gehabt. Du hast viele Jahre lang ganz wenig geschlafen. Wir waren deine Drogen.« Er lacht.

Sie lacht.

»Du hast deine Sache gut gemacht, wie jede Mutter, die ihre Kinder inspirieren möchte, irgendwas zu können und zu fördern und zu fordern. Auf der anderen Seite: Wir hätten mehr eigene Erfahrungen machen, selbstbestimmter sein müssen – dann wäre ich zumindest auch nicht so ausgebrochen. Das ist wie bei den Bibern: Wenn das Junge piepst, kommt die Mama und macht ihren Job, kümmert sich, füttert es, spendet Nähe. Wenn es nicht mehr piepst, geht sie weg. Kommt das Junge aber zur Mama, und die bemuttert es, obwohl es gar nicht piepst, dann wird es garstig.«

Leon blickt mich an. Auch ich habe eine kleine Tochter. Die ist erst anderthalb. Aber ich weiß auch, das Fundament für ihr Selbstwertgefühl, für ihr Vertrauen in sich und die Welt, das wird schon jetzt gelegt. »Man redet so leicht klug daher«, sagt Leon zu mir. »Ihr macht den wichtigsten und zugleich schwersten Job der Welt. Ich würde es mir gar nicht zutrauen, ein Kind großzuziehen.«

## Überblick: Erziehung und andere Methoden bei Sucht

Die Erziehung und das Familienleben haben Einfluss auf die Entwicklung eines Kindes – von Beginn an. Vor allem das Gehirn entwickelt sich in den allerersten Lebensjahren so rasant, dass hier schon ein wichtiges Fundament für das weitere Leben aufgebaut wird.

Ein Neugeborenes hat rund 100 Milliarden Nervenzellen. Was ihm aber fehlt, sind die Verbindungen, sogenannte Synapsen. Im Säuglings- und Kleinkindalter vernetzt sich sein Gehirn, bis es im Alter von rund zwei Jahren schließlich genauso viele Synapsen wie seine Mutter und sein Vater hat: rund 100 Billionen.

Nur ein Jahr später aber haben Kleinkinder schon mindestens doppelt so viele Kontaktstellen, eine Überproduktion, die es ihnen ermöglicht, sich schnell und gezielt auf alle erdenklichen Situationen einzustellen. Häufig benutzte neuronale Verbindungen werden dann verstärkt, andere abgebaut. Sprich: Die Erfahrungen, die ein Lebensanfänger macht, prägen sein Gehirn.

Gerade zu Anfang findet Lernen vor allem über die sogenannte klassische Konditionierung nach Pawlow statt, bei der bestimmte Reize ganz bestimmte, unkontrollierte Reaktionen hervorrufen. Ein Beispiel dafür ist, wenn der Säugling nach den ersten Impfungen auf Menschen in weißen Mänteln oder auf den Geruch von Desinfektionsmittel mit Schreien reagiert – weil er die Kopplung dieser Sinnesreize mit Schmerz als Erinnerung gespeichert hat, was als Reaktion Angst hervorruft.

Wer als Baby häufig die Erfahrung gemacht hat, dass auf sein Schreien keine Reaktion erfolgte; wer als Kleinkind Unsicherheit erlebte, weil die Eltern nicht verlässlich für es da waren; wer in seiner

Kindheit häufiger die Erfahrung machen musste, sich trotz klaren Ausdrucks der Verzweiflung verlassen und alleingelassen zu fühlen, der kann unter Umständen ein Leben lang damit zu kämpfen haben, dass jede noch so kleine Ablehnung sich existenziell bedrohlich anfühlt. Und der ist in dieser Folge anfälliger für psychische Krankheiten, für emotionale und Co-Abhängigkeit sowie alle Arten der Sucht, die von dieser Ohnmacht, dem Schmerz und Angst ablenken – oder sie betäuben.

Ebenso ein Reiz-Reaktion-Muster ist das »Lernen am Erfolg«, auch »Lernen durch Belohnung und Bestrafung« genannt. Dieses Modell kommt aber spätestens da an seine Grenzen, wo Autoritäten nicht mehr als solche anerkannt werden. Das kann zum Beispiel in der Pubertät der Fall sein. Schwierig wird es auch, wenn die Grenze zwischen Belohnung und Bestrafung verschwimmt. Zum Beispiel im Rahmen einer Suchterkrankung, in der der Rausch sich wie eine Belohnung anfühlt, auch wenn er längerfristig und exzessiv betrachtet schädlich ist. Eltern suchtkranker Kinder wird vor allem zur Aufmerksamkeit geraten, wenn es darum geht, das Kind nicht ungewollt zu belohnen und damit in seinem Suchtverhalten zu bestärken. Wenn Eltern ihrem bulimischen Kind die Einkäufe finanzieren, damit es nicht klauen muss, fördert das das süchtige Verhalten. Ebenso können Abhängigkeitsstrukturen verstärkt werden, wenn Eltern ständig mit dem Kind über Konsum und Rauschmittel streiten – das Kreisen um die Erkrankung rührt aus Liebe und bedeutet Zuwendung. Womöglich sogar in einer Intensität, die es in dieser Form vorher nicht gab.

Nicht zuletzt lernen Heranwachsende »am Modell«, also durch Beobachtung von Vorbildern. Eine Mutter beispielsweise, die sich völlig selbstlos für ihre Kinder aufopfert, die nie an sich denkt und sich sogar vernachlässigt, weil sie ihren Kindern und ihrem Mann immer den Vorzug gewährt, kann unter dem Aspekt des »Lernens am Modell« weniger Heldin als vielmehr verheerendes Vorbild sein. An ihr lernt das Kind, eigene Bedürfnisse zu ignorieren und sich selbst nicht wertzuschätzen. Aber unter Umständen auch, Liebe darüber zu definieren, wie sehr man einander braucht.

Sich um sich selbst zu kümmern ist Pflicht für jedes Elternteil, das sein Kind dazu befähigen möchte, auf sich selbst achtzugeben.

Oder anders gesagt: Vorleben ist eine gute Erziehungsmethode.

Hierum geht es auch im nächsten Fall.

## 3  HILFLOS – wenn das Kind nicht mehr isst: Ein Elternpaar gibt sich trotzdem nicht auf, und die Heilung beginnt

Roswita und Theodor Klawitte haben zwei Töchter. Niemals hätten sie gedacht, dass eines ihrer Mädchen an Anorexie erkranken könnte. Mitte der 1980er Jahre hieß es noch, Magersucht und Ess-Brech-Sucht würden vorwiegend bei Töchtern aus perfektionistischen Oberschichtsfamilien mit einem hohen Leistungsideal auftreten – oder in chaotisch-problematischen Familien. Keines dieser Merkmale, fanden die Eltern, traf auf ihre Familie zu. Umso mehr brach für sie eine heile Welt zusammen, als die jüngere Tochter plötzlich zusehends und unaufhaltsam bis auf Haut und Knochen abmagerte. Mehr als ein Jahrzehnt lang fürchteten die Eltern um die Gesundheit, schließlich auch um das Leben von Jennifer – doch sie schafften zum Schluss, was fast unmöglich schien: Sie ließen ihr Kind los, denn sie wollten nicht länger zulassen, dass die Magersucht auch ihr eigenes Leben bestimmte.

Da waren sie wieder, diese dumpfen, schier unerträglichen Schläge auf Metall, die aus der Küche zu ihr herüberdrangen. Tausende in der Sekunde schienen es zu sein. Jeder einzelne wie ein Schlag in den Magen, der sich zusammenzog und bald eine innere Kälte verbreitete bis in die Finger. Sie hielt das Buch in ihren Händen so fest, als könne sie Halt daran finden – das Buch, das ihr erklären sollte, was mit ihrer Tochter los war.

Roswita Klawitte legte »Der Goldene Käfig« von Hilde Bruch rechts auf den Teakholz-Beistelltisch. Sie saß noch immer auf dem warmen, lederbezogenen Polstersessel, in dem sie sich nach der Arbeit zurückgelehnt und die Arme auf dessen Lehnen abgelegt hatte. Versunken in ferne, fremde Leben hatte sie auf Erholung von dem ihren gehofft. Und darauf, aus der Lektüre etwas Nützliches für Jennifers Heilung zu finden.

Zu Roswitas nussbraunen Haaren waren in den vergangenen Jahren einige graue hinzugekommen, ganz besonders seit das mit ihrer jüngeren Tochter Jennifer war. Roswita hatte sich die Haare nicht mehr gefärbt, immerhin war sie nun 42 Jahre alt, da ist das eben so, fand sie – und sah so auch gar nicht übel aus. Trotzdem. Sie trug ihre Naturkrause nun in einem modischen Kurzhaarschnitt, dazu immer Schmuck: silberne Ohrringe und jene weißgoldene Kette, die schon ihre Mutter und deren Mutter getragen hatte. Roten Nagellack hatte sie aufgetragen. Und roten Lippenstift. Ihre Körperhaltung konnte mehr Kontrast zu ihrem lebendigen, kraftvollen Äußeren kaum sein: Langsam, beinahe schwermütig hievte sie sich hoch aus dem Sessel und strich ihre dunkelbraune Stoffhose zurecht – so, wie sie es immer tat, mit allem. Sie rückte alles immer gerade, räumte alles immer auf, glättete. Roswita Klawitte liebte Ordnung, Zuverlässig- und Sauberkeit. Nur mit Jennifer war ihr das eigene Lebensprinzip in den vergangenen Jahren verloren gegangen. Und es schien keine Hoffnung auf Besserung zu geben. Jennifer wog bei einer Größe von 1,76 nur noch verschwindend wenig, gerade mal 43 Kilogramm.

Mit langsamen Schritten ging die zweifache Mutter zur Küche, so schleppend, als trüge sie zwei schwere Säcke auf ihren schmalen Schultern. Je mehr sie sich näherte, desto lauter wurden die Schläge des Rührstabs, die gewalt- und unheilvoll in das Edelstahl hämmerten. »Jennifer!«, rief sie. Ihre Stimme klang schrill, verbarg weder ihre Wut noch ihre Enttäuschung. Und auch nicht ihre Angst.

Jennifer drehte sich um, sah ihre Mutter aufgeregt und erwartungsvoll an. »Mama, ich möchte einen Kuchen backen. Bitte, bitte«, bettelte Jennifer in einem quirligen Ton, so als sei sie sechs Jahre alt und frage nach einer Süßigkeit. Nur, dass Jennifer nicht mehr klein, sondern 17 Jahre alt war. Und dass sie nicht essen wollte. Nie. Nur kochen und backen. Andauernd.

Roswita atmete laut aus. Und sachte ein. Sich sammeln. Liebevoll sein, auf Jennifer eingehen. Zugleich bestimmend klingen, die Zügel in der Hand behalten. So hatte sie es in der Selbsthilfegruppe für Angehörige gelernt. Nur wer Grenzen setzt, hatte man ihr da gesagt, gebe der Krankheit keinen Raum, sich zu entfalten. Es war so einfach, so etwas zu sagen. Und so unglaublich schwer, es genauso zu tun.

»Die Tiefkühltruhe ist voll mit Kuchen, wir brauchen keinen Kuchen«, sagte sie schließlich zu Jennifer.

»Och, bitte, bitte, bitte«, flehte die. »Lass mich doch bitte einen Kuchen backen. Es ist doch Feiertag!«

Roswita wollte nicht schon wieder mit ihrer Tochter streiten. Nicht schon wieder schreien und verzweifelt sein. Also lenkte sie ein. Ein bisschen. Hoffentlich, dachte sie, nicht zu viel. »Gut: Einen backst du jetzt. Dann ist Schluss.« Ein Kompromiss konnte eine Chance sein. Ein Weg, einander wieder näherzukommen, hoffte sie – und wünschte so sehr, dass sie sich irgendwo finden würden, wenn nur jeder seine Zugeständnisse macht.

Und Roswita sah sich bestätigt durch das Lächeln, das sich in diesem Moment auf dem Gesicht ihrer Tochter breitmachte. Wie schön wäre es doch, würde Jennifer öfter so gut gelaunt sein.

Ihre »Herzepuppe« war doch ein fröhliches, aufgeschlossenes, hübsches Kind gewesen, das sein Herz immer auf der Zunge trug.

Getragen hatte.

Das war lange her.

Am Anfang, als ihre Kleine angefangen hatte, sich immer mehr in eine Hungerwelt zurückzuziehen, in der sie für ihre Eltern bald völlig unerreichbar wurde, hatten Roswita und ihr Mann Theodor zuerst gar nichts bemerkt. Nicht gesehen, dass sie nach und nach immer weniger von dem aß, was auf den Tisch kam. Jene Teufel unterschätzt, die in dem Mädchen toben mussten, so gereizt, so aggressiv und so unsicher es auf einmal war. Bis dahin hatten sie abends als Familie immer fröhlich zusammengesessen, gegessen, über Gott und die Welt geredet und über all die Fragen, die ein Kind an diese Dinge eben so hat. Kerstin, die Ältere, mag viele süße Speisen wie Hefeklöße mit warmen Kirschen und Vanillesauce – und Jennifer hat sich immer begeistert über alles Herzhafte wie Pommes, Burger und Nudelaufläufe hergemacht. Dann, 1988, fing alles an. Das war der Sommer, in dem plötzlich alles schwieriger wurde. Jene Ferien, die die Klawittes in Österreich in den Bergen verbracht hatten und in denen Jennifer gerade 13 Jahre alt geworden und doch schon wieder einige Zentimeter gewachsen war. »Sie brauchte neue Klamotten. Und neue Wanderstiefel«, erinnert sich ihr Vater. »Unzählig viele Paare hat sie anprobiert. Aber diese gefielen ihr nicht, jene auch nicht. Und als sie sich endlich für ein Paar entschieden und wir dieses gekauft und auch schon die Preisschilder entfernt und das Leder imprägniert hatten, da wollte sie die plötzlich nicht mehr. Aus heiterem Himmel flippte sie aus, brüllte herum, war verzweifelt und frech. Aber wir konnten keinen Grund dafür erkennen. Wir wussten ja noch lange nicht, was es wirklich war.«

»Jennifer konnte ganz plötzlich ausfallend werden. Wenn ihr irgendetwas missfiel, flogen Gegenstände herum, und sie warf Geschirr auf den Boden oder räumte Konserven aus den Regalen«, sagt Roswita, der es aus genau diesem Grund damals noch gefiel, dass Jennifer so gern Sport machte. »Auf dem Gelände mit den Ferienhäusern in Österreich gab es unter anderem auch einen Fitnesspark. Da wollte Jennifer jeden Tag hin. Es fiel mir in diesem Sommer auf, dass sie sehr unruhig war und immerzu Sport machen wollte. Aber ich fand das damals gar nicht so schlecht. Da kann sie sich abreagieren, dachte ich, und war auch ein bisschen erleichtert.«

Alles andere, redete ich mir ein, war vielleicht einfach nur eine besonders schwere Pubertät.

Vier Jahre später schlug die Tochter nun in eine unbekannte Gedankenwelt verloren ihren Kuchenteig und hätte fast eine Frau sein sollen. Stattdessen stand sie da, in der Küche der Familie, in einem kleinen Ort am Rande des Schwarzwalds, und war entsetzlich dürr. Sie hatte mädchenhaft die blonden, langen Haare zu zwei Zöpfen gebunden.

Roswita Klawitte ging zurück ins Wohnzimmer, setzte sich wieder in ihren Sessel, versuchte, sich wieder ganz auf ihr Buch zu konzentrieren – und das unaufhörliche, eindringliche Wiehern des Mixers zu ignorieren.

Das Klappern der Schüsseln.

Und der Löffel darin.

Den Geruch, der früher einmal Familienfeiern angekündigt und Vorfreude auf ein bevorstehendes Fest bereitet hatte – und der nun nur noch wie eine unheilbringende Asche in ihrer Nase lag.

Und stank.

Ständig.

Es war Karfreitag. Roswita und Theodor Klawitte waren nicht religiös – beide sind Wissenschaftler. Er dozierte Ingenieurwissenschaften an einer Universität, sie war Biochemikerin in einem Forschungslabor. Und doch: Symbolträchtiger konnte der Tag kaum sein, in Erinnerung an ein gemeinsames Abendmahl, das es der ständigen Kochorgien von Jennifer zum Trotz schon ganz lange nicht mehr gab.

Es war alles nur noch eine Show. Mehr Schein als Sein. Lüge und Intrige und dabei nicht einmal sonderlich gut. »Oh, Mama, was hast du für einen leckeren Eintopf gekocht! Es riecht im ganzen Haus«, hatte Jennifer an einem Abend vor einigen Wochen geschwärmt, als sie aus ihrem Kinderzimmer nach unten in die Stube gekommen war. Sie hatte dabei so dermaßen überdreht gequiekt, so fröhlich getan, es konnte nur geschauspielert sein. Roswita war ebendrum skeptisch gewesen und beobachtete ihr Kind: Munter, fast theatralisch beschwingt, hatte Jennifer sich mit ihrem Teller im Esszimmer neben Vater und Schwester Kerstin niedergelassen. Und noch einmal ausfallend gestikulierend betont: »Hm, wie lecker das schmeckt!« Dann, nach nur einem Löffel, den sie vorsichtig leergeschlürft hatte, war sie mit den Worten »Ich hole mir noch Nachschlag!« wieder aufgestanden. Roswita war ihr in die Küche gefolgt und hatte gesehen, wie Jennifer den Eintopf von ihrem Teller wieder in den Kessel geschüttet hatte. Und so eine Aktion war fast noch nett. Normalerweise versuchte sie nämlich, die Portion auf ihrem Teller in bestimmendem Ton und mit irgendwelchen fadenscheinigen Ausreden – »Ich vertrag Lactose nicht ...« oder »Da sind Konservierungsstoffe drin ...« oder »Ich esse nur noch vegan ...« – den anderen Familienmitgliedern zuzuschieben. In Wahrheit aß Jennifer, schon seit langem, nicht viel mehr als ein bis zwei grüne Äpfel, ein bisschen Gemüse oder Knäckebrot, und trank immerzu bloß ungesüßten Tee den ganzen Tag. All diese Szenen kamen in Roswita hoch, als sie in dem Ratgeberbuch weiterlas. Denn die Autorin, eine deutsch-amerikanische Psychoanalytikerin, musste bei ihnen zu Hause gewesen sein und sie beobachtet haben. Wie sonst hätte sie Szenen beschreiben können, die sich seit mehr als drei Jahren ganz genau so, bis ins letzte Detail gleich, bei ihnen zu Hause zutrugen? Wie sonst hätte sie jene Gedanken und Gefühle so treffend benennen können, für die Roswita selbst kaum die richtigen Worte fand? Wie ihrer Leserin sagen können: Ja, Ihr Kind hat eine restriktive Form der Anorexie! – obwohl sie ihr Mädchen gar nicht kannte?

Roswita Klawitte war schockiert und erleichtert zugleich. Denn die Tatsache, dass diese Psychoanalytikerin Bruch so viele essgestörte Jugendliche kannte, zeigte ihr, dass sie nicht allein waren mit diesen Problemen. Und dass sie Verständnis finden könnte. Dass es jemanden gab, der wusste, wie sehr das Hungern der Tochter ihr und ihrem Mann jedes Mal aufs Neue das Herz brach.

Wie zerrissen sie waren zwischen tiefer Trauer um ihre einst so schöne, lebensfrohe Tochter, die irgendetwas noch nicht Greifbares in einen aggressiven, unnahbaren, einzig von einer zerstörerischen Kraft getriebenen Teenager verwandelt hatte – und nackter Wut.

Wut auf diesen unbekannten Schuldigen.

Wut manchmal auch auf Jennifer, weil es dann den Eindruck machte, als wollte sie es nur nicht anders. Als wollte sie sich so benehmen. Als wollte sie den Rest der Familie damit ärgern, dass sie sich allmählich umbrachte – und sie ihr dabei zusehen mussten. Als zahlte sie ihnen etwas ganz Fürchterliches heim.

Nur was?

Die Eltern wussten sich nichts wirklich Tragisches vorzuwerfen. Dass beide arbeiteten, ja. Das hatte Jennifer schon einmal gesagt, dass sie gern mehr von ihren Eltern gehabt hätte. Aber wie viele Kinder leben in einem Haushalt mit zwei berufstätigen Elternteilen? Außerdem hatten sie den Mangel an Quantität immer durch mehr Qualität wettzumachen versucht: jeden Abend zum Beispiel, wenn sie oft zu lange, als es für kleine Mädchen vernünftig war, den beiden vorgelesen hatten. Die Töchter stellten immer viele Fragen zu dem Gehörten, die dann ausgedehnte Gespräche nach sich zogen.

Herzlichkeit, Höflichkeit, Hilfsbereitschaft, diese und ähnliche Werte sollten das gemeinsame Leben prägen, fanden die Eltern, und brachten den Mädchen entsprechendes Verhalten bei. Ihr Zuhause war ordentlich und Hilfe in schwierigen Situationen immer gewiss. Vor allem Theodor Klawitte unterstützte beide Mädchen regelmäßig vor Prüfungen. Und bei den Hausaufgaben. Er entwickelte sogar, als der Naturwissenschaftler, der er war, kindgerechte Aufgaben, vermittelte die Lehrinhalte so noch einmal spielerisch. War das vielleicht, ungewollt, eine versteckte Anspruchshaltung und Überforderung gewesen? Man wusste ja nie, seit das mit Jennifer war. Wirklich alles konnte ein Pulverfass sein, das Jennifer platzen und vor Verzweiflung rasen ließ. Wie eine dunkle Kraft, die über sie kam und das Mädchen mit den zwei Zöpfen in eine Figur verwandelte, die jener mit den zwei Hörnern glich. So rot. So wütend. So gemein.

Roswita Klawitte hatte an ihre Töchter ihre Freude an Selbstgenähtem weitergegeben. Dachte sie. Immerhin haben eine Zeitlang alle drei Frauen nach einem einfachen Schnitt viele Hosen genäht. Vielleicht hatte Jennifer aber auch das als Überforderung empfunden? Das gar nicht mitgemacht, weil sie es wollte, sondern weil sie dachte, dass sie es muss?

Roswita wurde noch ganz verrückt über die Frage, was sie wohl falsch gemacht haben sollten. Was wohl schiefgelaufen war. Womit sie all das verdient hatten. Und vor allem: Wie sie ihr Kind davon abhalten konnten, sich durch Hungern allmählich selbst umzubringen.

Als hätte Jennifer die Gedanken ihrer Mutter belauscht, tat sie in diesem Moment genau das, was Roswita wieder einmal mitten ins Herz traf: In der Küche klapperte und hämmerte und wieherte es abermals. Und als hätte man an ihr irgendeinen Knopf gedrückt, sprang Roswita dieses Mal von ihrem Sessel auf, lief hinüber und griff, ohne Vorwarnung, nach der Schüssel, in der schon wieder die Küchenmaschine rührte.

Jennifer schrie auf. »Mama, komm schon. Ich habe ein so tolles Rezept!«

»Wir haben eine Vereinbarung. Dass du einen einzigen Kuchen backst. Der ist im Backofen. Nun hörst du auf!«

»Och, bitte, bitte!«

»Nein«, wiederholte Roswita Klawitte. »Schluss«, sagte sie – und entsorgte den begonnenen Teig im Müll.

Jennifer lief zur Tür hinaus. Lief weg. So schnell sie eben konnte. Denn Kraft hatte die großgewachsene Tochter bei ihren 43 Kilogramm kaum noch. Der Tod war allgegenwärtig inzwischen. Die Angst sowieso. Und die pure Verzweiflung. Mit jedem Schritt, den Jennifer tat, den sie weglief von ihrer Mama, die ihr Kind so sehr liebte, sackte diese in sich zusammen und verzweifelte erneut und bitterlich.

Und sie rutschte in grausame Erinnerung: an jenen Tag vor zwei Jahren, als sie versehentlich das Bad betreten und Jennifer nackt gesehen hatte. Wie angsteinflößend dünn sie damals schon war! An all die Tage und Nächte seither, an denen sie sich unters Dach geschlichen hatte, um an der Tür zu Jennifers Zimmer zu lauschen, sie manchmal auch einen Spalt breit zu öffnen, und sich zu vergewissern, dass ihre Tochter noch lebte.

An den gestrigen Abend, als sie erfahren hatte, dass ein Vater aus der Elterngruppe, die Theodor und sie seit kurzem besuchten, sich erhängt hatte, weil er die Sorgen und die Selbstzweifel nicht mehr ertrug: »Ich habe den Krieg durchlebt und auch Hunger leiden müssen«, hatte der Mann bei einem der vergangenen Treffen noch gesagt. »Aber nun sehen zu müssen, wie meine Tochter sich zu Tode hungert, das halte ich nicht aus.«

Es war schwer gewesen, überhaupt eine Anlaufstelle zu finden, an der Roswita und Theodor Klawitte sich und ihre Sorgen gut aufgehoben fühlten. Erste Hilfe hatten sie vor etwas über einem Jahr bei einem Arzt ersucht, als Jennifers Periode ausgeblieben und jedes Betteln, sie möge doch bitte etwas essen, und all das Flehen, die Streite und das Erklären sinnlos geworden waren. »Jennifer wird von Tag zu Tag immer dünner«, hatte Theodor Klawitte bei dem Arzt seine Sorge zum Ausdruck gebracht, »sodass wir nun fürchten, wenn das so weitergeht, ist sie nächste Woche tot.« Es war Anfang der 1990er gewesen. Und das Phänomen der Magersucht und der Bulimie noch nicht hinreichend bekannt. Der Arzt hatte für das Ausbleiben von Jennifers Periode und ihre Unlust zu essen aber keine andere Erklärung gehabt als die, dass das Mädchen »offensichtlich schwanger« war.

»Nein, ich bin nicht schwanger«, hatte sich Jennifer lauthals empört.

Aber der Arzt insistierte: »Na klar, wenn Ihre Periode ausbleibt, dann sind Sie schwanger.«

Da hatte Jennifer ein paar Akten und Stifte von seinem Schreibtisch gefegt. Und hysterisch geweint, bis sie irgendwann, aufgelöst und entkräftet, in sich zusammengesackt in einer Ecke der Praxis saß wie ein kleines, völlig missverstandenes Kind. Roswita bewahrte Haltung, versuchte ihre Tochter zu beruhigen, fühlte sich aber im Grunde auch schrecklich hilflos. Viele weitere Ärzte hatten nichts über das zu sagen gewusst, was mit dem Mädchen geschah. Und sie waren nicht zu ihr durchgedrungen, genauso wenig wie ihren Eltern das möglich war. Jennifer hatte jedes Gespräch verwehrt, sich von vornherein, ohnehin, von einfach jedem unverstanden gefühlt. »Und wir hatten keine Ahnung, wie wir das Ganze anpacken sollten«, sagt Theodor. »Es gab ja auch noch nicht so umfassende Literatur.«

»Unter anderem haben wir es dann auch bei einem Schulpsychologen versucht«, fügt Roswita hinzu. »Der hat sich zwar unsere Sorgen angehört und tat immer sehr, sehr verständnisvoll. Aber weiterhelfen konnte der uns auch nicht.«

Nachdem die Mutter in der Küche das Chaos von Jennifers Backorgie beseitigt hatte, ging sie zum Zimmer ihrer Tochter im Dachgeschoss, um nach ihr zu schauen. Doch Jennifer war nicht da!

Sie war verschwunden. Ebenso ihr Tagebuch. Und die kleine schwarze Umhängetasche mit ihren Habseligkeiten, die sie immer bei sich trug. Roswita begriff. Sie lief über die Treppe wieder nach unten. Dort rannte sie zur Haustür, riss diese auf, lehnte sich heraus und rief: »Jennifer!« Nach rechts und nach links, immer wieder: »Jennifer! Komm her, mein Schatz!« Immer und immer wieder. Ihre Rufe aber verstummten im Wind dieses kühlen Märzmorgens. Und blieben unbeantwortet. Schließlich flehte sie ein leises, entkräftetes: »Bitte, Jennifer, komm zurück.«

Jennifer war fort. Roswita Klawitte schlug die Tür entgeistert zu und lief nun aufgeregt in der Wohnstube auf und ab. So schnell, wie ihr Herz klopfte, so sehr rasten ihre Gedanken. Wo wollte Jennifer nur hin? Was konnte sie vorhaben? Wieso endete nur alles immer wieder in einem Fiasko, egal was sie auch versuchte, egal, was sie auch tat? Als sie auf all ihre Fragen keine Antworten fand, wollte sie ihren Mann anrufen, der an diesem Feiertag kurz zu Besuch bei seiner Mutter war. Da bemerkte sie: Das Telefon lag nicht richtig auf. Jennifer musste es benutzt und in der Eile nicht ordentlich wieder hingelegt haben. Schnell drückte Roswita die Anruf-Wiederholen-Taste. Aber noch nicht auf Grün. Sie sah sich die Nummer vorher genau an und erkannte sie auch sofort! Ein Blick auf die Korkwand mit den vielen Klebezetteln und angepinnten Zeitungsartikeln und Infobroschüren reichte. In den vergangenen Monaten waren es immer mehr Adressen und Telefonnummern geworden, von verschiedenen Ärzten, über das Sorgentelefon bis zum Gesundheitsamt. Die Eltern hatten sie gesammelt und dort angeheftet und ihren Kindern gesagt: »Wenn ihr Sorge habt, könnt ihr hier Tag und Nacht anrufen.«

Jennifer hatte genau das nun offenbar getan. Sie hatte die Telefonnummer der Beratung des städtischen Gesundheitsamtes gewählt! Laut Telefonanzeige dauerte das Gespräch neun Minuten und zwölf Sekunden. Erleichterung machte sich in Roswita breit. Vielleicht redete Jennifer mit jemandem über ihre Probleme? Freiwillig. Endlich. Zum ersten Mal.

Ein wenig über die möglichen Hintergründe der Essstörung ihrer Tochter hatten die Eltern vor ein paar Monaten erfahren. Da hatte der Direktor von Jennifers Schule das Gespräch mit ihnen gesucht und erzählt, dass man sich Sorgen um Jennifer mache. Sie sei immer mal wieder ein Opfer von Mobbing geworden. Man hänsle sie wegen ihrer Größe. Jennifer sei ja wirklich sehr groß, da käme sie wohl nach ihrem Vater. Sehr hübsch sei sie auch. Ja, Jennifer trug lange blonde Locken, Naturkrause, hatte endlose Beine und einen großen Busen. Sie sei auch besonders kreativ, leistungsstark. Und dafür hatten die Lehrer sie vor den anderen immer ein bisschen herausgestellt. Aber genau all das wollte Jennifer eigentlich nicht. So wollte sie nicht sein. Denn dafür wurde sie von ihren Mitschülern ausgelacht. Ihre Klassenkameraden reimten »Große« auf »Doofe« und »Klawitte« auf »Titte«. Jennifer muss sehr darunter gelitten haben, größer und weiblicher und leistungsstärker als andere zu sein. Ihre Reaktion darauf war zu hungern. Sie konnte sich nicht klein machen, aber dünn. In der Schule fiel auf, wie sehr sie sich zurückzog, der Direktor erzählte, sie isoliere sich in den Pausen, und im Unterricht platzte sie manchmal wütend heraus. Aggression hatte man von ihr früher gar nicht gekannt.

Roswita Klawitte hörte zu, behielt Haltung. Doch es fühlte sich an, als ob jemand ihr die Kehle zuschnürte. Roswita Klawitte war sich sicher: Für eine Mutter und einen Vater gibt es wohl kaum einen größeren Schmerz. Ihre Tochter litt an sich selbst. Und sie litt unter anderen. Es ging schon lange so, aber nie hatte Jennifer so etwas auch nur angedeutet. Und jetzt gab es anscheinend nichts mehr, was diese Wunden heilen konnte. »Wir haben versucht, Hilfe für Jennifer und für uns zu bekommen«, war das Einzige, was ihr in ihrer Not und ihrer Verzweiflung nun einfiel. »Aber wir kommen nicht wirklich weiter, vor allem auch deshalb, weil sich Jennifer uns gegenüber gänzlich verschließt.«

»Unter anderem deshalb habe ich Sie zu mir gerufen«, sagte der Direktor. »Eine Kollegin, sie ist Lehrerin an dieser Schule, kennt das Problem der Anorexie und der Ess-Brech-Sucht von mehreren Mädchen, und sie glaubt, dass man vor allem die Eltern stärken muss. Sie initiiert gemeinsam mit einer bekannten Psychologin eine Elterngruppe, damit sie sich gegenseitig austauschen können.«

Das war der Anfang vom Ende eines Teufelskreises, in dem das Leid von Jennifer ihre Eltern und das Leid der Eltern das erkrankte Kind immer weiter in eine Abwärtsspirale aus Selbsthass und Selbstzweifeln riss – und damit Jennifer immer tiefer in die Hungerwelt und ihre Eltern in die Co-Abhängigkeit.

»Wir holen uns jetzt Hilfe in einem Elternkreis. Du kannst dir auch Hilfe holen, wenn du willst«, sagten Roswita und Theodor Klawitte zu Jennifer, bevor sie das erste Mal, gemeinsam mit neun anderen Eltern, auf ein Wochenendseminar in ein schönes Landhotel hoch oben in den Bergen des Schwarzwalds fuhren.

Dort weinten sie noch einmal ganz viel – denn natürlich bekamen sie Angst, was passierte, wenn sie sich nun um sich selbst kümmerten und nicht mehr nur um ihre Jennifer. Selbstverständlich trieb diese riesige Sorge sie in all der Zeit ihrer Reise um. Aber sie lernten, von Tag zu Tag mehr, darüber zu reden. Sie äußerten ihre Zweifel und schlimmsten Befürchtungen und versuchten damit, wieder mehr bei sich und bei den eigenen Gefühlen zu sein. Sie atmeten frische Luft, gingen viel spazieren und tauschten sich mit all den anderen Eltern, die Kinder hatten wie Jennifer, über ihre Erfahrungen aus. Es tat gut, zu erfahren, dass sie nicht allein waren. Es ließ sie Kraft tanken. Auf andere Gedanken kommen. Bald nannten die Eltern diese Wochenenden, an denen sie wieder zu sich finden konnten: »Tankstelle«.

Anfang 1993, Jennifer war inzwischen fast fünf Jahre krank, wurde aus der »Tankstelle« die lokale Selbsthilfegruppe für Angehörige. Beim ersten Treffen kamen rund 20 Elternpaare und ein halbes Dutzend Partner beziehungsweise Söhne und Töchter zusammen. Das kleine Theater, das seine Räumlichkeiten für diese Treffen zur Verfügung stellte, war bis auf den letzten Platz ausgefüllt.

Und allen standen Trauer, Angst, Selbstvorwürfe und Müdigkeit ins Gesicht geschrieben. Vor allem die neuen Teilnehmer, die bis jetzt noch nie mit jemandem darüber gesprochen hatten, was sie zu Hause mit einem essgestörten Verwandten erlebten, brachen in Tränen aus. Lachten laut vor Hilflosigkeit. Oder schluchzten verzweifelt – vor allem dann, wenn jemand anderes etwas erzählte, was ihnen selbst so unheimlich bekannt vorkam: »Meine Tochter hat gestern gedroht, sich umzubringen«, berichtete eine verzweifelte Mutter. »Meine auch«, hieß es aus verschiedenen Ecken im Saal.

»Meine Tochter hatte vor einem Jahr Konfirmation«, erzählte eine andere, »da hat sie sechs Torten selbst gebacken. Damals war ich ganz stolz gewesen – und wusste noch nicht, dass dieses ständige Beschäftigen mit Lebensmitteln im Grunde krankhaft war.«

Ein Elternpaar wollte wissen, wie man ein erwachsenes Kind, um dessen Leben man fürchtet, in eine psychiatrische Klinik zwingt. Andere glaubten, dass das sowieso nichts bringt. »Nicht, solange sie es selbst nicht will«, sagte ein Vater, der als Mediziner auch eine eigene

Allgemeinarztpraxis hatte. »Und nicht, solange sie bloß physisch aufgepäppelt, nicht aber langfristig therapeutisch begleitet werden«, meinte einer, dessen Tochter schon in einer stationären Behandlung war.

Die begleitende Psychologin sah das anders: Manchmal käme man um einen Klinikaufenthalt nicht herum. Vor allem nicht bei rapidem Untergewicht. Bis dahin, gab sie als Tipp, könne man auch zu Hause Mittel anwenden, damit das Kind wirklich versteht: Ich bin krank. Zum Beispiel die Teilnahme an Ausflügen, am Sport und sogar am Schulunterricht verwehren. »Die Vorstellung, mit der Anorexie alles mitmachen zu können, entspricht einem mangelnden Krankheitsgefühl«, erklärte sie. »Sie müssen merken, dass die Krankheit sie einschränkt.«

Man tauschte Adressen und Telefonnummern von Notdiensten, Ärzten, Therapeuten und Betroffenengruppen aus, erstellte gemeinsam Listen von nützlicher Literatur für Essgestörte und deren Angehörige. Aber vor allem: Man nahm gegenseitig Anteil. Man war mit der Last und dem Leid, das man als Eltern und Verwandte erleidet, wenn sich die Tochter oder der Sohn, die Frau oder die Mutter systematisch selbst tötet, nicht mehr so allein.

Alle zwei Wochen in der Zeit zwischen 19 und 21 Uhr fanden diese Treffen fortan statt. Viele Eltern würden sie über viele, viele Jahre besuchen. Und Freunde werden. Gemeinsame Ausflüge machen, Theater und Gaststätten und sogar Tanzkurse besuchen. Und zusammen trinken und essen gehen, unbeschwert, so wie man das zu Hause eben kaum noch tat.

Als Jennifer an dem Abend ihres Verschwindens um 23 Uhr immer noch nicht zu Hause war, riefen Roswita und Theodor Klawitte endlich jene Nummer an, die ihre Tochter zuletzt gewählt haben musste:

»Städtisches Gesundheitsamt, Telefonnotdienst. Mein Name ist Bauer, wie kann ich helfen?«

»Hallo, wir sind Roswita und Theodor Klawitte. Unsere 17-jährige Tochter Jennifer ist seit den Morgenstunden, nach einem Streit, verschwunden. Da sie offenbar Ihre Nummer wählte, bevor sie das Haus verließ, wollten wir bei Ihnen anfragen, ob Sie uns etwas über den Verbleib unserer Tochter sagen können. Denn wir machen uns Sorgen und würden andernfalls die Polizei rufen.«

»Warten Sie, ich schaue kurz nach. Klawitte mit zwei T?«

»Ja.«

»Ja, hier haben wir sie.«

Einen Moment Stille.

»Machen Sie sich keine Sorgen, liebe Eltern. Ihre Tochter wird vermutlich heute nicht nach Hause kommen. Aber sie ist hier gut untergebracht.«

Das war eine gute Nachricht. Die Eltern platzten fast vor Freude darüber, dass sich nun wohl auch ihre Tochter helfen ließ.

Sie blieb vier Tage dort.

Und rief kein einziges Mal an.

Die Eltern warteten. Dann warteten sie nicht mehr:

In jenen Tagen um Ostern herum begann in den Eltern Klawitte der Gedanke zu reifen, dass sie völlig machtlos waren. Dass sie keinerlei Einfluss darauf hatten, was ihre Tochter tat oder nicht. Nicht darauf, ob sie aß und zunahm oder sich weiterhin selbst umbrachte. »Und ob ich mir nun von morgens bis abends Sorgen mache oder nicht – ich kann am Ende nicht viel dran ändern, was ist«, meinte Theodor zu Roswita bei einem langen Spaziergang. »Nur Jennifer kann das.«

»Ja«, stimmte seine Frau ihm zu.

Sie sah gedankenverloren zu Boden, beobachtete ihre eigenen Schritte, die immer sicherer zu werden schienen. Und es fühlte sich mit einem Mal an, als bekäme sie allein durch die Idee, das zu akzeptieren, wieder mehr Boden unter den Füßen. »Wir können sie auch nicht von morgens bis abends bewachen. Dann müssten wir unsere Arbeitsstelle kündigen, oder zumindest einer von beiden«, fügte sie dann an.

»Und das wollen wir unserer Kerstin ja auch nicht antun. Dass die sich einschränken muss. Dass wir womöglich am Ende gar das Haus nicht abbezahlen können, das ja beiden eine Zukunft bieten soll«, stimmte Theodor zu.

Dann schwiegen beide. Bis er schließlich wagte zu sagen, was auch seine Frau in diesem Moment dachte: »Es kann auch etwas anderes passieren. Man liest ja zum Beispiel auch andauernd, dass Kinder im Straßenverkehr verunglücken.«

Roswita nickte.

»Da können die Eltern auch nichts dran ändern.«

Roswita nickte wieder.

Das Ehepaar lief oder fuhr mit dem Fahrrad viel durch die Gegend in diesen Tagen. Und sie redeten. Weinten. Verarbeiteten. Und trösteten einander. Am Ende dieses Osterwochenendes hatten sie jedoch vor allem auch intensive Ausflüge und ein großes, langes Picknick mit ihrer älteren Tochter Kerstin gemacht. Sie hatten das Haus mit prachtvoll blühenden Maiglöckchen dekoriert und gelernt, wieder mehr bei sich selbst und einander als Ehepartner nahe zu sein.

Auch künftig wollten sie so weitermachen, weil sie fühlten, dass es richtig war, auch um ihrer Jennifer zu helfen, die an sich selber litt. Aber sie wollten ab jetzt nicht mehr mitleiden. Sich nicht mehr zu sehr den Kopf zermartern. Sie wollten sie loslassen, wenn sie gehen wollte. Nicht reagieren, wenn sie tobte. Sie sogar vom gemeinsamen Essenstisch künftig fernhalten, solange sie nicht auch etwas aß. Sie wollten dem Trauerspiel einfach nicht weiter zusehen müssen. »Alles andere treibt uns in den Wahnsinn«, sagte Roswita.

»Und hilft auch nicht«, meinte Theodor.

Als Jennifer wiederkam, sagte sie nicht, wo sie die vier Tage verbracht hatte. Aber sie schien ein wenig versöhnter mit sich selbst. Sie lächelte mehr, hörte Musik in ihrem Zimmer, sang sogar. Sie suchte Kontakt zu ihrer Schwester, und vor allem: Sie aß. Nicht viel. Aber mal einen Salat hier und da ein Butterbrot ohne Butter, dafür mit Putenbrust.

Die vermeintliche Verbesserung hielt jedoch nicht lange an. Nur solange nichts geschah, was Jennifer aus dem von ihr selbst zurechtgebastelten Gleichgewicht warf.

Die neuen Regeln zu Hause waren bald so ein Anlass, wieder aus der Haut zu fahren, wieder zu hassen und zu toben und das eindrucksvollste Druckmittel einzusetzen, das Jennifer besaß.

»Ich möchte heute Abend nichts essen«, sagte sie, als sie noch nicht ganz auf ihrem Stuhl am Küchentisch saß.

»Dann steh auf und geh in dein Zimmer«, sagte Roswita Klawitte.

»Nein, ich bleibe. Ich habe meinen Tee.«

»So geht das nicht. Entweder du isst mit oder du verlässt den Tisch.« Und Jennifer ging. Zog sich auf ihr Zimmer zurück – und hungerte wieder. Tagelang.

Ihr 18. Geburtstag kam, aber den wollte sie gar nicht erst feiern. Nicht einmal Kuchen backen wollte sie.

Sie schmollte. Und zog sich noch mehr zurück in ihr Schneckenhaus. Es war hart, beinahe unerträglich für Mutter und Vater, diesen Druck und die Trauer zu ertragen – und konsequent zu bleiben. »Nein, wir wollen dein Leid nicht ungefiltert abbekommen. Wir lieben dich sehr. Aber wir lieben nicht deine Sucht, deine Krankheit. Wir wollen daran nicht auch zugrunde gehen«, erklärten sie ihr. Und ließen sie, so wie sie es wollte, in ihrem Zimmer. Mit ihrer Krankheit. Allein.

An einem Nachmittag einige Wochen später rief die ältere Tochter Kerstin Roswita bei der Arbeit an. Sie weinte und stammelte Wortfetzen, nur Jennifers Name und die Begriffe Psychiatrie und Notarzt drangen zu der Mutter durch, die sofort nach Hause raste. Ihre beiden Töchter fand sie verwirrt vor: die ältere verweint und wütend in ihrem Bett. Die jüngere hysterisch inmitten eines riesigen Scherben- und Lebensmittelhaufens in der Küche.

»Was ist denn um Gottes willen passiert?«, fragte Roswita, als sie das Chaos sah.

»Kerstin hat sich Schokokekse genommen«, antwortete Jennifer, bevor sie wieder die Luft anzuhalten und dann erneut in Tränen auszubrechen begann.

»Kerstin hat sich Kekse genommen?«, fragte Roswita ungläubig.

»Ja«, spuckte Jennifer hochrot durch ihre Tränen und etwas Sabber. »Die Schokokekse, die waren noch nicht dran.«

Mutter Klawitte glaubte, jetzt genau, in diesem Moment, völlig durchzudrehen. Sie konnte es nicht glauben, dass so etwas wegen ein paar Keksen mit langer Haltbarkeit geschehen war. »Ist das dein Ernst?«, fragte sie noch einmal und hoffte, dass die Antwort lautete: »Nein.«

»Ja«, meinte dann aber schon Kerstin, die jetzt im Türrahmen stand. »Mama, du kannst es dir nicht vorstellen. Ich hatte Lust auf diese Kekse und nicht auf die anderen. Und weil ich sie nicht zurücklegen wollte, ist Jennifer explodiert. Hier, die ganzen Scherben, das war sie. Sie hat Gläser und auch dein gutes Geschirr einfach durch die Gegend geworfen.«

Roswita sah Jennifer an, fragte dann möglichst ruhig: »Jennifer, das warst du?«

»Ja, klar war ich das«, schluchzte die. »Ich habe die Lebensmittel im Vorratsregal nach Ablaufdaten sortiert. Ich finde, da muss man drauf aufpassen. Wir hier schmeißen Essen weg, und es sterben Kinder an Hunger in Afrika.«

»In Afrika?«, Roswita konnte es nicht fassen.

»Wir brauchen ja wohl nicht nach Afrika, um Kinder hungern zu sehen, sieh dich mal an.

Du bist doch bekloppt!«, rief Kerstin – und äußerte damit genau das, was ihre Mutter einfach nicht zu sagen im Stande war.

»Blöde Kuh!«, schrie Jennifer, sprang auf und wollte erneut toben, als Roswita dazwischenging. Sie nahm ihre jüngere Tochter zärtlich in die Arme und sagte halb flehend, halb befehlend: »Komm. Lass dir helfen. Ich denke, es ist Zeit. Du musst ins Krankenhaus.«

»Ich muss gar nichts.«

»Doch. Du hast einen Nervenzusammenbruch. Ich rufe jetzt den Notarzt an.«

Die drei Frauen kamen fast gleichzeitig mit Theodor Klawitte in der Psychiatrie an, ihn hatte seine Frau auch sofort benachrichtigt. Es wurden verschiedene Blut- und psychologische Tests mit Jennifer gemacht. Sie war ausgezogen, wurde gewogen, und ein EKG wurde gemacht. Zur Untersuchung gehörte aber auch, dass ihre Eltern erzählen sollten. Nicht von ihrem Kind. Sondern aus ihrer Kindheit. Das Gespräch dauerte insgesamt anderthalb Stunden. Es war das erste Mal, dass Roswita Klawitte darüber nachdachte, dass das Thema Co-Abhängigkeit nicht zum ersten Mal Thema in ihrem Leben war. Auch die Depressionen und der Narzissmus ihrer Mutter hatten sie lange Jahre fest im Griff. Jetzt wollte sie es besser machen.

Als dieser schreckliche Tag und auch eine Nacht vorüber waren, wurde Jennifer entlassen mit dem Versprechen, wieder normal mit der Familie zu reden und zu essen, damit sie nicht stirbt.

Kerstin hatte in der Zwischenzeit das ganze Chaos zu Hause beseitigt und alle Scherben und den Dreck weggemacht. Aber sie würde ihrer Schwester diesen Ausraster nie verzeihen. Sie hatte sich, all die Jahre, so sehr bemüht, immer wieder versucht, ihrer kranken Schwester schöne Momente zu bereiten oder einen Grund zur Freude zu geben. Ins Theater und zu Konzerten hatte sie sie eingeladen, zu Partys ihrer Freunde mitnehmen wollen. Doch jedes Mal hatte sie von Jennifer eine Abfuhr kassiert.

Für die Unfähigkeit ihrer Schwester am Leben teilzunehmen, hatte Kerstin dennoch immer Verständnis aufgebracht. Auch weil ihre Eltern ihr mit der Zeit Bücher und Prospekte zum Thema Essstörung gegeben und erklärt hatten, wieso sich ihre magersüchtige Schwester so verhielt. Kerstin hatte dann immer sehr viel Rücksicht genommen, auch in Hinblick auf die kleinen Dinge im Leben. Zum Beispiel dann, wenn sie morgens als Erste aufwachte in ihrem Zimmer, das gleich neben Jennifers lag. So nah, dass man jedes Geräusch durch die dünnen Spanplattenwände hörte. Damit Jennifer nicht aufwachte und wenigstens im Schlaf zu etwas Kräften fand, hatte Kerstin ihre eigene Zimmertür leise geöffnet und war auf Zehenspitzen an Jennifers Zimmer vorbei die Treppen heruntergeschlichen – während Jennifer, wenn sie die Erste auf den Beinen war, stets genau das Gegenteil getan, gepoltert und geradezu provoziert hatte.

Es gab noch viele kleinere und größere Geschichten, die nach und nach dazu führten, dass von Kerstins Sorgen um ihre Schwester irgendwann nur noch Wut auf deren Krankheit übrig blieb. Zum Beispiel war da dieser Geburtstag vor drei Jahren, Kerstins 20., an dem ihre gut vier Jahre jüngere Schwester mal wieder alle Aufmerksamkeit auf sich gezogen hatte. Jennifer war plötzlich verschwunden, und die Eltern in heller Aufregung. Zum Schluss suchten alle, auch Kerstins Freunde, nach Jennifer, in der ganzen Stadt. Man fand sie patschnass geschwitzt, knallrot angelaufen, so kraftlos, dass sie beinahe in Ohnmacht fiel. Jennifer joggte zu dem Zeitpunkt schon fast drei Stunden. Und mit jeder weiteren Runde, die Kerstin sie mit ihren Geburtstagsgästen um den Sportplatz weiterlaufen sah, wuchs in ihr das Gefühl, dass »sich hier immer alles nur um Jennifer dreht!«.

»Ich bin ja aber auch noch da.«

So hatte sie es ihren Eltern damals vorgeworfen.

Jetzt dieser Ausraster! Nein! Irgendwann war es einfach genug! Kerstin zog aus. Zu ihrem Freund. Das Maß war voll.

Genauso voll wie die Mülltonne der Klawittes. Kurz nach Jennifers 18. Geburtstag fand Roswita all die Schulmaterialien ihrer Tochter darin. »Was soll das?«, fragte sie sie.

»Ich hasse es da«, antwortete Jennifer, »ich gehe da nicht mehr hin.«

Nun war sie volljährig – was sollte Roswita Klawitte schon tun? Selbst wenn sie wollte?

Das Problem war eher, dass Jennifer nun überhaupt gar nirgendwo mehr hinging. Außer auf den Sportplatz, zum Joggen. Oder an den Vorratsschrank der Eltern, um Lebensmittel in ihrem Zimmer zu horten. Umringt von Versuchung, der sie widerstand, fühlte sie sich stark und beherrscht. Zeitweise stand ihr ganzes Zimmer voll.

Die Eltern Klawitte versuchten, immer weniger zu diskutieren. Stattdessen nahmen sie Reißaus. Sie gingen Tanzen, ins Theater, fuhren selten, aber dennoch, auch mal allein weg. Sie gaben Jennifer immer Kostgeld – obwohl Klamauk zu erwarten war. Und so war es auch jedes Mal.

Natürlich hatte Jennifer keine Lebensmittel gekauft. Zumindest nicht, um wirklich welche davon zu essen. Stattdessen hatte sie das Geld gespart und dann an einem einzigen Wochenende alles für Früchte ausgegeben. Anschließend war sie in der Nachbarschaft umhergelaufen und hatte leere Gläser mit Schraubverschluss eingesammelt, wohl von morgens früh bis abends spät.

Und dann muss sie gekocht haben, Marmelade, Konfitüren, mindestens 40 Gläser waren es zum Schluss. Und gebacken hat sie: Torten mit Fruchtbelag. Und Plätzchen mit Früchtefüllung gab es auch.

Als Roswita und Theodor Klawitte von ihrer zehntägigen Reise an die polnische Ostsee nach Hause kamen, betraten sie nicht ihr Haus, sondern ein Lager. Die Eltern hielten die immerwährende Enttäuschung darüber, dass diese Krankheit ihre Tochter nun schon so lange gefangen hielt, kaum noch aus. Nichts zu tun zu haben, das tat Jennifer einfach nicht gut, das war bald jedem klar. Auch ihr selbst, der es so allein mit ihrer Krankheit offenbar zu viel geworden war: »Ich will in eine Klinik. Möglichst morgen«, weinte sie. »Ich will eine Therapie machen. Ich habe da schon angerufen. Die haben gesagt, wenn ich will, dann kann ich sofort kommen.«

Unendlich viele Hoffnungen waren mit diesem ersten freiwilligen, großen Schritt verbunden – und schon nach zwei Monaten waren sie alle dahin. »Wir haben alles versucht, wir erreichen sie nicht. Wir müssen sie jetzt leider entlassen«, sagte der Chefarzt der Klinik am

Telefon. Am nächsten Tag sollte sie wieder nach Hause kommen, wieder auf diesem Sofa sitzen, wieder die Küche und ihr Zimmer und das Leben der gesamten Familie mit ihrem Wahn und ihren Anfällen auf den Kopf stellen.

Roswita hielt allein den Gedanken nicht aus. Und bekam hohes Fieber in der Nacht.

Sie brauchte Schonzeit. Unbedingt. Ganz viel Abstand zu alldem. Und ganz viel Ruhe.

Theodor würde »schon die Stellung halten«, sagte er – und schickte seine Frau für vier Wochen in eine psychosomatische Kur. Dort trauerte Roswita. Und weinte noch einmal viel. »So viel«, sagt sie später, »man hätte Eimer um Eimer damit füllen können.«

»Gott sei Dank« habe sie einen Therapeuten gehabt, »nur für mich«. Jemand, der »mich noch einmal bestärkt hat, unter anderem auch in der Idee, dass es wichtig war, nicht alles mitzumachen, nicht in dem Leid mit unterzugehen«.

Durch die Distanz zu Jennifer konnte sie endlich wieder mehr bei sich sein. Sich um sich kümmern. Und das Leid und die Angst und die Wut ließen sie allmählich los. Sie verließen sie in den Gesprächen mit dem Therapeuten und mit anderen Eltern, die ihren Frieden suchten. Sie fanden Gestalt in den Bildern, die sie malten, wurden frei durch viel Gymnastik und Wassersport. Die Verspannungen lösten sich langsam, dabei halfen Physiotherapie und Massagen. Und das Wissen um die Gunst und Güte und das Verständnis von ihrem Mann, das bewirkte Wunder.

»Ohne dich«, sagte sie ihm am Telefon, »hätte ich das nicht geschafft.«

Theodor war inzwischen fast 30 Jahre lang an ihrer Seite. »Nie habe ich mich allein oder verlassen gefühlt. Vor allem dann nicht, wenn deine Hilfe am wichtigsten war.«

»Geht mir genauso«, sagte er. »Unsere Ehe scheint, so absurd das klingt, an dieser ganzen Sache gewachsen zu sein.«

»Ja, schau doch nur in unsere Gruppe – wie viele Ehen gehen an solchen Problemen kaputt?«

»Unsere ist stabiler geworden.«

»Ja, und das ist vor allem dir zu verdanken. Denn es gibt viele Väter, die sich sagen, die Sucht des Kindes, vor allem die Essstörung der Tochter, das ist ein Frauenproblem. Aber bei dir war das anders, das ist schön.«

»Und du hast nie vergessen, dass wir auch als Partner füreinander da sein müssen, das hat mich in meiner Liebe und dem Glauben an uns bestärkt.«

»Und mich, dass wir an einem Strang ziehen und auch das eigene Verhalten hinterfragen können.«

»Weil wir beide wissen: Sich mutig die Frage nach der eigenen Schuld stellen bedeutet nicht zwangsläufig, allein schuldig zu sein.«

»Wir können uns das nicht weiter ansehen, dann gehen wir daran auch kaputt«, sagte Roswita Klawitte ihrer Tochter, als sie aus der Kur wiederkam. »Wir wollen nun, dass du morgens das Haus verlässt und irgendwas machst den lieben langen Tag. Dass du abends wiederkommst und nicht bloß hier auf dem Sofa sitzt oder in der Küche stehst und die Magersucht pflegst und uns ganz verrückt machst.«

»Entweder du ziehst aus oder du trägst etwas zum Leben in diesem Haushalt bei«, fügte Theodor Klawitte hinzu.

Jennifer entschied sich für Arbeit.

Und sie ging zur Arbeitsagentur und ließ sich beraten.

Und genau dieser Schritt sollte schließlich, im Rückblick betrachtet, der erste vom Anfang des Endes ihrer fürchterlichen Krankheit sein.

Zur Überraschung aller zeigte sich die Frau in der Arbeitsagentur ganz begeistert von Jennifers Erzählungen. Von ihrem Talent beim Haushalten mit Geld, von ihrer Lust zu kochen und zu backen. Und dass sie offenbar sehr durchsetzungsstark war.

»Du wirst nicht geschont«, versprach sie Jennifer.

Und die fand das gut.

Im Herbst 1997, etwas mehr als ein Jahr, nachdem Jennifer dieses Gespräch bei der freundlichen Frau von der Arbeitsagentur gehabt und anschließend einen »Workshop für orientierungslose Jugendliche« gemacht hatte, platzte die inzwischen fast 22-Jährige aufgeregt bei ihren Eltern rein. »Schaut her«, rief sie freudig – und Roswita und Theodor sahen ihre Tochter an. Aufrecht und schön, strahlend und motiviert wirkte sie, so wie schon lange nicht mehr.

Jennifer riss den rechten Arm hoch und präsentierte stolz einen Zeitungsfetzen: »Ich habe einen Ausbildungsplatz, da fange ich Montag an«, sagte sie. »Schaut her, das fand ich sofort toll.«

»Hauswirtschafterin in einem Haushalt mit Kleinkind gesucht«, las Roswita vor. Die Anzeige war von einer Hauswirtschaftslehrerin aufgegeben worden, die Mutter einer 18 Jahre jungen Mutter war – und die ihren Enkel nun zu Hause betreute, während ihre Tochter weiter zur Schule ging.

»Ich habe schon mit ihr gesprochen«, freute sich Jennifer. »Die hat sich gedacht, sie könne jemanden bei sich, in ihrem eigenen Haushalt, ausbilden. Immerhin hat sie ein großes Haus, und es gibt dort Meerschweinchen und Katzen und Kaninchen und Vögel und einen Hund. Es gibt viel zu tun.« Aus Jennifer sprudelte die Begeisterung nur so heraus: »Ich werde dort das Baby und die Tiere versorgen, und einkaufen, waschen, bügeln und kochen werde ich auch. Und nähen, so wie wir das damals gemacht haben. Das habe ich vermisst.«

»Sie ist in diesem Job voll und ganz aufgeblüht«, sagt Roswita Klawitte heute. »Er hat ihr geholfen, es aus der Krankheit zu schaffen, weil sie Verantwortung übernommen hat, erst für andere, dann für sich selbst.« Die Aufgaben in dem fremden Haushalt gaben Jennifer das Gefühl, wichtig zu sein. Und wer sich wichtig fühlt, der gibt im besten Fall auch mehr auf sich acht. Außerdem lernte Jennifer, vor allem im Umgang mit dem Baby, ganz viel darüber, was ein Mensch braucht, damit er sich und dem Leben vertraut. Sie übte sich in Zuwendung, in Trost, und Achtsamkeit. Und was ihr bei diesem kleinen Wesen so gut gelang, schien ihr mit der Zeit auch in Betracht auf sich selbst nicht mehr so unmöglich zu sein.

Als die Ausbildung vorüber und der kleine Lukas im Kindergarten war, wollte Jennifer Klawitte noch viel mehr Menschen helfen, am liebsten Menschen, die ähnliche Probleme hatten wie sie. Daher machte sie das Fachabitur nach und hängte dem ein Ökotrophologie-Studium an: Ernährungswissenschaften, das Lieblingsstudienfach aller Essgestörten.

Mit 30 Jahren ging sie nach Italien, das Land von Pasta, Pizza und Wein. Sie begann, in einem Lebensmittelbetrieb zu arbeiten, und lernte dort einen Hotelier kennen, der Kunde war. »Der Toni liebt sie über alles«, sagt Roswita Klawitte. »Er ist auch groß, ungewöhnlich für einen Italiener. Aber die passen einfach gut zusammen, und wenn es Jennifer wieder einmal nicht gut geht, was immer noch vorkommen kann, dann ist er in heller Aufregung und ganz besonders aufmerksam und fürsorglich mit ihr.«

»Wir wissen heute, Jennifer leidet unter immer wiederkehrenden depressiven Schüben«, erklärt Theodor Klawitte. »Aber sie hat sich enorm stabilisiert, dazu trugen neben dem Job, in dem sie heute sehr anerkannt und erfolgreich ist, auch der richtige Partner und die Tatsache bei, dass sie seit der Zeit ihres Studiums doch immer wieder in eine Selbsthilfegruppe ging. Die Essstörung hat sie überwunden.«

»Sofern man die überwinden kann«, ergänzt Roswita.

»Ja. Das ist wie beim trockenen Alkoholiker. Es ist wohl die gewisse Gefahr eines Rückfalls gegeben. Wenn wieder kritische Situationen im Leben auftauchen. Die ...«

» ... die ans Nervenkostüm gehen.«

»Ja. Die ans Nervenkostüm gehen.«

## Was der Experte sagt: ein unlösbarer Konflikt

Diplom-Psychologe Andreas Schnebel ist Mitbegründer und Geschäftsführer von ANAD e.V., einem Münchener Verein, der Menschen mit Essstörungen hilft. Zu dem Konzept gehören Wohngruppen für Kinder und Jugendliche, die das Essen wieder lernen müssen. Dabei ist die ganze Familie gefragt.

*Herr Schnebel, lange Zeit hieß es, Mütter sind schuld an der Essstörung ihrer Kinder.*
**Andreas Schnebel:** Die Schuldfrage in der Psychotherapie ist ein großes Thema. Und am Anfang der Essstörungstherapie waren die Mütter immer schuld. Aber die Schuldfrage stimmt für mich eigentlich nie.

*Heute spielen Kitas, Väter, Großeltern, der Verein mehr und mehr eine Rolle.*
**Andreas Schnebel:** Richtig! Erst hieß es, dass sich die Mädchen bei der Mutter viel abschauten und da auch Dinge erlebt und gesehen haben, die ihnen die Dinge schwerer machten. Vor zehn, 15 Jahren dann wurden die abwesenden Väter entdeckt. Das war geschickt. Denn denen kann man ja durch die Abwesenheit per se die Schuld zuschieben. Oft ist da ja auch noch die Hilflosigkeit der Väter, da sie meist weniger Kontakt haben und besonders, wenn das Mädchen dann pubertiert, häufig ratlos sind. In manchen Kliniken wurde Eltern früher noch gesagt: Sie dürfen sechs Wochen nicht zu Besuch kommen. Weil es hieß: Eltern sind gefährlich. Wir machen hier erst einmal unser Ding. Wir errichten eine Kontaktsperre.

*Wahnsinn.*
**Andreas Schnebel:** Ja, das war haarsträubend. Die Gründerin von ANAD e. V. war die Mutter eines betroffenen Sohnes. Sie hatte bestimmt so viel Energie, so etwas aufzubauen, weil sie verletzt und wütend war, wie man sie überall behandelt hat. Dass ihr namhafte Klinikchefs gesagt haben, sie solle sich mal nicht einmischen, da sie schuld sei, dass ihr Sohn krank sei. Sie war eher eine sehr besorgte Mutter. Der Vater, von dem sie später geschieden war, wurde gar nicht erwähnt. Positiv gesehen, hat die ANAD-Gründerin aber gerade aus dieser Situation Kraft geschöpft und gesagt: »Das geht so nicht. Die Eltern sind wichtig. Wir müssen uns zusammentun.«

*Und sie traf damit einen Nerv?*
**Andreas Schnebel:** Und wie! Schon am Anfang von ANAD kamen zweimal die Woche Eltern mit oder ohne ihre Kinder, Mütter wie Väter, Großeltern und andere Angehörige in einer Selbsthilfegruppe zusammen, zum Teil bis zu 40 Teilnehmer. Wir machen bis heute Angehörigenseminare, das hat für Eltern etwas ausgesprochen Entlastendes, wenn sie andere Eltern erleben, die ebensolche Schuldgefühle haben, die genauso verzweifelt sind. Die es mit Liebe, mit Strenge, mit Überzeugungskraft und wer weiß was allem versucht haben und nichts bewirken konnten. Alles wurde immer nur noch schlimmer. Besonders dieses Schamgefühl, das es heute noch gibt, vor allem bei Eltern aus dem ländlichen Raum, wo es schnell heißt: Wenn die Tochter eine Essstörung hat, kümmern sich die Eltern nicht richtig. Oder hier in Bayern, da heißt es dann oft: Die Mutter kocht nichts Gescheites.

*Das ist Unsinn. Was ist eine Essstörung?*
**Andreas Schnebel:** Bei einer Essstörung geht es auch um Aufmerksamkeit. Und darum, dass die Betroffenen in irgendeiner Art und Weise etwas zu wenig bekommen. Es gibt aber, sehr individuell, die äußeren Themen einerseits und andererseits die Themen, die

jeder Mensch mit sich selbst hat. Schwierige Dinge, die die meisten erlebt haben. Aber es geht oft auch um Autonomie, darum, sich aus familiären Strukturen loszulösen. Und um den sogenannten sekundären Krankheitsgewinn, also die Vorteile, die so eine Krankheit auch mit sich bringt. Zum Beispiel, dass man Aufmerksamkeit bekommt. Dass man nicht ganz normal funktionieren muss und immer sagen kann: Ich bin ja krank.

*Inwiefern spielen die Eltern denn eine Rolle?*
**Andreas Schnebel:** Heute haben wir ein großes Problem, nämlich dass einzelne Elternteile häufig bereits auch schon essgestört sind, oder zumindest latent essgestört. Ich hatte eine jugendliche Patientin, die mit ihrer Mutter um Attraktivität und Aufmerksamkeit in Konkurrenz stand. Die Tochter hat im Rahmen der Therapie bis zum Normalgewicht zugenommen, und am Ende hatte die Mutter eine kleinere Kleidergröße als die Tochter. Das ist alles eine verkehrte Welt. Meine Schwester wäre wohl nie auf die Idee gekommen, sich bei meiner Mutter Kleider aus dem Schrank zu stibitzen. Heute sind diese Grenzen zwischen den Generationen verschwommen, Mütter und Töchter kaufen dieselben Klamotten, aus Müttern werden große Freundinnen und damit bisweilen auch Konkurrentinnen.

*Und was ist das Problem daran, wenn Mütter ihren Töchtern Konkurrenz machen?*
**Andreas Schnebel:** Früher waren die Mütter anders, die Töchter konnten sich leicht von ihnen abgrenzen, also leicht Autonomie gewinnen. Das ist heute anders.

*Ich habe mal gelesen, dass ältere Frauen nach Jugend hungern, also auch Mütter. Ist auch das ein Problem?*
**Andreas Schnebel:** Das ist etwas, das die Verbreitung von Essstörungen begünstigt. Auf jeden Fall.

*Das klingt nun doch so, als ob die Mütter schuld sind.*

**Andreas Schnebel:** In der Ausbildung lernt man, dass Schuld kein treffender Begriff ist. Weil man immer davon ausgeht, dass man es versucht, richtig zu machen, und dass man es gut meint. Es gibt auch Theorien dazu, dass bereits im Alter von sieben bis acht Jahren relevante Erziehung erledigt ist. Und selbst, falls es länger dauert: Natürlich hat man als Eltern immer einen Anteil. Wenn ein Elternteil ständig Diäten macht oder regelmäßig Alkohol trinkt, gleichzeitig den Kindern aber anderes abverlangt wird – dann ist das wie mit den Fahrradhelmen. Irgendwann finden Kinder es fragwürdig, dass Mama und Papa keinen Helm tragen, und fragen zu Recht: Warum hast du keinen Helm auf? Oder ziehen selbst keinen mehr auf.

*Ich bin selbst Mutter und denke mir: Man liebt sein Kind über alles. Und man macht alles, um das Kind zu schützen. Dann kommt da eine Suchtgeschichte hoch, das Kind muss in Therapie und mit ihm die ganze Familie – natürlich geht das auch ans Eingemachte. Wie kommt es, dass Eltern dann plötzlich nicht reden wollen, obwohl das wichtig ist, damit es dem Kind bessergeht? Damit man Lösungen finden kann? Man würde doch meinen, dass man das dem Kind zuliebe tut.*

**Andreas Schnebel:** Wenn Eltern sich ertappt fühlen, hört das leider häufig schnell auf. Es gibt auch ungeschickte Therapeutinnen und Therapeuten, die den Eltern unter die Nase reiben, was sie falsch machen. Da geht es augenblicklich um Versagen. Und wer will schon ein Versager als Vater oder eine versagende Mutter sein?

Heute geht also tatsächlich oft darum, dass Kinder für die narzisstischen Bedürfnisse ihrer Eltern herhalten müssen. Und deren Ängste. Kinder, die nicht als Jugendliche bereits drei Sprachen sprechen, die weder Yoga noch Musikinstrumente spielen können, erfüllen die gesellschaftlichen Anforderungen in der Vorstellung der Eltern nicht und lösen damit Angst aus. Deshalb werden die Kinder überfrachtet, nicht alle, aber häufig Kinder aus Familien der gehobenen Schichten. Es fängt schon mit viel zu viel Angeboten an. Es gibt tatsächlich

Agenturen, die Kindergeburtstage ausrichten, weil die Eltern zum einen in der Gesellschaft der anderen Eltern bestehen wollen und zum anderen auch das noch delegieren. Es gibt Edelkindergärten, die für ein halbes Vermögen wenig kindgerechte Aktivitäten, wie Kneippbaden, anbieten und damit den gesellschaftlichen Bedürfnissen der narzisstischen Eltern entgegenkommen, aber den Bedürfnissen der Kinder keinerlei Rechnung tragen. Gesetzt den Fall, so ein Kind funktioniert nicht wie gewünscht, dann wird ihm immer mehr zugemutet. Oder es wird verstoßen. Ich hatte eine jugendliche Patientin aus einer kinderreichen Chefarztfamilie. Mutter und Vater waren beide attraktiv und jugendlich. Sport wurde großgeschrieben, und zu Hause gab es Gemüse aus dem Wok und wenig Kohlehydrate. Mit dem Ergebnis, dass zwei Töchter den Wünschen der Eltern perfekt entsprochen haben. Sie haben perfekt geheiratet, eine perfekte Ausbildung absolviert – und waren schlank. Und dann sind da eine Tochter und ein Sohn, beide inzwischen richtig adipös. Die junge Frau ist das Gegenmodell zu ihrer Mutter und wird wie Aschenputtel außen vor gelassen.

Ich habe auch eine Magersüchtige in Behandlung, deren Vater gesagt hat, er nehme sie nicht mit auf die Wiesn. Die Wiesn, das muss man dazu wissen, sind in Bayern der Event des Jahres, jeder will dahin. Der Vater genierte sich, weil die Tochter so dünn ist. Er wollte nicht, dass sie so gesehen wird.

*Von den Eltern abgelehnt zu werden ist furchtbar, keine Frage. Aber ich hörte auch, dass den Kindern die Krankheit unangenehm sein muss. Dass die Konsequenzen klar sein müssen, damit sie begreifen: Ich muss etwas tun. Zählt das nicht auch da rein?*

**Andreas Schnebel:** Es geht einerseits darum, dass das, was wir den Kindern vermitteln wollen, auch wirklich bei ihnen ankommt. Wir müssen also speziell den Charakter des Kindes in unsere Überlegungen mit einbeziehen. Andererseits muss man sich fragen: Geht es wirklich um Motivation oder ist das schon Bestrafung? Wer bei ANAD lebt, darf zum Beispiel nur ab einem bestimmten Mindestgewicht an Aktivitäten, die wir anbieten, wie Klettern oder Reiten, teilnehmen. Oder die begehrte Teilnahme an unserer Alpinfreizeit im Sommer klappt nur, wenn die Zahl auf der Waage im Vergleich zur Körpergröße stimmt. Bei dem Münchener Vater, von dem ich vorhin sprach – und hier lag das Problem –, ging es nicht um das gemeinsame Ziel, nämlich die Gesundung des Kindes, also gute Gründe fürs Zunehmen. Nein, es ging um Ablehnung. Die Tochter empfand: »Der Papa steht nicht hinter mir, und nun schon gar nicht mehr.«

*Der Unterschied ist also: Grundsätzlich merkt man, ob so etwas aus Liebe und Fürsorge passiert. Und ob diese Grenzen gezogen werden, damit man was lernt. Oder ob man so etwas tut, weil einem das eigene Kind peinlich ist. Weil es nicht so ist, wie wir uns das vorstellen?*

**Andreas Schnebel:** Genau. Das war hier der Fall. Wenn man nicht mit zur Skifreizeit darf, weil man zu dünn ist, kann das wirkungsvoll sein. Da ist ja auch ein gutes Argument: Ohne Kraft geht Skifahren nicht. Aber aufs Oktoberfest, das ist etwas ganz anderes. Das macht keinen Sinn, außer dass man das eigene Kind verstecken will. Als Eltern ist man nicht immer gerecht. Man ist gestresst und agiert spontan, natürlich macht man häufig Fehler. Umso klarer muss man erklären, dass ein Kind etwas Bestimmtes nicht darf, weil es einfach nicht geht. Weil Menschen sterben, wenn sie zu viel Sport machen, obwohl sie keine Reserven haben. Oder weil sie wahrscheinlich einmal einsam enden werden, wenn sie nicht lernen, Regeln zu akzeptieren und sich in die Gesellschaft zu integrieren. Wenn die Kinder verstehen, worum es wirklich geht, dann werden sie es, wenn vielleicht auch widerwillig, irgendwann akzeptieren.

*Und Ablehnung akzeptieren sie natürlich nicht. Die bewirkt das genaue Gegenteil?*

So ist es. Ich weiß nicht, wie viele Stunden ich mit jugendlichen Patienten verbracht habe, die erklären: »Ich weiß doch, meine Mama ist unzufrieden, weil mein Papa sie betrügt. Und ich kriege es dann ab.« Diese Projektionen eigener Ängste und Bedürfnisse, die bringen Probleme.

*Woher kommt denn sowas?*
**Andreas Schnebel:** Das ist völlig normal. So etwas gibt es auch in einer ausgewogenen, partnerschaftlichen Beziehung. Wenn man einen blöden Tag hat und sich über alles Mögliche geärgert hat, dann kommt man in gereizter, schlechter Stimmung heim. Das färbt dann zügig ab, wie wir alle es schon erlebt haben. Wenn die Beziehung nicht so gut und nicht so reflektiert ist, dann gibt man diese Stimmung an den Partner weiter. Und es gibt Streit, und niemand weiß mehr richtig, wieso überhaupt. Wenn man aber eine gute Beziehung hat, fragt der Partner: »Hast du Ärger bei der Arbeit gehabt?« Und er weiß gleichzeitig: Meine Frau spinnt rum, das hat aber mit mir nichts zu tun. Und ein solches Verhalten gibt es bei Eltern auch, dass sie ihren eigenen Frust oder ihre Unzufriedenheit den Kindern gegenüber zum Ausdruck bringen.

*Es gibt heutzutage so einen Zwang, dass man als Eltern alles immer richtig machen muss, finde ich. Hilfreich wäre ein gutes Maß an Grenzen setzen einerseits und nicht etwas Unerwünschtes fördern durch Verbote andererseits. Aber wie findet man das?*
**Andreas Schnebel:** Das kann man aus meiner Sicht schwer verallgemeinern. Es kommt auf das Kind an. Bei manchen Kindern ist es so: Wenn man sie nur ein bisschen anders anschaut als sonst, sind sie schon verunsichert und meinen, dass sie etwas falsch gemacht haben. Andere wiederum brauchen sehr klare Worte, bis sie verstanden haben, dass sie etwas falsch gemacht haben.

Es gibt Leute, egal ob in der Partnerschaft oder im Job, die fühlen sich wohler mit klaren Ansagen und Strukturen. Andere wollen sich eher entwickeln und machen ganz gute Sachen, wenn man sie kommen lässt.

Bei der Sucht gibt es außerdem einen Moment, in dem der Patient so in der Störung verhaftet ist, dass ihn nichts mehr erreicht, dann werden Eltern und Betreuer und alle übers Ohr gehauen. Ein solcher Patient hat eine völlig andere Struktur als einer, der z. B. freiwillig eine Therapie macht. Und darum sind in solchen Fällen auch andere, vielleicht strengere Maßnahmen gefragt. Man muss da als Eltern immer wieder nachjustieren.

*Stichwort Unerreichbarkeit: Für dieses Buch habe ich mit sieben Familien gesprochen, in denen die Eltern mehr oder weniger akzeptiert haben, dass ihr Kind krank ist und dass sie daran leider sehr wenig ändern, vielleicht das Beste tun können, indem sie sich der Co-Abhängigkeit entziehen und ihr Leben trotzdem genießen. Aber das ist doch eine wahnsinnig schwierige Aufgabe für die Eltern.*

**Andreas Schnebel:** Man sagt, ein Kind muss ziemlich weit unten ankommen, damit es versteht, dass es sein eigenes Leben retten muss. Eltern haben natürlich große Angst, dass das Kind die Kurve nicht bekommt. Das ist eine unglaubliche mentale und emotionale Herausforderung, wenn man sagen muss: Ich muss loslassen und damit womöglich auch riskieren, dass mein Kind stirbt. Das kann man eigentlich nicht.

*Das ist für Eltern also ein unlösbares Problem.*
**Andreas Schnebel:** Ja, das ist zu viel verlangt. Für Eltern kann es eine umfassende Entlastung sein, zu erfahren, dass sie das Problem gar nicht lösen können.

*Das klingt paradox. Denn man will ja, dass das Problem gelöst wird. Aber ich verstehe, was Sie meinen. Der Gedanke »Ich kann nichts tun« löst die Co-Abhängigkeit auf, bedeutet aber nicht, dass man das Kind mit seinem Problem alleinlässt.*

**Andreas Schnebel:** Eltern können, wenn es gut läuft, einen kleinen Beitrag leisten. Und dabei ist es ziemlich irrelevant, ob das Kind zwölf oder 21 ist. Wenn das Kind, aus welchem Grund auch immer, nicht kann oder nicht will, dann gibt es ganz selten die Chance, als Mutter oder Vater das Ruder rumzureißen. Und ob man nun eine Tochter hat, die hungert. Oder einen Sohn, der kifft, oder einen Sohn, der immer Moped fährt, aber nie einen Helm aufsetzt. Als Eltern hat man da immer wesentlich weniger Einfluss als zum Beispiel ein Lehrer, ein Trainer oder ein Freund der Familie, den sie cool finden. So ist das glaube ich immer gewesen. Es gab immer ein oder zwei Lehrer oder väterliche Freunde, die man bewundert hat, die einem ein Vorbild waren.

*Und die haben einem dann was sagen können, Eltern eher nicht?*
**Andreas Schnebel:** Man muss ja auch immer Folgendes sehen: Süchte kommen meist kurz vor oder in der Pubertät. Und die Pubertät ist für jeden in dem Alter schwierig genug, weil man so voller Selbstzweifel ist, weil man vielleicht das erste Mal verliebt ist, weil so viel Neues passiert. Und natürlich ist das auch für Eltern richtig schwierig, weil ihr Kind auf einmal so anders ist und das Miteinander nicht mehr so unkompliziert läuft oder das Kind plötzlich ganz andere Dinge fordert. Typische pubertierende Kinder können alles allein und sind megacool. Sie brauchen ihre Eltern überhaupt nicht. Aber wenn irgendwas ist, und sei es eine Dienstleistung, dann kommen sie und wollen das sofort. Das sollen Eltern dann umgehend befriedigen. Das bedeutet in der Pubertät eine heftige Leistung für beide Teile. Eltern möchten einerseits für ihre Kinder da sein und müssen auf der anderen Seite loslassen können und ihren Kindern sagen, dass sie die Dinge selber machen sollen und lernen sollen, für ihr Handeln geradezustehen und Verantwortung zu übernehmen.

*Ist es dann eine Aufgabe oder auch eine Möglichkeit für Eltern, darauf zu achten, dass im Umfeld meines Kindes eine Bezugsperson ist, die möglicherweise besser an mein Kind rankommt als ich?*
**Andreas Schnebel:** Das ist eine hervorragende Möglichkeit. In vielen Familien ist da eine Oma oder Tante oder Freundin der Mutter oder

so. Wo das Kind auch Frust ablassen und sagen kann, wie bekloppt die Mama ist und dass sie dies und jenes verboten hat. Eine Tante/Oma kann da sagen: »Ja, das ist wirklich blöd. Aber sieh mal so und so ...« Wenn es gut läuft, hat man auch als Therapeut so eine Rolle.

*Das heißt, es fängt auch mit dem Freundeskreis den ich als Mutter oder Vater pflege. Den auch mein Kind mitbekommt. Wenn das Menschen sind, die in sich ruhen und selbstbewusst sind, dann färbt auch das auf mein Kind ab. Ebenso, wenn ich Freunde habe, die alle eine Sucht oder psychische Probleme haben?*

**Andreas Schnebel:** Das ist ein ganz schwerwiegender Punkt. Das Wichtigste ist, dass man Menschen um sich hat, die irgendwie authentisch sind. Sie können ein bisschen verrückt sein oder unangepasst sein, aber wenn sie in sich stimmig sind, dann ist schon ganz viel gewonnen. Ein Kind lernt immer am Modell. Es beobachtet, wie eine Frau sich als Frau allgemein verhält, als Ehefrau, als Arbeitnehmerin. Und das ist aus meiner Sicht entscheidend wichtig. So findet ein Kind Anknüpfungs- und Orientierungspunkte, also Muster, mit denen es sich identifizieren kann und die ihm Geborgenheit und Sicherheit vermitteln.

*Mit etwas Glück hat man so eine Rolle auch als Therapeutin oder Therapeut, sagten Sie eben. Bei meinem Weg aus der Essstörung spielte definitiv eine Rolle, dass ich immer sehr gute Psychologinnen hatte. Die Suche nach dem oder der Richtigen kann aber auch verdammt schwer sein.*

**Andreas Schnebel:** Ja, man denkt, den Therapeuten nehmen zu müssen, den man bekommt. Oft hat man lange Wartezeiten. Wie sonst auch im Leben merkt man aber gleich, ob jemand gut für einen ist oder nicht. Wo Vertrauen ist und das Gefühl, verstanden zu werden. Es gibt Therapeuten, bei denen so ein positives Gefühl nicht zustande kommt. Und es gibt welche, da denkt der Patient, dass es passt. Auch wenn die Plätze knapp sind, würde ich immer raten weiterzusuchen, statt zu jemandem zu gehen, von dem man eigentlich weiß, dass man ein schambehaftetes oder intimes Thema nicht ansprechen würde. Und Respekt ist wichtig, wenn sie keinen Respekt vor ihrem erwachsenen Gegenüber haben, prallen alle Anregungen an ihnen ab.

*Wie kann ich mein Kind dazu erziehen, dazu befähigen, Konflikte besser zu lösen?*

**Andreas Schnebel:** Ein Kind stark machen, das geht nur, wenn man selbst bei sich ist und einigermaßen echt und authentisch. Weil wenn man schon im Leben nur eine Rolle spielt und sich seinem Partner oder Chef verlogen oder unterwürfig anpasst, das merken Kinder sehr schnell.

Man kann mit ihnen zusammen, so wie man manches andere auch übt, trainieren, wie man zum Beispiel mit einer Meinungsverschiedenheit umgeht. Oder, wenn es bei kleineren Kindern darum geht, ob sie jetzt oder später ins Bett gehen sollen, dann geht es ums Dealen. Das lässt sich auf jedes Thema übertragen. Man kommt nicht weit, wenn man dem Kind seinen Willen eins zu eins aufdrückt. Aber umgekehrt funktioniert es auch nicht – und den Fehler machen heutzutage viele Eltern, die sich von ihren Kindern terrorisieren lassen. Gerade die Eltern von Süchtigen machen aus Angst alles Mögliche, damit es vermeintlich besser wird. Und manche Kinder nutzen die Angst der Eltern dermaßen aus, dass es tatsächlich alles nur noch schlimmer wird. Eine meiner jugendlichen Patientinnen, die Eltern sind geschieden, spielt auf charmanteste Art und Weise ihre Eltern, ihre älteren Geschwister und sogar die Großeltern gegeneinander aus, um zu bekommen, was sie möchte, und macht es so geschickt, dass es den beteiligten Familienmitgliedern gar nicht auffällt. Heute ist sie normalgewichtig, nutzt aber ihre ehemalige Krankheit und die damit verbundene Angst ihrer Familie noch heute, um ihren grenzenlosen Egoismus zu befriedigen und zu bekommen, was sie möchte. Sie ist kein Einzelfall. Sogar in der Gesellschaft gibt es den Hungerstreik als Machtinstrument – denn das ist ja auch eine Macht, wenn man sagt: Ich hungere mich jetzt weg.

*Was können Eltern am besten tun?*

**Andreas Schnebel:** Einerseits müssen Eltern vermitteln, dass sie da sind, gleichzeitig – und das ist das wirklich Schwierige – auch Grenzen setzen und sich nicht mit der Co-Abhängigkeit tyrannisieren lassen. Eltern sollten keinesfalls Dinge tun, die sie eigentlich nicht machen möchten oder die sie nur tun, um scheinbar Ruhe zu haben. Das kann man auch übertragen, das haben wir alle schon in Partnerschaften gemacht: Man macht irgendwas mit, weil man denkt, dann wird es besser, dann kommen wir einander wieder näher, und man verliert den Partner nicht. Aber in Wahrheit verliert man sich selbst. Viele Eltern von süchtigen Kindern haben sich verloren – und nicht nur als Eltern. Weil sie ihre eigenen Ideen oder Werte längst aufgegeben haben. Und der Klassiker bei schlechter Therapie ist, dass Eltern dann das Grenzensetzen und Strengsein völlig übertreiben.

*Die größte, vielleicht alle Eltern dermaßen einnehmende Angst ist es wohl, dass das magersüchtige Kind stirbt, wenn man Grenzen setzt und sich zurückzieht.*

**Andreas Schnebel:** Ich habe im Moment ein Elternpaar in Therapie, deren Tochter war auch 15 Jahre in sporadischer Behandlung bei mir – und bei einem sehr netten Hausarzt. Das Mädchen war bereits sehr früh chronifiziert. Hier ging es nicht mehr um Heilung, sondern wie bei manch anderen chronischen Krankheiten darum, dankbar zu sein, wenn es nicht schlimmer wird. Über Jahre haben wir einigermaßen die Basis gehalten, zwei- bis dreimal im Jahr kam sie ins Krankenhaus und wurde körperlich aufgepäppelt. Im Sommer vor einem Jahr, an einem dieser heißen Tage, weil ihr Körper so ausgezehrt und so geschwächt war, ist sie dann gestorben. Die Eltern sind beide über 70, nette, kultivierte Leute. Beide kommen immer noch zu mir und machen sich unendliche Vorwürfe. Wenn man sich das vorstellt, es ist wohl das Allerschlimmste, was einem passieren kann. Im Grunde kann man dazu gar nichts Passendes sagen. Nur, dass es sicher auch im Sinne des Kindes ist, weiterzuleben und irgendwie das Beste draus zu machen. Sich nicht gehen zu lassen, depressiv zu werden oder das Trinken anzufangen. Es ist viel verlangt.

*Ist der wichtigste Punkt, nicht nur das Kind, sondern vor allem auch sich als Eltern stark zu machen?*
**Andreas Schnebel:** Beim ersten Termin ist es oft so, dass die Eltern mit dem Kind kommen, und das Kind signalisiert: »Ihr könnt mich mal. Ich muss hier mit, aber ich halte hiervon gar nichts, und das ist alles gar nichts für mich.« Und dann passiert es immer wieder, dass die Mütter erst einmal eine Weile allein kommen. Das ist auch ganz wichtig, dass man sich als Eltern Hilfe holt, wenn man merkt, dass es seinem Kind immer schlechter geht. Weil man dann auch eine Rückenstärkung erfährt. Aufpassen lernen, dass man als Eltern nicht zu sehr in die Co-Abhängigkeit gerät, denn in so einem Fall kann man seinem Kind auch keine Hilfe mehr sein. Oft schicke ich dann auch Eltern in Paargespräche.

*Paartherapie?*
**Andreas Schnebel:** Ich sage Paargespräche oder Coaching, weil die Eltern den Begriff Paartherapie nicht mögen. Das Problem ist häufig, dass sich Eltern nicht immer einig sind. Ein schlaues, sensibles Kind nimmt das sehr schnell wahr. Oft stehen massive Paarkonflikte hintendran. Deshalb geht es, auch wenn es dem Kind noch nicht bessergeht, erst einmal darum, dass man als Paar versucht, die Konflikte zu lösen.

*Sich auch scheiden zu lassen, im Zweifel?*
**Andreas Schnebel:** Das ist im Zweifel immer besser, als zusammenzubleiben und ein Spiel zu spielen. Manche Eltern, die eigentlich gar nicht mehr glücklich miteinander sind, beschließen: »Wir bleiben zusammen, bis das Kind durchs Abitur ist. Bis es anfängt zu studieren, einen Job gefunden hat ...« Und so geht das immer weiter ... Das ist verhängnisvoll. Aus meiner Sicht, da bin ich sehr klar,

kommen Kinder mit einer halbwegs sauberen Trennung besser klar als mit Eltern, die sich selbst, sich gegenseitig und den Kindern etwas vormachen. Es geht auch hier wieder um das Modell-Lernen: Wenn ich Eltern habe, die sich eigentlich nur angiften, aber wenn dann Besuch kommt, total nett zueinander sind, lächeln und schick angezogen sind, wenn sie an Weihnachten heile Welt vorspielen, aber gleichzeitig heimlich mit ihrer Affäre simsen – das bemerken Kinder. Wir als Eltern denken, dass wir viel von unseren Kindern mitbekommen – sehen, wenn sie bloß das Gesicht verziehen oder auf eine bestimmte Art nach etwas fragen, was gerade in ihnen vorgeht. Und das stimmt ja Gott sei Dank auch. Aber eben auch andersherum. Das ist ein ganz wichtiger Punkt. Kinder sind hochsensibel für die Stimmungen und das Verhalten ihrer Eltern.

# 4  ROLLENSPIEL – die Sucht nach Computer und Co: Ein Sohn und seine Mutter erzählen

Bei den meisten Süchten wie denen nach Alkohol, Hunger oder Drogen denkt man gleich an den Tod. Aber wie gefährlich ist es, wenn das Kind süchtig nach dem Computer und nach dem Internet ist? Laslo und seine Mutter Carmen Pribnow blicken zurück auf die Zeit, in der Laslo nur noch am Computer zockte und sich selbst dabei völlig verlor.

*Ich wusste, dass es draußen heiß war, aber ich spürte es nicht. Ich dachte mir schon, es ist wieder Tag. Aber ich wusste es nicht. Es war Sommer 2013, ich war 25 Jahre alt und hatte mein Zimmer bei den Schmidts, dem älteren Ehepaar, bei dem ich lebte, schon wieder seit 20 Stunden nicht verlassen. Vielleicht waren es auch nur zwölf Stunden, solche Dinge bekam ich schon gar nicht mehr so genau mit. Die Rollläden waren eigentlich fast immer unten, weil – so kann ich das heute rekapitulieren – das Aufbrechen neuer Tage mich nur schmerzlich daran erinnerte, dass der letzte womöglich schon wieder ein verlorener Tag war. Ein Fenster stand immer auf, damit es nicht zu sehr miefte. Außerdem hoffte ich, dass es dann nicht auffällt, dass ich in meinem Zimmer rauchte. Weil die Hitze unter dem Dach unerträglich wurde, saß ich meist nur in Unterhose vor meinem Rechner. Neben mir standen zu Aschenbechern umfunktionierte Behälter aller Art, mehr und weniger frische Getränke. Und ich war andauernd high. Bekifft. Und das, obwohl ich mir geschworen hatte, nie wieder da Cannabis zu rauchen, wo ich studiere.*

*Aber das war immer noch besser als Alkohol. Und irgendwas musste ich tun gegen dieses Gefühl, nichts zu tun außer zu zocken.*

*Etwa ein halbes Jahr zuvor hatte ich festgestellt, dass ich, wenn ich zockte, nebenbei eine ganze Flasche Whisky soff. Allein. Zu Hause, vor dem Rechner. »Wenn ich frei habe, kann ich auch einen Kater vertragen«, dachte ich mir immer. Ich holte mir mehrfach die Woche eine Flasche Whisky im Aldi und spielte, bis ich vor Erschöpfung in den Schlaf fiel. Aber als mir das bewusst geworden ist, dass ich das aus Routine mache, als ich das erste Mal getorkelt bin und gelallt habe und nicht mehr reden konnte, da habe ich Angst bekommen. So einer wollte ich nicht werden! Ich habe Alkoholiker immer verabscheut. Davon gab es in meiner Familie genug. Den Gestank und diesen Kontrollverlust, das konnte ich nicht ertragen.*

*Und ich konnte mich am nächsten Tag immer erinnern, was für eine Scheiße ich besoffen gemacht habe. Ich fiel um oder irgendwo runter, redete Blödsinn. Es war einfach nur ätzend. Ich war mir selbst peinlich. Und ich konnte mich nicht so sehr zuknallen, dass ich das nicht gemerkt hätte.*

*Und dann habe ich die für mich einzig logische Konsequenz gezogen und gesagt: Ich muss wieder anfangen zu kiffen. Dann trinke ich nicht so viel!*

*Nach zwei, drei Monaten hat sich die erste Freundin von mir abgewandt und gesagt: »Hör mal zu. Seit du kiffst, mag ich dich überhaupt nicht mehr. Du vernachlässigst deine Hygiene. Und du redest komische Sachen. Ich kann keinen Kontakt mehr zu dir haben.«*

*Ich habe sie dann abgewertet, mir eingeredet, dass sie eh blöd und arrogant sei. Und dann bin ich bei den Schmidts – vor denen ich mir selbst auch immer mehr peinlich war – ausgezogen zu jemandem, der mich versteht: zu einem anderen Kiffer.*

*Von da an bestand mein Leben nur noch aus arbeiten gehen, damit ich Geld habe, damit ich essen und Kiffe kaufen und die Miete zahlen kann. Für die Uni, wegen der ich eigentlich hierher nach Rostock gezogen war, hatte ich gar keine Zeit mehr, weil ich viel arbeitete. Na ja, 20 Stunden die Woche habe ich in einem Supermarkt als Packer gearbeitet, also Regale aufgefüllt. Den Rest der Woche habe ich verzockt:* Civilisation *war das Spiel der Zeit für mich damals. Das ist ein Aufbausimulationsspiel, bei dem es darum geht, dass man sein Volk dazu befähigt, sich von der Jung-*

steinzeit bis in die Gegenwart zu entwickeln – und letztlich sogar einen neuen Planeten zu bevölkern. Dazu baut man Städte, betreibt Farmen, führt Kriege und Diplomatie – und über alldem steht eine große, möglichst kluge Strategie. Denn Ziel des Spiels ist es, dass das eigene Imperium größer, fortschrittlicher und stärker wird als die der Konkurrenten.

Du startest auf einer Karte, die aus sechseckigen Parzellen besteht. Mit einem Siedler gründest du die erste Stadt deiner Zivilisation. Mit einem Krieger erkundest du die Umgebung.

Sobald du eine Stadt hast, kannst du Felder bestellen oder Berge oder Wälder bewirtschaften. So bekommst du Gold, Nahrung oder Arbeitskraft. Durch Nahrung wächst deine Stadt, und du kannst mehr bewirtschaften. Gold ist die Währung, und Arbeitskraft brauchst du, um Gebäude zu bauen oder Einheiten auszubilden. Und dann ist noch die Forschung wichtig. Am Anfang kannst du die Landwirtschaft, das Jagen, Fischen oder Keramik zum Beispiel erfinden und somit zivilisierter werden. Nach und nach erforscht man dann die Schrift, Mathematik, später die Luftfahrt.

Du triffst außerdem auf andere Nationen, treibst Handel mit ihnen oder führst Krieg gegen sie, während du neue Städte gründest, um dein Territorium zu vergrößern. Ressourcen oder religiöse und kulturelle Konflikte führen zwangsläufig zu Kriegen – und wer weiterentwickelt ist, oder aber sehr produktiv, und wer daher eine große Armee hat, der kann die Städte des Gegners einnehmen oder ihn gleich ganz vernichten. Über Diplomatie und Spionage versuchst du ständig, die zivilisierteste Kultur zu sein – und am Ende der Herrscher der Welt.

Wenn du das spielst, verstehst du mehr vom Menschen, denkst du, und lernst nebenher auch Geschichte und Volkswirtschaftslehre.

Insgesamt anderthalb Jahre war ich süchtig nach diesem Spiel. Es schaffte, dass ich mich stark fühlte, wenn ich die Strategien immer noch weiter optimierte; ich liebte es, immer neue Welten zu entdecken, und genoss die Macht, das Schicksal ganzer Nationen über 6000 Jahre hinweg zu bestimmen. Ich brauchte das alles so sehr, dachte ich, dass ich mich geradezu krank fühlte, wenn ich nicht spielen konnte. Innere Unruhe machte sich in mir breit, ich kaute nervös an den Nägeln, biss mir von innen auf die Wangen, hatte depressive Gedanken – und dabei bemerkte ich gar nicht, dass es gerade das Computerspielen war, das mich krank werden und in der echten Welt, draußen, hinter meinen Rollläden, immer weniger zurechtfinden ließ. Damals kapierte ich all das noch nicht und drehte mich ständig im Kreis. Und als Dunkelheit und Betäubung nichts mehr brachten, wurden meine Depressionen schlimmer und die Verwahrlosung auch. Und ich konnte irgendwann einfach nicht mehr vor mir selbst fliehen. Ich habe dann sogar selbst bemerkt, dass ich stinke und dass ich mehr und mehr vereinsamt bin. Und dass mir mein Leben, in den wenigen nüchternen Phasen, die ich noch hatte, peinlich war.

Aber Süchtige, das waren für mich immer noch andere, welche, die gar nichts mehr gebacken bekommen! Und das war bei mir ja nicht der Fall! Ich dachte immer noch, ich kriege alles irgendwie hin, ich habe immer noch ein paar Leute, die mich mögen, ich habe keine Straftaten begangen, gehe arbeiten, ein Dach über meinem Kopf habe ich auch. Alles ist easy, ich bin nicht süchtig.

Wenn ich drauf angesprochen wurde, wie ich aussehe und wie viel ich zocke, dann habe ich meine Situation glorifiziert und die anderen abgewertet und Sachen gesagt wie: »Versuch mal nicht, mir mein Glück schlechtzureden, du bist doch selber unglücklich, du Idiot.«

Als Kind hatte Laslo viele Freunde, einige hat er auch mit nach Hause gebracht. Deshalb fand ich das auch nicht so schlimm, wenn er Gameboy spielte, weil er sich ja nicht nur damit beschäftigt hat. Bis er etwa elf, zwölf Jahre war, konnte man ihn durch Gesellschaftsspiele oder gemeinsame Ausflüge noch bekommen.

Erst dann sah ich ihm immer wieder an, dass er sich andauernd fragte: »So, wann habe ich endlich wieder Zeit zum Zocken?« Er äußerte auch immer häufiger diesen Wunsch, aber das brauchte er irgendwann gar nicht mehr – was immer er auch tat, ab und an mal zu Hause mithelfen, aufräumen, das Haus verlassen und zur Schule gehen – immer häufiger zeigte seine Anspannung, dass ihn außer diesem blöden »Daddeln« nicht mehr viel interessiert.

Was mir außerdem recht schnell Sorge bereitet hat, war diese Wut. Diese Aggression, die sich breitmachte, wenn ich sagte: »So, jetzt ist Schluss.« Schon als Laslo acht war, wurde er rasend und ausfällig, wenn ich ihn bat, den Gameboy zur Seite zu legen. Und sein Zorn gegen mich steigerte sich seitdem, bis es schließlich immer öfter außer Kontrolle geriet. Er weigerte sich immer mehr, an dem Familienleben teilzunehmen. Beteiligte sich nicht mehr an Gesprächen; wenn wir uns stritten, verwüstete er öfter mal die Wohnung, schmiss Gegenstände durch die Gegend oder trat irgendwo gegen. Das ein oder andere ging dabei zu Bruch.

Sicher, als Eltern meint man, man sitze am längeren Hebel. Wenn es zu viel wird, nimmt man einfach die Batterien aus dem Gameboy oder zieht den PC-Stecker raus und droht: »Wenn du nicht aufhörst, bekommst du dein Taschengeld gestrichen.«

Aber das ist leicht gesagt.

Zum einen sind die Kinder nämlich unglaublich erfindungsreich dabei, die Sucht zu verheimlichen. Sie spielen bei Freunden, in Internetcafés oder erzählen dir Sachen wie, dass man sich heutzutage eben auch im Netz trifft. Dass dein Verbot dem Kind die Chance auf Kontakt zu Gleichaltrigen nimmt und es dadurch erst vereinsamt – was im Ansatz ja sogar stimmt. Und du hast keine Ahnung von diesen Dingen, und wann es kippt, wo genau es zu viel wird und dein Kind süchtig nach dieser Form der Belohnung in Form von Anerkennung im Internet und bei diesen Computerspielen wird, das bekommst du dann auch nicht so richtig mit. Du hast ja auch nicht permanent die Kontrolle. Vor allem dann nicht, wenn du berufstätig und alleinerziehend bist, so wie ich.

Wir hatten lange Zeit auch nur einen Computer, und der stand im Zimmer von Laslos Schwester, da konnte er abends zum Beispiel gar nicht immer ran. Das war ihm aber Grund genug, immer öfter bei einem Freund zu übernachten, und hätte ich das Ding verbannt, hätte ich beide Kinder bestraft – wieso soll die Tochter denn keinen Computer mehr haben dürfen, nur weil der Sohn damit nicht umgehen kann?

Außerdem: Wenn du den Computer abschaffst, gehen sie nach der Schule eben woandershin und spielen. Und dann musst hinterherlaufen und dafür sorgen, dass das Kind nach Hause kommt. Das ist völlig unrealistisch. Und du kommst dir auch blöd vor.

Und am Ende geht es ja eben um viel mehr. Was das war, wollte ich herausfinden. Darüber reden, dieses Problem klären. Und ich habe darum immer wieder das Gespräch mit ihm gesucht, Laslo ist ja auch sehr intelligent. Und ich war der Meinung: Irgendeines meiner Argumente muss ihn doch erreichen! Zumindest irgendwann.

Am Anfang habe ich noch nicht gesagt: Du hast ein Suchtproblem. Das war für mich zu dem Zeitpunkt noch nicht so greifbar, was für ein Problem er hat. Obwohl ich mich mit einer Lehrerin von ihm unterhalten habe, als er noch in der sechsten Klasse war, und die damals schon sagte: Laslo ist extrem gefährdet. Wenn der die Möglichkeit hätte, an Alkohol oder Drogen ranzukommen, dann würde er daran kaputtgehen. Aber Drogen gab es damals noch nicht, beziehungsweise Spiele, das war damals noch nicht als Droge anerkannt. Also war für mich lange nicht klar, was mit ihm los ist. Damit er aufhört zu spielen, habe ich schlicht die Argumente angeführt, dass er mit seinen Freunden draußen spielen soll, dass es genug Menschen gibt, die auf ihn warten und mit ihm etwas unternehmen möchten.

Aber je mehr ich es versuchte, desto mehr machte er dicht. Er habe keinen Bock, sagte er, und gab mir das Gefühl, dass er mich hasst. Und später, da war er schon lange erwachsen und gesund, hat er einmal gesagt, dass allein die Tatsache, dass ich versucht hatte, mich zwischen ihn und den Computer zu stellen, dass allein das mich zum unliebsamen Objekt gemacht habe. »Objekt«, genauso hat er es ausgedrückt. Da sieht man mal, wie abgestumpft er in den 13 Jahren Computerspielsucht war.

Aber es musste ja ein Problem geben, das er beim Spielen kompensierte. Anders konnte ich mir nicht erklären, wieso er sich dermaßen in dieses virtuelle Leben zurückzog und von allem um ihn herum abkapselte. Ich war der Meinung, dass es die Schule war, die ihm zusetzte. Denn Laslo war einfach immer schon unterfordert. Darum hat er sich schon zu Grundschulzeiten geweigert, Hausaufgaben zu machen. Er hat immer gesagt, er sieht das nicht ein. Er kann das alles, was man ihm vermittelt hat, es sei abrufbar. Das alles aufzuschreiben, obwohl es dann niemand mehr liest, das sei Verschwendung von Papier und Zeit. Er konnte es tatsächlich alles, aber dennoch habe ich mich, da mir die Konsequenzen ja bewusst waren, darüber sehr geärgert. Laslo legte so eine Art Selbstgefälligkeit schon ganz früh an den Tag, und heute weiß ich, dass es bloß eine Fassade für seine im Grunde tief verwurzelte Unsicherheit war. Aber damals habe ich versucht, dagegenzuwirken, und unter anderem seine Leistungen in der Schule zu beeinflussen und zu kontrollieren. Laslo ist bis zur vierten Klasse in den Hort gegangen, denn in der ersten oder zweiten Klasse kommen die ja manchmal schon nach zwei Unterrichtsstunden wieder nach Hause – aber bei uns war niemand. Darum ist er in den Hort, und das fand er auch toll. Wenn ich aber damals schon gehört habe, er hat nach der Schule keine Aufgaben gemacht, dann durchsuchte ich den Schulranzen und schaute in sein Hausaufgabenheft, ob da nicht doch etwas drinstand. So habe ich mich dann abends noch zu Laslo gesetzt und ihm bei den Hausaufgaben geholfen. Oder, wenn ich den Haushalt schmiss, Laslo neben mich an einen Tisch gesetzt und geschaut, dass er doch noch was macht. Aber am Ende kannst du dein Kind einfach nicht zwingen. Er hat das Hausaufgabenheft irgendwann nicht mehr geführt und seinen Schulranzen völlig verkommen lassen. Und ich hatte auch weder die Zeit noch die Kraft, jeden Tag alle Lehrer zu fragen, was denn nun Hausaufgabe war. Wenn sich das über Jahre zieht, ist deine Kraft einfach irgendwann aufgebraucht – und du gibst schließlich auf.

Da er nie schriftlich etwas vorzeigen konnte, wurde er dann in jedem Fach, das relevant war, eine Note schlechter bewertet. Das reichte dann nicht mehr aus für das Gymnasium. Obwohl jeder an der Schule sagte, er muss ans Gymnasium. Aber er wurde dann, am Ende der sechsten Klasse, für die Realschule empfohlen – und das war sein Problem, meinte ich. Dass er nicht nur unterfordert, sondern irgendwie auch an dem System gescheitert war.

Hinzu kam, das wurde mir aber erst später bewusst, dass ich zeitgleich seine jüngere Schwester, die zwei Klassen unter Laslo war, dann in der vierten Klasse rausgenommen und gleich aufs Gymnasium geschickt habe – weil ich nicht wollte, dass ihr das Gleiche passiert. In Berlin geht die Grundschule eigentlich bis zur sechsten Klasse, aber wenn das Kind als erste Fremdsprache eine andere außer Englisch nimmt, also Französisch oder Latein, dann kann man es schon ab der fünften Klasse auf ein Gymnasium schicken. Das bedeutete dann aber für uns: Die jüngere Schwester war auf dem Gymnasium, während Laslo auf der Realschule hing. Und das, obwohl Laslo eigentlich das klügere Köpfchen ist. Ich hatte dabei an Sophie gedacht und womöglich falsch eingeschätzt, wie sehr das womöglich eine Riesenschlappe für Laslo war. Dass es solche fatalen Nachwirkungen haben würde, war mir jedenfalls nicht klar. Und heute frage ich mich manchmal, ob das vielleicht mit ein Grund dafür war, dass Laslo sich auch so abweisend gegenüber seiner Schwester gab.

*Ich hatte nie Bock, Leistungen zu zeigen. Im Gegenteil. Zum einen, weil meine Lehrer und auch meine Verwandten mir nämlich immer nur noch mehr zugemutet haben, wenn ich leistungsstark war. Und dann wurde ich auch immer auf Fehler hin- oder an Grenzen gestoßen. Und das habe ich nie gemocht, an meine Grenzen zu kommen und zu merken, dass ich etwas nicht super kann. Deshalb habe ich mir immer eingeredet: Wenn ich wollte, dann könnte ich supergut sein. Aber ich will gar nicht.*

*Zum anderen wollte ich nicht immer alles verstehen. Denn wenn ich mir Mühe gab hinzusehen, dann habe ich verstanden, wie sehr meine Mutter unter der Trennung von meinem Vater litt. Wie meine Schwester darunter litt, dass ich sie nicht an mich rankommen lassen wollte. Ich habe gesehen, was ich anderen Menschen mit meinem Verhalten und meinen gelegentlichen Ausrastern antat. Und all das hat mich dann an mir zweifeln oder mich denken lassen, dass ich für diese Menschen alle verantwort-*

lich bin. Darum wollte ich nie alles begreifen. Wenn ich zu viel begriff, hat mich das überfordert.

Außerdem hatte ich schon ganz früh gemerkt: Ob ich nun mit einer Eins oder einer Zwei oder mit einer Drei nach Hause komme – mein Vater ist ja sowieso nicht da. Er kann mir seinen Stolz nicht zeigen, er versucht es nicht einmal. Selbst wenn wir uns ab und zu mal sahen, hatte ich immer das Gefühl, ich bin ihm nie gut genug. Und darum ist es doch völlig egal, ob ich Hausaufgaben mache oder nicht. Hauptsache, ich komme weiter.

In den Spielen war das alles ganz anders. Da hatte ich immer krasse Momente. Da war ich im Flow, und alles klappte, ich war konzentriert, und diese Momente habe ich geliebt. Danach bin ich süchtig geworden, wenn einfach alles von der Hand ging und niemand mich hinterfragte. Wenn nicht einmal ich selbst mich hinterfragen musste, weil ich abgelenkt war. Diese Momente habe ich gesucht, die hatte ich im richtigen Leben immer weniger. Einfach total richtig sein. Mir kann niemand etwas anhaben, keiner kann mich stoppen. Das war schön.

Mein erstes Spiel war, wie bei vielen anderen auch, auf dem Gameboy: Tetris. Es hat lange gedauert, bis ich das Spiel kapiert habe. Aber dann ging auch schon die Highscore-Jagd los. Genauso wie zu späterer Zeit dann bei PinBall, das ist ein Spiel für den Windows-PC. Da habe ich irgendwann die Eine-Million-Marke geknackt, danach wurde es immer krasser und immer lustiger, da konnte ich Stunden vor verbringen, nur um immer besser und schneller und geschickter zu sein. Am Anfang war die Motivation auf jeden Fall noch, Geschicklichkeit zu trainieren und eine Alternative zum normalen Spielzeug zu haben.

Zum Schluss war es tatsächlich das Machtstreben. Das Sich-unantastbar-Fühlen und -gut-Fühlen, was mir ironischerweise im echten Leben immer mehr gefehlt hat, je mehr ich gezockt habe.

Laslos Vater ist gegangen, als er fünf war. Wobei, genau genommen war er schon einmal weg: Als unsere Tochter geboren wurde, die ist anderthalb Jahre jünger als Laslo. Da meinte er schon einmal: Familie kann er nicht, will er nicht, das ist nichts für ihn. Er muss raus.

Wir haben dann eine Paartherapie gemacht, und er kam letztlich zurück. In der Therapie wurde uns aber eigentlich gesagt, wir sollten auf keinen Fall aus Berlin raus, damit die Beziehung funktioniert. Warum genau, weiß ich gar nicht mehr, ich glaube, damit keiner von uns beiden den Boden unter den Füßen verliert, auf dem er sich gut und sicher fühlt. Sechs Monate danach aber meinte mein Ex-Mann, er habe einen Job in Bayern und er muss dahin. Er hatte gerade sein Geophysik-Studium beendet, und ihm wurde dort eine wissenschaftliche Stelle bei einer Tiefenmessung angeboten.

Also sind wir dann von Berlin in die Oberpfalz aufs Dorf gezogen.

Da war Laslo zweieinhalb. Er hatte das erste Jahr ganz massive Schwierigkeiten, dort anzukommen. Er war in Berlin schon ein halbes Jahr in den Kindergarten gegangen, wurde da rausgerissen, hatte in Bayern niemand, und dann hatte er einen Fantasiefreund. Es dauerte ein Jahr, bis wir ihn aufgefangen hatten. Und bis wir regelmäßig Kontakt zu anderen Familien hatten und er in die Kita gehen konnte, dauerte das noch einmal ein Jahr. In Bayern ist es anders als in Berlin. Bei uns im Dorf damals hieß es, die Frauen gehören an den Herd und die Kinder bleiben bis zum fünften Lebensjahr bei der Mutter zu Hause! Nun hat da aber jeder sein Grundstück und seinen Zaun, und man geht nicht einfach auf die Straße und wird willkommen geheißen. Und so eine Berliner Tussi wie ich, die anders als damals im Trend keine Dauerwelle, sondern lange, glatte Haare, dafür aber roten Lippenstift trug, schon gar nicht.

Später habe ich Laslo in die Nachbargemeinde in den Kindergarten gebracht. Da durfte man dann schon mit drei Jahren hin. Und das war total schön. Durch die Arbeit meines damaligen Mannes haben wir dann nach und nach auch ganz viele Zugereiste kennengelernt und Freundschaften aufgebaut. Schließlich auch im Dorf Freundschaften mit Eltern, die Kinder hatten, so wie wir.

In der Beziehung kriselte es aber schon wieder, und eines Tages wollte mein Mann dann nach Amerika, eine andere Stelle annehmen.

Ich habe aber gesagt, dass ich dieses Mal nicht mitkommen kann, weil es noch schlimmer wäre als hier auf dem Dorf.

Dort wäre gar keine Familie mehr greifbar gewesen. Er war permanent in der Weltgeschichte unterwegs, und ich hätte zu Hause mit den Kindern gesessen, die kein Englisch sprechen können. Das wollte ich nicht. Ich sagte ihm, er solle gern zwei Jahre nach Amerika gehen und dann kann er wiederkommen.

Dann hat er gesagt: Wird er nicht.

Er geht nach Amerika und kommt nicht mehr zurück.

Das war die Trennung.

Da war Laslo fünf.

Ich bin dann mit den Kindern zurück nach Berlin, und wir haben zunächst in einer Anderthalb-Zimmer-Wohnung gelebt, aber ich habe relativ schnell angefangen zu arbeiten, weil ich natürlich Geld brauchte. Ich bin gelernte Zahnarzthelferin, wegen des Schichtdienstes bin ich dann aber nicht wieder in eine Praxis. Eine ganze Woche Spätdienst, allein mit zwei kleinen Kindern, das geht einfach nicht. Der Zahnarzt, bei dem ich vor unserem Umzug nach Bayern gearbeitet hatte, der hat mir dann in seinem Praxislabor eine Anstellung als kaufmännische Angestellte in der Verwaltung für 25 Stunden die Woche gegeben.

Die Kinder bekamen Unterhalt vom Vater. Damals war ich so blöd und habe auf den Unterhalt für mich verzichtet. Würde ich heute auch nicht mehr tun. Aber damals war ich zu stolz. Der Vater ist nach Amerika, war gar nicht mehr greifbar. Einmal die Woche musste ich lange arbeiten, und dann habe ich auch eine Therapie angefangen, weil es mir wahnsinnig dreckig ging. Ich war gescheitert, allein, voller Sorgen und wahnsinnig verletzt. Ich hatte suizidale Gedanken. Aber mir war auch klar: Das geht gar nicht. Du bist nun allein verantwortlich für die kleinen Würmer, die nun gar nichts dafür können, du musst kämpfen.

Die Mutter von Laslos Vater hat mir dann nachmittags bei der Betreuung der Kinder geholfen.

Laslo war damals oft ziemlich aufgewühlt. Wir haben dann beide geweint – und auch miteinander geredet. Er hat mir immer wieder vorgeworfen, nicht genug getan zu haben, damit sein Vater bleibt. »Wieso hast du ihn gehen lassen?«, fragte er mich und warf mir vor, mich nicht genug eingesetzt zu haben.

Ich habe ihm damals gesagt, dass das nicht ganz so einfach ist. Und dass man einen Menschen nicht zwingen kann. Wenn er das nicht möchte, dann muss man ihn auch gehen lassen.

Davon bin ich überzeugt. Das tut sehr weh, und zerreißt einen – aber an etwas festzuhalten, was nicht sein soll, das auch. Jeder hat das Recht auf freie Entscheidung, man kann niemanden zwingen, etwas zu leben, was ein anderer will.

Das habe ich Laslo damals versucht zu erklären.

*Als ich etwa fünf Jahre alt war, hat meine Mutter mich gebadet. Und ich habe geplanscht, bin hochgesprungen und ihr gegen den Kiefer geknallt. Das hat ihr weh getan, und sie war sowieso genervt. Und dann hat sie angefangen zu weinen. Ich habe ihre Überforderung gespürt. Vielleicht hat es da dann angefangen, dass ich versucht habe, meine Mutter nicht zu sehr zu belasten.*

*Ich denke, damals hat es ungefähr angefangen, dass ich dachte, meine Mutter kann mir sowieso nicht helfen. Und ich habe, so erkläre ich es mir heute, mich entschieden, sie nicht an meine Gefühle ranzulassen. Dafür gab es aber noch mehr Gründe. Missverständnisse einerseits. Und dann die Manipulation durch meine Oma andererseits. Denn ein großer Teil meines Misstrauens gegenüber meiner Mutter war bestimmt auch bedingt durch meine Oma, die Mutter meines Vaters, die mir auch öfter gesagt hat: »Deine Mutter, die kann nicht so offen reden wie wir zwei.« Das habe ich einfach für wahr gehalten. Ich habe gedacht, meine Mutter, die kann mich sowieso nicht verstehen. Und wenn ich ihr sagen will, wie es mir geht und was mich beschäftigt, dann hat sie andere, wichtigere Dinge im Kopf. Wenn meine Mutter von der Arbeit nach Hause kam und das Zimmer war unaufgeräumt, und sie hatte noch voll viel zu tun, dann passte ihre Laune* nicht zu meiner. Im Nachhinein ist das alles nachvollziehbar, aber damals als Halbstarker wollte ich mit meinen Problemen zu ihr gehen und lieber reden, und in den Arm genommen werden. Sie aber war gerade böse auf mich, weil ich keine Hausaufgaben gemacht oder eben nicht aufgeräumt hatte. Dann habe ich nicht bekommen, was ich wollte, und war dann enttäuscht.

Ich kann mich noch an eine andere konkrete Situation erinnern, die das vielleicht verdeutlicht. Da war ich etwa sechs oder sieben Jahre alt, und unten auf dem Spielplatz gegenüber unserer Haustür – damals lebten wir schon in einer größeren Wohnung –, da kamen drei Jungs, die drei Jahre älter waren als ich. Und die haben mir meinen Fußball weggenommen. Sie haben mich die ganze Zeit geärgert, den Fußball in Hundekacke getunkt und mich dann damit beschossen. Und sie haben mich über ein Gatter gelegt und so getan, als würden sie mir einen Stock in den Arsch schieben. Ich hatte die Hose noch an, aber es war dennoch eine Demütigung. Ich bin dann völlig aufgelöst zu meiner Mutter hochgerannt, und die ist mit runter und hat denen eine krasse Standpauke gehalten. Das war beeindruckend. Es hat mir gutgetan.

Aber dann, als sie mit der Standpauke fertig war, da hat sie sich zu mir umgedreht und gemeint: Ich warne dich, dass du mir bloß nicht so einer wirst, mit Kippe hinterm Ohr!

Also, meine Mutter, die hat mich in diesem Moment erzogen. Sie hat mir klargemacht, welche Erwartung sie an mich hat. Aber in genau dieser Situation brauchte ich keine Lehre, sondern Trost. Ich glaube, für meine Mutter war es damals, in dieser Lebensphase, wichtig, stark und kämpferisch zu sein. Nicht aufzugeben und zu funktionieren und klare Vorstellungen von der Zukunft zu haben. Aber für mich war es wichtig, dass mich jemand in den Arm nimmt. Ich habe dann gedacht: Okay, ich geh mit so einem Scheiß nicht mehr zu meiner Mutter. Das habe ich dann auch nie wieder gemacht.

Durch Missverständnisse also letzten Endes hat es sich alles aufgeschaukelt, bis ich irgendwann entschieden habe: Nee, meine Mutter ist nicht die richtige Ansprechpartnerin. Sie hat ja sowieso viel zu tun, und meine

*Schwester klammert sich sehr an meine Mutter, dann soll meine Mutter sich lieber um meine Schwester kümmern als um mich.*

Meine Schwiegermutter hat sich auf das Niveau der Kinder runtergebeben und ganz tolle Sachen mit denen gemacht, ohne Frage! Gemeinsam haben die Höhlen im Wohnzimmer gebaut und Rollenspiele gespielt. Ich denke aber auch, sie hat damit ein Stück weit ihre eigene Kindheit aufgearbeitet, denn sie selbst hatte auch nie einen engen Draht zu ihrer Mutter gehabt, und ich glaube, dass es für sie ein Stück weit normal war, dass Kinder kein gutes Verhältnis zur Mama haben. Dann eher zur Großmutter. Das ist es, was sie meinen Kindern vermittelt hat.

Das ging ja sogar so weit, dass die Oma Laslo total unterstützt hat. Wirklich drauf gelauert hat: »Mama ist weg, jetzt kannst du an den Fernseher oder an den PC!«

Die Oma hat damals den Kindern versucht, zu suggerieren, sie ist die bessere Mutter. Und ich sei dumm, unfähig und gescheitert. Sie hatte nie etwas anderes. Sie hat nie gearbeitet, der Mann hat stattdessen die gesamte Familie ernährt, wie das damals ja auch üblich war. Die Familie war derart vorbildlich, dass sie sogar vom damaligen Sender Freies Berlin, dem heutigen RBB, gefilmt worden und in einem Beitrag über deutsche Vorzeigefamilien aufgetreten sind. Wie sie auf die kamen, weiß ich nicht. Aber ich weiß, es stimmt: Idealer ging es zeitweise nicht.

Hätte man meinen können. Denn in Wahrheit hatte auch sie ein Alkoholproblem.

Ich habe Laslo immer abschreckende Beispiele von Abhängigen nahegebracht, schon von klein auf. Denn Sucht war schon immer ein Thema in der Familie, und ich hatte da feine Antennen. Nicht nur meine Schwiegermutter war Alkoholikerin, auch mein Vater ist Alkoholiker, mittlerweile trocken.

Meine Mutter hat sich auf Drängen von uns Kindern hin von ihm getrennt, als ich 13 Jahre alt war. Weil wir Kinder, mein jüngerer Bruder, meine ältere Schwester und ich, gesagt haben: »So, jetzt reicht es, das wollen wir nicht. All der Streit und die Traurigkeit. Bitte, Mama, geh. Mach dir ein schönes Leben, es wird schöner werden, du wirst sehen. Bitte geh.«

Hat sie gemacht. Und sie hat es gepackt. Alles wurde gut.

Zu meinem Vater habe ich auch immer Kontakt gehalten, selbst als er noch eine zweite Familie gegründet und noch einmal zwei Kinder bekommen hat – mit einer Frau, die er während des Entzugs kennengelernt hatte.

Die war auch Alkoholikerin.

Gemeinsam haben die beiden eine Kneipe eröffnet. Großartige Idee.

Und als ich bemerkt habe, dass die beiden rückfällig waren und die kleinen Kinder, die mein Vater mit seiner neuen Frau bekommen hatte, alles mitbekamen und darunter natürlich litten, haben meine ältere Schwester und ich versucht, sie mithilfe des Jugendamts aus der Familie rauszuholen. Das hat aber nicht geklappt, weil das Jugendamt damals gesagt hat, sie greifen erst ein, wenn die Kinder nachweislich Schaden nehmen oder selbst von den Eltern wegwollen. Als ob Kinder in der Lage sind, so etwas zu formulieren: Ich will weg von meiner Mama und meinem Papa!

Meine beiden Halbschwestern waren damals etwa acht und neun Jahre alt, so ganz genau weiß ich das nicht mehr. Auf jeden Fall waren sie noch klein. Die jüngste ist knapp anderthalb Jahre älter als Laslo, jetzt also 31. Sie hat später eine ganz steile Drogenkarriere gemacht, ist mittlerweile, hoffe ich, aber recht stabil. Sie hat nun auch ein Kind, lebt aber immer noch in der Betreuung und hat einen staatlichen Vormund. Das wäre vielleicht alles, hätte man sie rechtzeitig da rausgeholt, so nicht passiert.

Meine ältere Halbschwester war in ihrer Jugend ein halbes Jahr in England bei einer Gastfamilie. Da hat sie mal gesehen, wie es in anderen Familien so sein kann. Und das ist der Grund, sagt sie, weshalb sie heute weder Drogen nimmt noch trinkt. Dass sie dort etwas anderes gesehen und neue Werte vermittelt bekommen hat. Allerdings hat sie einen Alkoholiker zum Mann. Sie lebt die volle Co-Abhängigkeit.

Die Jüngere war außerdem auch Co-abhängig von der Mutter, eine typische Quartalstrinkerin, die über Tage hackevoll war, überhaupt nicht ansprechbar, und die Kleine hat sich nicht getraut, ihre Mutter allein zu lassen. Damals wohnte mein Vater dann auch schon nicht mehr bei dieser zweiten Familie. Vor dem Tod der Frau hatte er sich von ihr getrennt, und mit meiner Hilfe noch einmal einen Entzug gemacht. Der war da Ende 50. Das ist in etwa 13 Jahre her.

Laslo hat also schon einiges von alldem mitbekommen. Für ihn war immer klar: Er wird keiner.

*Ich wusste natürlich von alldem – auch, dass meine Oma väterlicherseits Alkoholikerin ist. Ich wusste aber auch: Sie kam irgendwann wegen gesundheitlicher Probleme ins Krankenhaus, durfte dort nicht mehr trinken und ist seither trocken. Sie hat das ohne Hilfe und Therapie geschafft, von jetzt auf gleich, das machte sie in meinen Augen noch besonders glaubwürdig und stark. Außerdem war sie, als ich Kind war, eine der wenigen Personen, die Dinge erzählten, die mich interessierten. Hatte ich Fragen zu Wikingern oder Rittern, hatte sie eine Antwort. Überhaupt über alles Mögliche, Gott und die Welt, konnte ich mit ihr reden. Sie hat immer versucht, mir zu erklären, was sie wusste, oder Gelegenheiten zu geben, selbst etwas rauszufinden.*

*Damals aber fand ich das voll toll, jemanden zu haben, der mir meine Bedürfnisse uneingeschränkt zugesteht und der niemals böse mit mir wird. Meine Oma war niemals böse mit mir, sondern hat für mich immer Verständnis gehabt. Und sie hat mir sehr, sehr oft gesagt, dass ich etwas ganz Besonderes bin.*

*Sie hat mir außerdem Dinge erlaubt, die meine Mutter uns nicht erlaubt hat. Zum Beispiel war ich einmal fürchterlich aufgelöst, weil sie in der Schule alle über Spiderman geredet haben, und ich wusste gar nicht, wer der ist. Meine Oma hat mir meine Unsicherheit angesehen und mich gefragt: »Was ist denn los?« Als ich es ihr erklärte, hat sie auf eigene*

*Faust entschieden, dass ich künftig Comicserien gucken darf. Von da an wusste ich, wie ich sie rumkriege, und jedes Mal, wenn sie bei uns war oder wir bei ihr, durfte ich fernsehen oder Computer spielen.*

*Eins der schönsten Spiele überhaupt, die ich dann, mit 13, 14 Jahren, gespielt habe, ist: Zelda – Ocarina of Time. Als ich das für mich entdeckt habe, bin ich zum allerersten Mal derartig in eine andere Welt versunken, dass jedes Zurückkommen ein bisschen schmerzlich war. Zelda ist eine dieser mystischen, japanischen 3-D-Geschichtserzählungen mit viel Gefahr, aber auch einer ganz großen Portion Glaube an das Gute. Ein solches Spiel mit einer durch und durch konzipierten Geschichte, die ich, obwohl sie richtig komplex war, auch verstand, war neu für mich. Überall gibt es bei diesem Spiel etwas zu entdecken, und jeder Ort hat seine eigene Atmosphäre und seine eigene Musik, das hat mich jedes Mal unglaublich gefesselt.*

*Du bist Link, ein noch kleiner Junge mit einer Zipfelmütze, der einen Alptraum hat, eine Zukunftsvision, in der das Königreich Hyrule untergeht. Du bekommst mit, dass der Baum, der den Wald beschützt, gerade krank ist, und niemand weiß, warum. Aber in einem Labyrinth findest du ein Schwert und schlägst dich durch Springen, Rätsellösen und ein paar Kämpfe durch zu dem Baum – und der redet mit dir und sagt: Etwas Böses ist in die Welt gekommen, und du bist der Auserwählte! Du musst diese Erde retten!*

*Dann öffnet sich der Baum, und du kannst in ihn hinein. Und dann kommt auch schon der erste Dungeon, der erste Endgegner, den du bekämpfen musst – um stärker und größer zu werden und es in das nächste Level zu schaffen.*

*Es geht viel darum, die richtigen Schalter umzulegen, das richtige Werkzeug zu finden, alles zur richtigen Zeit auf die richtige Art und Weise zu tun. Du suchst nach neuen Herausforderungen, die auch immer schwieriger werden. Jeder Gegner wird lange vorbereitet, und die neue Erfahrung, die du gerade gemacht hast, musst du dann perfekt umsetzen, um den neuen Gegner zu besiegen. Du lernst Freunde kennen, die dir neue Musik* beibringen, mit der du das Wetter beeinflussen kannst. Mit der du durch die Zeit reisen kannst. Und wenn du in einen neuen Teil der Erde kommst, an dem alles verloren scheint, dann sind da diese ganzen Leute, die mit dir zusammen diesen Erdteil vom Bösen befreien, am Ende sind alle total happy, und du bist der Held und immer wieder gern gesehen. Und du musst auch immer wieder in die alten Ecken zurück und siehst, wie sich alles durch dich verändert hat. Zum Positiven.

Auf einem Hof in den Weiten der Steppe kannst du dann ein Pferd für dich gewinnen, mit dem du schneller vorankommst. Und wenn es mal weg ist und wenn du es rufst mit deiner Ocarina, das ist eine kleine Flöte, dann kommt es angerannt und freut sich. Und du kannst aufsteigen und reitest in einen wunderschönen Sonnenuntergang.

Wenn ich heute die Melodien höre, und das ist gar nicht so abwegig, immerhin hat man aus den Melodien der Zelda-Spieleserie sogar eine Konzertreihe gemacht, dann kommt bei mir heute immer noch eine ganz große Wehmut auf. Und so eine Art Heimweh. Oder Fernweh. Ich schwelge dann in Erinnerungen an diese Zeit, in der ich mit diesem kleinen Menschen Link unterwegs war und durch die Herausforderungen mit ihm gewachsen bin – und wie ich am Ende tatsächlich die Welt rettete – meine Welt auf diesem leuchtenden Bildschirm! Für einen pubertierenden Jungen, der ein Held sein wollte, war das genau das Richtige.

In der Realschule habe ich dann die ganze Zeit geschwänzt. Und gezockt. Und ich habe Arbeiten nicht mitgeschrieben, stattdessen habe ich stundenlang, bei einem Freund oder in einem Internetcafé, Computer gespielt.

Da geriet die Versetzung in Gefahr.

Irgendwann waren Laslos Leistungen so schlecht, dass es nicht einmal mehr für die Realschule reichte. Und da habe ich mich natürlich gefragt: Wie geht das, dass ein Junge, der so klug ist, zur Hauptschule soll?

Und ich habe dann das Jugendamt kontaktiert und um Unterstützung gebeten. Wir bekamen einen Einzelhelfer geschickt, einen

Mann, was ich gut fand, dann hatte Laslo womöglich endlich eine männliche Bezugsperson. Der Mann kam drei oder vier Monate lang, verbrachte einmal die Woche Zeit mit Laslo. Es sei alles völlig normal, sagte er mir schließlich. Ich solle mir keine Sorgen und dem Jungen nicht zu viel Druck machen. Das war's.

Ich glaubte dann, ich könnte Laslo helfen, zu mehr Stabilität zu finden, wenn das mit der Schule wieder besser lief. Wenn er da endlich die Bestätigung bekäme, die er verdiente. Also ging ich dann im nächsten Step zum Schulpsychologischen Dienst, ließ einen Intelligenztext machen. Laslo hat den überdurchschnittlich abgeschlossen. Und es war einfach klar: Im Grunde ist er heillos unterfordert. Wenn er auf die Hauptschule geht, wird alles nur noch schlimmer, fürchtete ich. Und ich fühlte mich schrecklich hilflos, weil einfach niemand an ihn rankam. Am allerwenigsten ich. Ich sah, wie es mit ihm immer mehr bergab ging – und konnte scheinbar so wenig machen.

Laslo wurde immer dünner und blasser. Und er stank. Aus seinem Zimmer stank es. All mein Reden, mein Schimpfen, meine Sorgen verhallten. Laslo sperrte mich aus seinem Leben aus. Eines Tages, als ich sein Zimmer betrat, um doch nochmal ein Gespräch zu suchen, bekam ich einen regelrechten Schock: Die Teller und Tassen türmten sich, er verließ den PC nicht einmal mehr, um Geschirr wegzuräumen. Es gab sogar Essensreste mit Schimmel, auf dem Tisch, auf dem Boden, im Abfalleimer. Aber am schlimmsten war sein Anblick: Er war wie blutleer und ausgezehrt, sah aus wie einer, der seit langem Drogen nimmt. Und Laslos ganzer Körper war angespannt. Das macht er heute noch, wenn ihn etwas belastet, dann saugt Laslo die Wangen ein und kaut auf seinen Wangen rum. Seine Augenringe waren tief und dunkel, und ich konnte das einfach nicht länger mit ansehen. Es brach mir das Herz. Und es machte mich wütend.

Es ist wirklich schlimm, wenn man nicht weiß, wie man dem eigenen Kind helfen kann. Wenn es krank ist, pflegt man es; wenn es traurig ist und weint, tröstet man, stärkt man es, nimmt man es in den

Arm. Aber wenn ein Sohn oder eine Tochter sich verschließt, ganz offensichtlich aus einer Not heraus, die es nicht artikulieren kann und die man auch noch nicht ganz begreifen kann, dann zieht das all deine Kraft. Angst und Wut werden groß, und die Ohnmacht nimmt einen ein. Ich wollte doch was tun! In letzter Konsequenz fielen mir zwei Dinge ein, die ich noch versuchen konnte. Erstens: Ich nehme Laslo komplett aus diesem Schulsystem. Und zweitens: Ich gebe ihn zum Vater, den er vermisst. Laslos Vater lebte zu der Zeit mit seiner zweiten Ehefrau in Den Haag.

Laslo zog dorthin, als er 16 Jahre alt war. Und er kam dort direkt aufs Gymnasium.

Es ging ihm dann erst einmal richtig gut.

Aber sein Vater hatte andere Pläne. Er und seine Frau bekamen kurz hintereinander zwei weitere Kinder, und die Familie zog dann nach Kanada – und nahm Laslo nicht mit. Das war ein krasser Rückschlag, nach dem alles von vorn anfing: Laslo ist dann, als er aus Den Haag zurückkam, hier auch am Gymnasium angenommen worden. Das heißt: Das Gymnasium hat gesagt, okay wir nehmen ihn. Der Schulrat hat gesagt: Nein. Weil ihm ein Jahr Französisch fehlte, das hatte er in Den Haag abgewählt. Um eine Klasse zurückgesetzt zu werden, war er wiederum zu gut. Und schließlich hieß es: Es gibt keinen Weg, er muss auf eine andere Schule.

Das war für ihn wieder ein Versagen, dass er nicht aufs Gymnasium durfte. Seine kleine Schwester war auf dem Gymnasium und das alles so unfair, das ganze System, und eigentlich hatte er an der Stelle schon mit allem abgeschlossen gehabt.

Ich hatte auch nicht die finanziellen Mittel, ihn auf eine Privatschule zu schicken. Also ist er auf eine Gesamtschule gegangen, an der auch ein Onkel väterlicherseits unterrichtet hat. Laslo war das, glaube ich, peinlich, dass er da in Verbindung gebracht wurde. Die haben den gleichen Nachnamen. Jedenfalls hat er dann schon wieder komplett dichtgemacht.

*Meine Familie hat immer behauptet, dass mein Vater mich loswerden wollte. Aber wir hatten ein Gespräch, es hieß, dass er wahrscheinlich bald in den Oman versetzt wird. Und er hat mich gefragt, ob ich mir das vorstellen kann. Er meinte, er weiß noch nicht wann oder ob überhaupt, aber es könnte mitten im Schuljahr sein, und dann müsste er binnen zwei Wochen umziehen. Ob ich mir das zutrauen würde. Und ich habe da nicht lange überlegt und gesagt: »Nein, eine ganz andere Kultur, das ist nichts für mich.« Ich hatte auch gerade begonnen, Alkohol zu trinken. Damit wollte ich nicht wieder aufhören. Ich war damals fast 16. Und dann haben wir beide gemeinsam beschlossen, dass ich mit dem abgeschlossenen Schuljahr die Schule wechsle und zurück nach Berlin gehe und dort mein Abitur mache. Dass er dann nachher gar nicht in den Oman geschickt wurde, tja. Viele Leute meinen, das sei geplant gewesen, und sogar meine Stiefmutter sagte mal, »der wollte dich einfach abschieben«. Aus der Familie meiner Mutter hieß es: »Siehste, nicht mal sein Vater hält es länger als ein Jahr mit ihm aus.« Das hat mir damals nur noch mehr den Eindruck vermittelt, dass die andern alle Idioten sind. Mein Vater war flexibel und hat mir die Entscheidung gelassen. Was soll das? Die sollen mal nicht über meinen Vater herziehen!*

*Zumal er ja eigentlich immer greifbar war. Wir haben ihn ja immer regelmäßig gesehen, so war es nicht. Unter anderem hatte er ja auch mal zwei Jahre in Hannover gelebt – und war dann alle vier Wochen hier bei uns in Berlin. Wir waren auch zweimal im Monat bei ihm. Bevor ich zu ihm nach Den Haag gezogen war, auch noch alle zwei Monate. Erst als er nach Kanada ging, sahen wir ihn selten. Wir skypten aber regelmäßig. Und ich klammere mich heute immer noch an diesen Eindruck, weil ich das so erlebt habe und weil ich keinen Anlass dazu habe, daran zu zweifeln, dass ich die Entscheidung getroffen habe, von ihm fortzugehen. Das habe ich nicht als Abschiebung empfunden, auch nicht im Nachhinein.*

*In Holland jedenfalls hat das mit dem Cannabis angefangen. In einem Gespräch habe ich meinen Vater gefragt: »Wie sieht es aus mit dem Kiffen? Ich würde das gern mal ausprobieren, hast du was dagegen? Und er sagte:*

»Junge, ich kann es dir sowieso nicht verbieten, ich weiß das, und merk dir nur eins: Kiffen macht dumm. Wenn du Probleme hast, kannst du zu mir kommen, wenn du Stress mit Dealern bekommst oder damit nicht klarkommst.«

*Dann bin ich auch sehr schnell an die coole Clique in der Schule geraten, und die haben alle gekifft. Ich habe es ausprobiert und war ruhig und gechillt, es war superlustig und hat Spaß gemacht. Dieses Gefühl, dass ich einfach nur dasitzen und denken kann, gefiel mir, ich habe mir sehr interessante Gedanken gemacht – das war geil. So belastende Gedanken hatte ich dann gar nicht. Und das war es, wonach ich suchte. Diese bewusstseinserweiternde Wirkung, dass meine Probleme in den Hintergrund gerieten und ich mir über Gott und die Welt alles denken konnte, ohne dass es mir ein Gefühl der Scham oder der Schuld gemacht hat. Das war neu. Befreiend. Einfach großartig.*

*Als ich zurück nach Berlin gekommen bin, war das Kiffen zuerst aber noch eher so eine Partysache. Wenn getrunken wurde, wurde auch gekifft. Manchmal haben wir nichts getrunken, sondern uns nur zum Kiffen getroffen. Aber irgendwann bemerkte ich auch, dass der ganze Stress zu Hause mit meiner Mutter einfach viel besser zu bewältigen war, wenn ich was rauchte.*

*Da ich in Berlin mit niemandem über meine Gefühle sprach, bekam ich durch das ganze Reinfressen von Wut und Traurigkeit ein richtiges Problem mit Aggression. Da hatte sich viel aufgestaut, und ich bin dann immer wieder geplatzt und habe gemerkt, dass meine Mutter ein ganz gutes Ventil für mich ist. Sie war der einzige Mensch, mit dem ich alles machen konnte, ohne dass es krasse Konsequenzen gab. Wenn ich andere verletzt habe, dann hatten die keine Lust mehr auf mich. Bei ihr was das nicht so. Der einzige Mensch, den ich richtig scheiße behandelt habe, hat mich nie verlassen. Das habe ich ausgenutzt, sie war dann mein Ventil für all meine Verzweiflung und meinen Zorn. Und das hat mich zugleich auch wütend auf mich selbst gemacht. Denn da war dann ja Schuld. Meine Schuld.*

*Und das wiederum war der Punkt, an dem ich lieber ihr für alles die Schuld gegeben habe. Meine Mutter stand seit der Trennung von meinem*

*Vater für zwei Menschen auf der Anklagebank. Mein Vater hingegen wurde für mich unantastbar, keiner durfte über ihn etwas Böses sagen. Ich habe ihn immer und vollkommen verstanden, und mir das so zurechtgelegt: Er ist ja der super Wissenschaftler, der Geld hat und eine Karriere macht. Und wo der nicht schon alles war in der Welt! Sogar in Neuseeland, und da hat er mit Ureinwohnern gesprochen. Was für ein Typ!*

*Ich aber habe mich von Anfang an für die Trennung meiner Eltern schuldig gefühlt, ich dachte, die haben sich getrennt, weil ich nicht genug für sie war. Ich hatte einen Fehler gemacht, und darum hat mich mein Vater verlassen. Das habe ich nie verwunden, und darum durfte nie wieder jemand nah an mich rankommen.*

*Meine Mutter habe ich dann nur noch provoziert, ich bin extra schlampig geworden, habe mich extra oft beim Fernsehengucken erwischen lassen, und das Wohnzimmer habe ich auch nie aufgeräumt. Ich habe auch sie irgendwann absolut nicht mehr wertgeschätzt. Im Gegenteil. Ich habe sie durch Ruhigbleiben, wenn sie mich angemault hat, auch noch extra auf die Palme gebracht. Und so hat sich das immer mehr hochgeschaukelt. Sie wollte mit mir einen Kampf kämpfen, den kein Elternteil gewinnen kann. Der Kampf gegen den Computer, den empfand ich als Kampf gegen mich.*

*Den Ausgleich zu diesem Stress habe ich im Internet gefunden.*

Wenn wir uns in der Wohnung begegnet sind, habe ich gemerkt, dass in mir irgendwelche Aggressionen hochkommen. Oder ich hatte Feierabend und dachte schon mit Grauen daran, nach Hause zu kommen, und daran, was mich dort wohl wieder erwartet, welcher Anblick, welcher Mief, welcher Streit mit meinem Sohn. Ich habe mich in meinem eigenen Zuhause nicht mehr wohl gefühlt und nicht mehr entspannt. Es war ein Eingriff in mein Leben, den ich nicht wollte. Mehr und mehr bekam ich auch das Gefühl, ich kann nicht wirklich etwas ändern. Ich möchte mein Kind nur noch nehmen und schütteln und schreien: Wach bitte auf! Aber schließlich dachte ich nur noch: Ehe ich hier jetzt irgendwelche Schränke zerkloppe oder Laslo anbrülle, müssen wir da raus.

Ich musste spätestens dann auch seine Schwester schützen. Sophia hat sehr darunter gelitten, dass sie von ihrem Bruder abgelehnt wurde. Er ließ ja auch sie nicht an sich ran, machte auch an der Stelle komplett dicht. Sie hat immer wieder um die Anerkennung ihres Bruders gerungen und mochte nicht, wenn es Streit zwischen Laslo und mir gab. Sie hat dann immer versucht, ausgleichend zu wirken, indem sie besonders artig und leistungsstark war. Das hat Laslo wieder noch mehr geärgert. Ich hatte immer den Eindruck, Sophia nimmt sich sehr zurück, und sie hatte in meinen Augen keine richtige Pubertät, weil diese Zeit stark durch Laslos Auftreten geprägt war, und durch die Probleme, die ich mit ihm hatte. Laslo war Ewigkeiten die erste Geige. Und Sophia hat daher immer wieder versucht, alles recht zu machen.

Aber da Laslo, das hatte ich nach fast fünf Jahren Kampf mit ihm endlich kapiert, sich nur selbst helfen kann, gab es für mich nur einen Weg: Er muss ausziehen. Natürlich fiel mir das nicht leicht. Aber als ein guter Freund der Familie anbot, ihn in seiner Männer-WG aufzunehmen, da war ich erleichtert. David war schon lange Teil unserer Familie, da gab es ein tiefes Vertrauensverhältnis, auch wenn ich wusste, dass er keine Arbeit hatte und leider auch etwas zu viel trank. Wir feierten gemeinsam Familienfeste, und ich hoffte, vielleicht käme er als Mann an Laslo ran. Vielleicht würde Laslo an seinem Beispiel sogar sehen, dass eine Sucht nicht schön war. In jedem Fall würde Laslo, weil wir mit David so eng waren, nicht ganz aus meinem Leben verschwinden. Das schien mir ein Kompromiss.

*Das Leben in der Männer-WG, in die ich dann gezogen bin, war für mich erst mal wunderschön. Das war eine echt schöne Wohnung mit einem Garten und einer Terrasse, wo die Sonne draufscheint. Sie liegt in Schöneberg, also zentral, aber doch im Grünen. Es gab ein großes Wohnzimmer mit einer Tafel, also einem richtig großen Tisch für Gäste. Und es gab eine Zapfanlage auf dem Balkon, und ich konnte da relativ gut machen, was ich wollte. Ich war immer gut darin, Grenzen auszuloten, und die Grenzen* da waren relativ locker. Eigentlich war das anderthalb Jahre lang: einfach Pause. Ab und zu sind Freunde von mir vorbeigekommen. Und Freunde der Mitbewohner. Immer öfter, meist freitags, haben wir spontan Party gemacht. In dieser Zeit habe ich intensive Gespräche mit den älteren Freunden geführt und überhaupt zum ersten Mal über Gefühle mit jemandem geredet. Das kannte ich vorher ja gar nicht. So richtige Männerabende, an deren Ende man sich morgens um vier Uhr total besoffen die Liebe gesteht und sich in den Armen liegt und manchmal sogar weint. Es war im Nachhinein betrachtet auch der Anfang von einem übermäßigen Drogenkonsum, es gab kaum noch Kontrolle. Aber zu der Zeit habe ich das sehr genossen und zu einem gewissen Grad auch gebraucht.

Damals habe ich mit Counter-Strike und Diabolo II auch das erste Mal Multiplayer-Erfahrung gemacht. Letzteres ist ein Rollenspiel, in dem man sich durch Monsterhorden metzelt und dabei immer mehr Erfahrungspunkte sammelt, um seinen Charakter zu stärken und eine bessere Ausrüstung zu bekommen. Das habe ich am Anfang noch allein gespielt, bis ein Kumpel sagte: »Komm, wir spielen das mal online.« Wir haben das dann so exzessiv gespielt, dass wir das ganze Game schon auswendig kannten und es nur noch darum ging, bestimmte Gegenstände zu finden oder die zu tauschen. Völlig sinnfrei, denn verdient haben wir daran nichts. Obwohl es durchaus Online-Tauschbörsen gibt, bei denen virtuelle Werkzeuge, Waffen oder Rüstungen zum Beispiel für echtes Geld gehandelt werden. Aber darum ging es uns gar nicht. Uns ging es bloß um die Herausforderung. Wir haben uns extrem cool und fähig gefühlt. Denn wer es schon so weit geschafft hat, dass er gar nicht mehr spielen muss, sondern in aller Ruhe Equipment sammeln und tauschen kann, der hat einen Namen. Der ist wer. Der bekommt Respekt.

Bei Counter-Strike passierte es dann – ich war der Beste von allen auf dem Server, und plötzlich meinte einer: Das kann doch nicht mit rechten Dingen zugehen! Der nannte mich einen Cheater. Das ist das englische Wort für Betrüger. Es gibt Funktionen im Netz, da kann man das so einstellen, dass das Spiel immer perfekt läuft, auch wenn man gar nicht spielt. Das läuft dann automatisch, man trifft immer, wird nie getroffen, und so weiter. Ich habe nicht betrogen, aber es war mir eine verdammt große Ehre, dass die Leute dachten, ich sei ein Betrüger. Ich meine: Die fanden mich so gut, dass die glaubten, dass ich eine Maschine bin!

Danach kam die Zeit der Browsergames. Da wurden fantastische, animierte, total echt aussehende Welten gebaut – reale, historische, erfundene und solche im Weltraum. Ich habe OGame gespielt, da ging es um Clans, die im Universum Imperien aufbauen. Im Endeffekt klickst du nur ein paar Zahlen an und schickst deine Flotte irgendwohin und wartest dann fünf Stunden. Aber bei dem Spiel wurde ich das erste Mal Allianzführer und Diplomat und konnte Rollenspiele im Forum schreiben. Und ich habe da sehr viel positives Feedback bekommen und wurde – obwohl meine Leistungen nicht besonders waren – von vielen Spielern, die viel besser waren als ich, respektiert. Die meinten: Ey, du bist voll der gute Organisator! Und du kannst die Texte voll super schreiben! Und überhaupt, sag uns mal, wen wir angreifen sollen!

Das war dann noch einmal eine ganz andere Art der Machtposition.

Ich konnte mit meinen sozialen Skills und mit meinen Formulierungen einfach total glänzen und bin voll in der Rolle eines Anführers aufgegangen. Das war ein Gefühl, das ich bis dahin so kaum kannte.

Laslo hat mir später viel darüber erzählt, was da in ihm vorgegangen ist und was seine Motivationen waren. Er wollte manchmal vom PC aufstehen. Aber dann wurde er von den anderen Spielern aufgefordert, nicht zu gehen. Nach dem Motto »Du bist unser Held, du lässt uns doch jetzt nicht im Stich!«.

Weihnachten 2006 schaffte ich es nicht zum Familienfest. Ich hing vor dem Computer fest, ich wollte mich aber vielleicht auch einfach nicht erklären. Nicht die Fragen meiner Verwandten beantworten, nicht darüber reden, was ich machte und wie meine Pläne für die Zukunft waren. Heiligabend rief dann meine Mutter an – ich dachte, sie wolle frohe Weihnachten wünschen, doch stattdessen hörte ich durch den Hörer, dass sie weinte. »Bist *du wirklich so?«, war ihre Frage, noch bevor sie etwas anderes sagte. David und meine Tante hatten ihr offenbar erzählt, dass ich kaum mehr das Haus verließ, beinahe das Abitur verpatzte. Dass ich andauernd zockte und im Haushalt nicht wirklich half. Dass mir irgendwie alles egal geworden war. Und ja, es stimmte. Ich war genauso.*

*Es machte mich schon traurig, dass meine Mutter so traurig wegen mir war. Aber ich hatte nicht wirklich ein schlechtes Gewissen. Ich dachte einfach: Die versteht das nicht. Sie hat ganz falsche Vorstellungen von meinem Leben, begreift nicht, dass ich schon die Kurve kriege und dass ich das alles genau so will. Danach jedenfalls habe ich beschlossen, meine Mutter noch weniger aus meinem Leben erfahren zu lassen.*

*Aber ich machte brav mein Abitur. Acht Wochen vor den Prüfungen startete ich voll durch, ging jeden Tag um acht in die Bibliothek, lernte von früh bis spät. Gut, ich machte ein Dreier-Abitur. Aber das war egal. Ich hab's geschafft – sagte ich ja!*

*Ich habe mein Abitur aber nicht für mich gemacht, sondern damit alle zufrieden sind und die Klappe halten. Dieses: Du bist so ein schöner Junge, du bist so intelligent, du könntest doch eigentlich. Und ich dachte: Mann ey, lasst mich mal alle in Ruhe. Lasst mich doch mal machen, was ich möchte. Und das war nur eins: spielen.*

Es hat mich wahnsinnig getroffen, zu hören, dass es mit meinem Sohn offenbar immer noch weiter bergab ging, anstatt bergauf. Ich konnte meine Augen ab dieser Zeit einfach nicht mehr verschließen. Mir war nun ein für alle Mal klar: Laslo hat ein großes Problem. Ich sah ein, auch der Lösungsversuch durch die WG war gescheitert. Er ist dort nicht so aufgefangen worden, wie ich mir das erhofft hatte. Und ich war entsetzlich verzweifelt, weil ich mich fragte, ob ihm überhaupt noch zu helfen ist.

Das Positive an Laslos Auszug war, dass der Kontakt zwischen meiner Tochter und mir enger geworden ist. Wir haben seither ein tolles Verhältnis. Wir haben über alles gesprochen. Sie ist der Meinung, dass sie heute vieles mit ihrem Partner nachholt. Leider ist sie mit 18 Jahren an Diabetes erkrankt. Zu der Zeit hat Laslo in Aachen gelebt. Nach dem Abi wollte er in die Fußstapfen seines Vaters treten und Geowissenschaften studieren.

*In Aachen bin ich mit Leuten zusammengekommen, die täglich gekifft haben. Und als dann in meinem zweiten Studienjahr mein Mitbewohner angefangen hat, zu dealen, war mein Absturz vorprogrammiert. Es war immer Gras im Haus, von dem ich mir etwas abzwacken konnte. Da habe ich täglich gekifft, habe mir nach dem Aufstehen schon einen Joint gedreht. Oder eine Bong geraucht. Und den Rest des Tages habe ich gezockt, manchmal 20 Stunden am Tag. Zwischen den Zockrunden sah ich mir ab und an mal einen Porno an, danach zwei oder drei Episoden »One Piece« oder »How I Met your Mother« oder »Scrubs«. Manchmal wurde es mir mit den PC-Spielen selbst zu viel, oder ich war zu besoffen oder zu bekifft. Dann habe ich mich auch mit YouTube-Videos oder sogenannten Flashgames, kleinen Spielen ohne Speichermöglichkeit, begnügt.*

*Sieben Monate lang ging das so. Ich war gar nicht mehr in der Uni. Das war dann wirklich nur noch: mich wegmachen.*

*Wenn meine Oma anrief, musste ich lügen. Es ginge mir fein, das Studium liefe bestens und so. Wenn meine Mutter anrief, musste ich lügen. Und wenn mein Vater anrief, sowieso. Das hat mir ein schlechtes Gewissen gemacht. Ich hatte dann immer heftigere depressive Episoden. Und ich habe kreisrunden Haarausfall bekommen vom Stress, von der Mangelernährung, vom Alkohol- und Cannabiskonsum, das wurde so schlimm, dass ich den nicht mehr verdecken konnte, trotz langer Haare! Das fing genau oben an meinem Wirbel an, und ich fürchtete, ich würde eine Mönchsglatze bekommen.*

*In dieser Zeit war ich übrigens 21 – und immer noch Jungfrau. Ich hatte zwar immer mal wieder eine feste Freundin gehabt, aber eigentlich nur aus Mitleid. Wenn sich eine für mich interessierte, kam ich mit ihr zusammen. Sie abzuweisen, ihr weh zu tun, das wollte ich nicht. Zu Hause hatte ich immer gehört, wie sehr die Frauen unter den Männern gelitten hatten – so einer wollte ich nicht sein!*

*Aber eigentlich interessierte mich keine. Ich meinte immer, die Frau fürs Leben sei sowieso nicht dabei, dann brauche ich mir auch keinen Stress machen. Das ist ganz typisch, andere Internet- und Computersüchtige, die ich später kennenlernte, hatten auch immer ein Problem mit Beziehung und Sexualität. Mit Pornografie nicht, im Gegenteil. Anonymität geht, Intimität ist unmöglich.*

*Damals war ich dann sowieso viel zu fertig. Und als meine Schwester mich anrief und erzählte, dass sie Diabetes hat und wie schlecht es ihr geht, da habe ich versucht, ihr Mut zu machen. Sie aufzumuntern. Ihr auf meine recht unbeholfene Art zu zeigen, dass ich sie mag.*

*Und nach dem Telefonat habe ich zwei Stunden lang nur geheult. Alles kam hoch, das Schuldgefühl, meiner Schwester und meiner Mutter durch mein Verhalten Leid angetan zu haben. Ich habe mich für einen fürchterlichen Heuchler gehalten. Ich kam gar nicht klar, ich wusste, das konnte so nicht weitergehen. Und irgendwann sagte ich: Ich breche hier ab, ich gehe zurück nach Berlin.*

*Ich habe meinen Eltern dann gebeichtet, dass ich nicht mehr studiere, sondern eigentlich nur noch zocke und kiffe. Dann habe ich meine Sachen gepackt und bin zu meiner Oma, wollte mit ihrer Hilfe vom Cannabis entziehen.*

*Was genau in den darauffolgenden vier Wochen geschah, daran kann ich mich nicht einmal mehr erinnern. Ich weiß nur noch, dass ich in dieser kurzen Zeit 20 Kilo zugenommen habe. Ich hatte so lange keine Lebensmittel mehr eingekauft und nichts mehr gegessen, nur geraucht, dass ich auf 60 Kilogramm bei einer Größe von 1,88 Metern abgemagert war. Oma hat mich aufgepäppelt. Ich saß viel bei ihr am Rechner oder habe Fernsehen geguckt. Und ich weiß gar nicht, was ich sonst gemacht habe. Auf jeden Fall war ich am Ende wieder bei meinen 80 Kilogramm.*

Ich hatte durchaus mitbekommen, dass er sehr viel mehr kifft, als er zugibt. Und dass er kaum noch zur Uni geht. Er sagte, er brauche Zeit, sich selbst zu finden, wir sollten ihm die Gelegenheit doch bitte lassen. Da habe ich gesagt, das könne er gern machen. Aber er solle zusehen, wie er das finanziert. Ich unterstütze das nicht. Und ich habe dann auch meinen Ex-Mann gebeten, ihm kein Geld mehr zu schicken. Ich war damals schon an dem Punkt, dass ich Laslo wortwörtlich am Telefon sagte: »Ich denke, du musst in der Gosse landen, damit du begreifst, was du hier abziehst. Ich kann dir garantieren, ich halte dich nicht auf, wenn du meinst, dass das dein Weg ist. Wenn du da rauswillst, sag Bescheid, dann bin ich da. Aber ich gucke nicht zu, wie du dich kaputt machst.«

Ich habe ihn auch nie in Aachen besucht. Ich wollte das nicht sehen. Ich konnte mir nicht angucken, was er aus seinem Leben macht. Darum kann ich auch nur zu gut verstehen, dass es manchen Eltern vielleicht schwerfällt, ihre Kinder in diesem Elend zu lassen. Man will sein Kind doch daraus befreien. Auch ich hatte zeitweise fürchterliche Angst um Laslos Leben. Bei Drogen und Magersucht denken die Leute schnell an Lebensgefahr. Bei Internet vermutet man das vielleicht nicht. Dabei vergessen Internet- und Computersüchtige zu essen und zu trinken. Laslo wurde in schlimmen Phasen gar in der der Schule mit dem Vorwurf konfrontiert, er sei magersüchtig. Dann nehmen die alle möglichen Drogen, um konzentriert und fit zu bleiben, um 24 Stunden am Tag spielen und auf sechs Monitore gleichzeitig sehen zu können. Sie trinken Alkohol, weil sie sich eigentlich schämen. Sie schlafen nicht mehr, waschen sich nicht mehr, teilweise nässen sie sich ein, weil sie nicht mehr aufstehen und zum Klo gehen. Bei einer Internetsucht kann man also alle Süchte gleichzeitig haben. Das Gehirn bildet sich außerdem zurück, und durch die Mangelernährung, durch zu wenig Sonnenlicht, zu wenig Bewegung und zu wenig Schlaf können über die Jahre hinweg ernsthafte Erkrankungen entstehen. Thrombosen zum Beispiel. Es gibt die ersten Toten.

Aber ich glaube auch ganz fest daran, dass man selbst Menschen, die man liebt, nicht zu ihrem Glück zwingen kann. Dass man an einem bestimmten Punkt loslassen muss. Ich denke da immer an den Kaukasischen Kreidekreis von Brecht. Jene Geschichte, in der es eine Mutter und ihr Kind und eine Frau gibt, die vorgibt, die Mutter dieses Kindes zu sein. Niemand kann beweisen, wer nun die richtige Mutter ist und welche Frau lügt. Da zeichnet das Gericht einen Kreidekreis auf den Boden, und beide Frauen sollen am Kind ziehen – wer es über die Grenze des Kreises zu sich zieht, bei dem soll es bleiben, denn es heißt, die wahre Mutter besitze die Kraft, das Kind zu sich auf die Seite zu holen. Aber die eine Frau lässt voller Mitleid los. Weil sie nicht möchte, dass der Junge Schmerzen hat und am Ende noch zerrissen wird. Daran erkennt der Richter letztlich, dass sie die wahre Mutter ist.

Das Buch haben wir in der Schule gelesen. Aber auch in meiner Familie wurde die Idee, dass man Glück nicht erzwingen kann, immer großgeschrieben. Für mich war es nie eine Frage: Laslo muss und wird seinen eigenen Weg finden.

*Ich habe dann beschlossen, in Rostock ein neues Studium zu beginnen. Nun wollte ich Lehrer werden – und die Welt retten. Die ersten anderthalb bis zwei Jahre lief das auch ziemlich gut. Damals habe ich dann weiter Geld von meinem Vater geschickt bekommen und musste nicht arbeiten. So konnte ich noch relativ oft in die Uni gehen, habe da auch soziale Kontakte gepflegt, war auch auf Studentenpartys, und es lief alles ganz gut. Zwar habe ich auch zwei Prüfungen nicht bestanden, zugegebenermaßen wegen meines Spielekonsums, aber das war kein Problem, die konnte ich wiederholen.*

*Alle zwei, drei Wochen bin ich nach Berlin, immer schon am Donnerstag, und da habe ich wilde Partys mit den Freunden aus meiner Schulzeit gefeiert. Der Grund für meine regelmäßigen Besuche in der Heimat war meine Regel, die lautete: Wo ich studiere, da kiffe ich nicht!*

*Zum Kiffen bin ich also nach Berlin. Und wenn ich in Rostock blieb, verbrachte ich viel Zeit mit diesem älteren Ehepaar, bei dem ich ein Zimmer gefunden hatte. Die lebten etwas weiter außerhalb. Aber das war total nett. Wir haben zusammen Fußball geguckt, und ich fand in der Frau so etwas wie eine Ersatzmutter, die hat mein Zimmer aufgeräumt, dafür habe ich ihr Schokolade und meine Pfandflaschen geschenkt. Ich musste mir um nichts Sorgen machen.*

*Dann ging das Geld aus.* Dazu muss man wissen, wir hatten mit unserem Vater einen Deal, und der lautete: Er hat für meine Schwester und für mich ein paar 1000 Euro beiseitegelegt, und wir können uns selbst aussuchen, wie wir das während der Studienzeit einteilen wollen. Mein Vater sagte: »Geht ihr jetzt schon nebenbei arbeiten, reicht es für die nächsten fünf Jahre. Wenn ihr nur davon lebt, dann müsst ihr dann, wenn es aufgebraucht ist, sehen, wo ihr bleibt.«
Ich habe mir 650 Euro jeden Monat abgeholt, jobben wollte ich nicht. Dann kam also der Tag, an dem es nichts mehr zu holen gab, und ich musste arbeiten gehen.
Ich habe dann in diesem Supermarkt angefangen. Der Job war okay, und die Kollegen waren nett. Aber das Geld hat nicht so recht gereicht, und ich hatte nur noch wenig Zeit, vor allem an den Wochenenden. In meiner wenigen Freizeit habe ich dann, um mich vom Stress zu erholen, immer weitergezockt.
*Und ich habe getrunken.*
*Und dann habe ich, nach etwa drei Jahren in Rostock, wieder gekifft.*

Erst als ich merkte, dass ich all meiner Mühen zum Trotz am Ende doch wieder im selben Kreislauf hing, wurde ich dafür empfänglich, über Sucht zu reden.
Als mein bester Freund aus Berlin offenbar bemerkte, dass bei mir echt was nicht rundläuft, und er mich gefragt hat, was ich da eigentlich für einen Scheiß mache in Rostock, da habe ich angefangen, darüber nachzudenken.
Und zwar dachte ich dann: Ich habe ein Drogenproblem.
Und ich ließ mich für sechs Monate in eine Klinik im Sauerland einweisen. Aber als uns erklärt wurde, was ein Suchtgedächtnis ist und woran ich süchtiges Verhalten erkenne, da habe ich festgestellt: Okay, die Drogen sind ein Problem. Aber süchtig geworden bin ich vom Zocken.
Es gibt ja Leute, die meinen, ihre Kinder seien internetsüchtig, nur, weil die andauernd in ihr Smartphone gucken. Aber dem ist nicht so. Das Smartphone ist heute eben Telefon, Kalender, Fernseher, Zeitung, Kochbuch, Fashionmagazin, Bibliothek, alles in einem. Wer süchtig ist, der dis-

*tanziert sich nach und nach von allem, was dem Konsum im Wege steht, der Familie, Freundschaften, Hobbys. Er leidet unter Entzugserscheinungen, auch physischen wie Schlafmangel, Nervosität, Depression. Er ist absolut unfähig, irgendeine Art Verbindlichkeit einzuhalten, völlig egal, ob es sich um zwischenmenschliche Beziehungen oder Termine handelt. Und wenn er es verbaselt, lügt er auch noch über die wahren Gründe dafür. Das Lügenkonstrukt um das Ausmaß des Konsums ist bald so groß wie die Scham: Als ein Freund von mir einmal sein Streampasswort geändert hat, weil er gesehen hat, dass ich in den letzten zwei Wochen 120 Stunden auf seinem Account gezockt hatte, war mir das richtig peinlich. Trotzdem habe ich weitergezockt, ich fand immer meine Mittel und Wege. Und genau das ist ein weiteres Merkmal für die Sucht – dass man trotz ganz offensichtlicher negativer Konsequenzen weiterkonsumiert. Und sich in der Folge immer mehr isoliert, verwahrlost und ständig unzufrieden ist.*

Ich hatte natürlich auch wahnsinnig viel mit ihm gesprochen, darüber, was Sucht ist, und dass ich für ihn da bin und dass er sich in Rostock Hilfe suchen, zur Suchtberatung gehen sollte. Ausschlaggebend war dann aber dieser Freund, der offenbar mehr Zugang zu ihm hatte als ich.

In der Therapie hat Laslo dann bemerkt, dass der Papa sein großes Thema ist.

Bis dahin stand der für ihn ja auf einem Sockel.

*Insgesamt war ich ein halbes Jahr auf Station und habe dort sogar eine lokale Selbsthilfegruppe für Medienabhängige gegründet, das gab es da nämlich noch nicht. Das war wirklich befreiend und total energiebringend, was ich dort über mich selbst erfahren habe. Ich wollte unbedingt mehr erfahren über das, was in mir vorging, denn da hatte ich mir fast mein halbes Leben selbst etwas vorgemacht. Zum Beispiel durfte ich lernen, dass am Anfang meiner Suchtgeschichte das Gefühl stand, perfekt sein zu müssen, um von meinem Vater und auch der Gesellschaft akzeptiert und geliebt zu werden. Und dass dieser Druck, den ich spürte, mich letztlich in eine Flucht und damit in diesen Teufelskreis führte, der mein eigentliches*

*Ziel, nämlich Anerkennung und Selbstzufriedenheit, ja im Endeffekt noch schwieriger machte. Aber ich habe auch gelernt, dass es eigentlich genau so kommen musste. Dass meine Geschichte so auch schon vielen anderen Menschen passiert ist. Wer sich nämlich so früh dafür entscheidet, dass er nicht gut ist, wie er ist, und der in der Folge seine Gefühle und Gedanken zu unterdrücken beginnt, sich verstellt, in Rollen schlüpft, den kann das sehr leicht in die Sucht führen. Man kann nichts für seine Gefühle, aber auch nichts dagegen tun. Wer sie zu einem fremden Teil von sich erklärt und sie wegmachen will, der wird nach ebenjenem Mittel süchtig, das diese Gefühle am besten unterdrückt. Bis, hoffentlich, eines Tages die Erkenntnis kommt, dass Gefühle für uns da sind und wir sie annehmen sollten. Wenn man noch ein Kind ist, kann man aber so noch nicht reflektieren. Dazu fehlt es ja auch noch an Erfahrung. An der Stelle sind die Eltern und ihr Feingefühl durchaus gefragt.*

*Mir wurde viel zu spät klar, dass ich ein narzisstisches Problem habe und dass Narzissmus aber anders als weithin geläufig gar nichts Schlechtes ist. Narzissmus bedeutet zunächst einmal nur: Selbstliebe. Aber wenn das Selbstwertgefühl gestört ist, dann bekommt man ein narzisstisches Problem. Man wird dann arrogant, selbstverliebt, machtbesessen, nur um die innere Not zu kaschieren. Dem Psychotherapeuten Heinz-Peter Röhr zufolge – von dem las ich im Rahmen meiner Therapie das ein und andere Buch – liegen dem Narzissten vor allem die geheimen Programme »Ich bin nicht satt geworden« und »Ich bin nicht gut genug« zugrunde. Womit wir wieder bei meinem Vater wären: Diesem Konzept der geheimen Programme von Röhr zufolge, aber ja eigentlich prinzipiell in der Psychotherapie, heißt es, dass viele Dinge schon in den ersten drei Lebensjahren passieren, dass man da durch Erleben und den Umgang der Eltern miteinander und auch mit dem Kind ebendieses Programm vermittelt bekommt und erlernt. Verhaltensweisen, Gedankenmuster, Persönlichkeitsanteile, die sich je nachdem gesund ausbilden oder eben Defizite aufweisen. Als Kleinkind habe ich diese Programme bekommen. »Ich bin nicht satt geworden« ist das Gefühl, das entsteht, wenn man nicht geliebt wird, wie man es verdient.*

*In einem Brief hat mein Vater mir tatsächlich mal geschrieben, dass ich in Holland wirklich auf dem Prüfstand stand. Dass ich es da beweisen musste, dass ich seine Liebe verdient habe. Das sagt doch schon alles. Aber das konnte ich früher gar nicht annehmen. Was er mir damit sagte, das tat mir zu sehr weh.*

*Kein Wunder, dass ich immer dachte, ich muss mehr Leistung zeigen. Und ich schaltete meine Gefühle ab, denn Gefühle halten von Leistung ab. Ich habe immer versucht, meine Gefühle und meine Schwächen zu verbergen, und nur noch – man nennt das so schön – Framing betrieben. Immer nur noch über das geredet, was ich super kann. Und nur noch das gemacht, was ich super kann. Und ich habe dann eben nicht für mich selbst, sondern weil es andere erwarteten, das Abi und das Studium gemacht. Mich hat es nicht glücklich gemacht.*

*Ich habe lange nicht kapiert, dass mein Vater zu emotionaler Nähe und Liebe, die ich mir so sehr von ihm wünschte, dass er dazu gar nicht in der Lage ist. Nie war. Als Kind dachte ich, das wäre meine Schuld, das sei mein Fehler. Weil ich so eine minderwertige Person bin. Also habe ich meinem Vater nachgeeifert. Ich bin auch emotional kalt geworden, habe versucht, alle Probleme rational zu erklären, und habe mich darüber aufgeregt, dass die anderen Menschen gar nicht rational sein möchten. Habe das dann nicht verstanden. Und bin wütend geworden, aber die Wut war mir auch zu viel. Und dann habe ich versucht, sie zu unterdrücken – mit Spielen und was noch viel besser geklappt hat als das Computerspielen, mit Kiffen. Einer der Gründe, warum ich Cannabis geraucht habe, war, dass ich dann tolerant bin. Und nicht mehr wütend. Dass ich dann ruhig und ausgeglichen bin. Was natürlich auch nur eine Illusion ist.*

*Das Problem war, dass ich meinen Vater verstehen konnte, warum er das alles gemacht hat: Wenn du deine Frau nicht mehr liebst und als Geologe in Deutschland kaum einen Job bekommst, dann musst du in die USA ziehen. Und meine Mutter wollte nicht in die USA. Darum kam die Trennung. Und dann konnte ich meine Mutter immer erleben mit ihren Stärken und Schwächen. Und mit freundlicher Unterstützung meiner Oma konnte ich ein Götzenbild meines Vaters aufbauen.*

*Ich habe ihn immer vergöttert. Gerade weil er so wenig da war. Und für alle Probleme in meinem Leben konnte ich dann meine Mutter verantwortlich machen.*

*Bis dann in der Klinik das Götzenbild langsam gefallen ist. Ein wichtiges Ereignis dafür war, dass meine Oma irgendwann zu mir meinte: Dein Vater hat gesagt, ich soll aufpassen bei dir, Laslo. Er meint, du seist ein Schwätzer. Und da dachte ich: Wenn ich meine, mein Sohn ist ein Schwätzer, dann sage ich ihm das ins Gesicht. Dann ist das meine Aufgabe, ihn darauf hinzuweisen, und es ist meine Verantwortung. Da fing das an, dass das Götzenbild langsam bröckelte, und ich habe dann langsam angefangen, meinen Vater dafür verantwortlich zu machen, dass es mir schlecht geht.*

*Und dann habe ich kapiert, dass ich nicht das Gefühl habe, sein Sohn zu sein. Als ich das das erste Mal formuliert habe, dass ich nicht das Gefühl habe, ich habe einen Vater, obwohl da jemand ist, der für mich bezahlt und der auch erreichbar ist, da habe ich anschließend zwei Stunden lang geweint.*

*Das war der größte Schmerz, den ich je erlebt habe.*

*Und das war super befreiend, das alles mal auszuheulen. Das waren ganz, ganz alte Tränen!*

Laslo ist in meinen Augen immer noch ziemlich zerbrechlich. Schlechte Nachrichten oder Zurückweisungen treffen ihn schwer, er kann damit immer noch nicht so gut umgehen, igelt sich dann ein. Er wird depressiv und meint, er muss alles mit sich allein ausmachen. Immer noch.

Er möchte viel bewegen. In viele Richtungen. Manchmal zu viel, glaube ich. In seinem Kopf herrscht oftmals regelrecht Gewitter. Da zucken sichtbar die Blitze, und es donnert laut. Alles muss sofort. Er kann gar nicht so schnell handeln, wie er denkt.

Toll finde ich aber, zu beobachten, dass er jetzt sehr bei sich ist. Dass er es geschafft hat, auf sich selbst zu hören und sich selbst zu achten. Dass er viel infrage stellt, aber auch nicht übermäßig viel. Und natürlich ist es klasse, dass er jetzt endlich einen Job gefunden hat, indem er sich wohl fühlt. Er hat eine Ausbildung zum Erzieher angefangen. Da habe ich ihn schon immer gesehen: mit Kindern. Das ist genau sein Ding, finde ich. Geprägt durch seine Schullaufbahn, in der er nie richtig gefördert und mit seinen Talenten nicht wirklich erkannt worden war, wird er es jetzt besser machen.

*Und ich habe eine Selbsthilfegruppe mitgegründet: »Offline«. Wir treffen uns regelmäßig und helfen uns gegenseitig, sechs bis zwölf Leute, je nachdem.*

*Ich möchte anderen Leuten helfen, indem ich so offen mit meinem Problem Medienabhängigkeit umgehe. Ich versuche, dafür zu sensibilisieren, dass es dieses Problem Internet- und Computerspielsucht tatsächlich gibt. Auch im Unterricht, in meiner Erzieherausbildung, da weise ich auch auf die negativen Seiten der neuen Medien hin. Dass nicht alles Gold ist, was flimmert. Dass man da auch ganz schnell die Kontrolle verlieren kann. Ich versuche anderen Menschen auch zu helfen, indem ich mich für sie interessiere. Das gilt nicht nur für Betroffene, sondern für alle möglichen Menschen. Indem ich mir ihre Probleme anhöre und Fragen stelle, und ganz oft kommt dann ganz von selbst eine Dynamik, in der Probleme zum ersten Mal angesprochen und erkannt werden. Allein das gibt ja schon Erleichterung, es tut gut, darüber zu reden, was einen schmerzt und verunsichert. Menschen müssen mehr über sich und ihre Probleme und Gefühle reden. Das geht leichter ohne Tabu.*

*Angehörigen kann ich nur raten, sich abzugrenzen. Denn dieser Kampf gegen die Sucht, das ist ein Kampf, den kein Elternteil gewinnen kann. Der Süchtige muss es selbst wollen.*

*Ich bin meiner Mutter wahnsinnig dankbar dafür, dass sie die Hoffnung nie aufgegeben hat. Und dass sie sich früh genug, so weit, wie es möglich war, von meiner Krankheit abgegrenzt hat. Das war sehr wichtig, denn sonst hätte sie sich kaputt gemacht. Und uns Kinder auch. Sie hat gut in die Zukunft geguckt und gesagt: Der Junge macht seinen Weg, und wenn er bereit ist, Hilfe anzunehmen, dann helfe ich ihm auch. Sie hat ganz große Stärke bewiesen und hingenommen, was sie nicht ändern konnte. Dafür bin ich ihr sehr dankbar, und dafür bewundere ich sie sehr!*

Es fällt mir immer noch schwer, ihn zu lassen. Aber ich lasse ihn. Ich muss mir häufig auf die Zunge beißen, keine Ratschläge zu geben, wenn ich nicht gefragt werde. Aber es ist mir wichtig, dass er sich auf Augenhöhe fühlt. Und dazu gehört, dass er mir auch sagen kann: »Mama, das will ich so nicht hören, denk mal nach.«
Wir haben uns ausgesprochen und verstehen uns heute gut.

Manchmal mache ich mir immer noch fürchterliche Sorgen, weil Laslo ja noch nicht so lange aus diesem Teufelskreis und auch noch nicht so richtig stabil ist. Zugleich denke ich, dass er in seinen jungen Jahren nun sehr viele Dinge entbehren muss, die in unserer Gesellschaft völlig normal und alltäglich sind. Auflagen der Wohngemeinschaft, in der er seit seinem Entzug lebt: Er darf dort nicht am Computer spielen, kein Cannabis rauchen, keinen Alkohol trinken, mit Medikamenten muss er sehr vorsichtig umgehen, und all das bedeutet schon eine ständige Selbstkontrolle. Zu oft muss man sich dann eben auch erklären und rechtfertigen, wo man das eventuell gar nicht möchte. Manchmal mache ich mir Sorgen, dass es ihm alles zu viel wird. Dass er alles hinschmeißt.

Und es berührt mich auch, wenn ich immer noch ab und an sehe, dass er Depressionen hat. Das ist womöglich etwas, womit er immer kämpfen wird, das lässt sich nicht einfach so behandeln. Wir lernen gerade beide, damit zu leben, ohne in alte Verhaltensweisen abzurutschen.

Heute bedränge ich ihn nicht mehr so. Er weiß, dass er sich jederzeit melden kann. Und er sagt, er weiß, dass er es tun könnte. Aber er will es gar nicht.

Und das akzeptiere ich dann.

Was mir geholfen hat, all das mit Laslo durchzustehen, war, mit anderen betroffenen Eltern zu sprechen. Ich habe andere Eltern auch proaktiv angesprochen, wenn ich das Gefühl hatte, dass da was nicht stimmt. Zum Beispiel sieht man an den Zähnen, wenn ein Mädchen Bulimie hat, und ich arbeitete damals wieder in einer Zahnarztpraxis.

Die Leute haben unterschiedlich reagiert. Einige wollten nichts wissen, haben total geblockt. Einige waren interessiert. Und die meisten haben sich geöffnet, nach dem Motto: Endlich habe ich mal jemand, mit dem ich darüber sprechen kann.

Auch die Therapie nach der Trennung von Laslos Vater, insgesamt drei Jahre, hat mir viel gebracht. Ich komme seitdem etwas leichter durchs Leben, bilde ich mir ein. Bin gelassener.

Das Wichtigste war wohl, dass ich gelernt habe, mit Laslo anders umzugehen. Ihn Entscheidungen allein treffen zu lassen, von der Wahl der Freunde bis zum Studienplatz. Er konnte nur gesund werden, das wusste ich immer, wenn er sich für sein Leben entscheidet und auch die Verantwortung dafür trägt.

# Was der Experte sagt: Medienabhängigkeit – Sucht der Zukunft

In der Caritas-Dienststelle »Lost in Space« in Berlin-Kreuzberg finden Internet- und Computerspielsüchtige sowie deren Angehörige seit elf Jahren einen Anlaufpunkt. Der Diplom-Sozialarbeiter Gordon Schmid und der Sozialarbeiter Claudius Boy leiten die Gesprächsgruppen für Betroffene, Eltern und Partner. Gemeinsam erklären sie, was eine Online- oder PC-Spielsucht eigentlich ist, wie Eltern ihre Kinder vor einer solchen Abhängigkeit schützen können und was uns in Bezug auf die digitale Entwicklung in Zukunft noch erwartet.

*Herr Schmid, Herr Boy, dieses Interview zeichne ich mit demselben Smartphone auf, mit dem ich auch Nachrichten verschicke, Updates in den Sozialen Medien poste und Nachrichten lese – sind wir nicht alle heute irgendwie vom Internet abhängig?*

**Gordon Schmid**: Es ist keinesfalls alles schlecht, genau das ist auch unser Ansatz. Die Vernetzung von Menschen findet heute eben online statt. Wer telefoniert zum Beispiel noch? Als ich noch Kind und Jugendlicher war, haben wir uns immer vor der Telefonrechnung gefürchtet, die Ende des Monats kam. Dass die hoffentlich nicht zu hoch ist. Das spielt heute keine Rolle mehr.

**Claudius Boy**: Es ist eben nicht lediglich *ein* Kommunikationsmittel. Früher hatte man einen Rucksack, in dem steckten Notizbuch, Kalender, Walkman, Zeitung, ein Buch, vielleicht ein Gameboy. Das ist alles heute in einer Maschine. Und das allein macht sie noch nicht gefährlich. Es gibt diese Vorher-Nachher-Bilder, die zeigen: Heute sitzen alle mit Smartphone in der Bahn, früher hatten alle Zeitungen und Bücher in der Hand. Das soll zeigen, dass heute alle immer und überall vernetzt sind. Aber mal ehrlich: Früher hat man auch nicht gesagt, alle seien zeitungssüchtig.

*Was genau ist denn dann gefährlich an den digitalen Medien? Experten warnen immerhin: Etwa 270.000 Jugendliche alleine in Deutschland sind von Anwendungen und Spielen abhängig, 1,4 Millionen sollen Computer und Internet problematisch intensiv nutzen.*

**Claudius Boy**: Der Aufwand, sich in den Onlinewelten zu verlieren, ist wesentlich geringer als bei anderen Süchten. Bei einer Essstörung muss man erst einmal da hinkommen, sich zu übergeben. Beim Kiffen oder Alkoholtrinken wiederum macht man auch mal die schlechte Erfahrung, dass man fertig in der Ecke liegt, sich auch vor sich selbst erschreckt. Das hat man hier alles nicht. Viele, die hierherkommen, wissen schon gar nicht mehr, wovor sie eigentlich mal geflüchtet, wie sie da reingeraten sind. Das geht schneller als bei anderen Süchten. Das Attraktivitäts- und Bindungspotenzial des Internets wird mit der Triple-A-Engine beschrieben: *accessibility, affordability, anonymity*, also dem leichten Zugriff, der Erschwinglichkeit und der Anonymität. Darin sehe ich auch Gefahren.

**Gordon Schmid**: Die großen Themenbereiche des Internets sind allgemeine Internetsucht, Spiele, Social Media, Pornografie, Kaufsucht und Online-Glücksspiel. Und all diese Bereiche im digitalen Leben arbeiten mit sofortiger und ausreichender Belohnung im Sinne von Aufmerksamkeit, Schmeicheleien, Aufregung, Bestätigung, Gewinn, Nervenkitzel und viel mehr. Diese Art schnelle Belohnung haben wir im Alltag nicht. Das macht das Internet so besonders reizvoll.

*Wenn das Thema Belohnung von Bedeutung ist, kann man dann sagen, die Schuld liegt bei einer Gesellschaft, in der zu wenig belohnt und gelobt wird? Produzieren wir Süchtige?*

**Gordon Schmid**: Das wird von einer leistungsorientierten Gesellschaft angekurbelt, ja. Wenn ich weder Anerkennung noch Lob bekomme, dann bin ich gefährdeter, eine Suchterkrankung zu entwickeln. Aber der Alltag kann nicht unbedingt etwas dafür, wenn sich jemand diesem normalen Alltag einfach nicht stellen kann.

**Claudius Boy**: In dem Moment, in dem mir ein Spiel zu langweilig ist, kann ich es ausschalten. Wenn ein Chat mir zu anstrengend ist, entziehe ich mich der Situation. In einem echten Gespräch miteinander muss man auch aushalten können, Spannungen ertragen, Konflikte benennen. Man muss lernen, wie das geht.

*Wie wappne ich mein Kind dagegen, dass es ständig Bestätigung braucht und diese vielleicht zu intensiv im Netz sucht?*

**Gordon Schmid**: Ich muss mein Kind stark machen, es loben und sein Selbstbewusstsein aufbauen. Sodass es weiß: Ich bin toll, ich bin gut, ich bin wertvoll – und zwar unabhängig davon, ob ich eine Zwei in meinem Deutschdiktat schreibe oder eine Fünf. Was nicht heißt, dass Kritik fehlen darf. Es gilt, eine Ausgewogenheit zu finden, die Kinder zu loben, ihnen Misserfolge zuzugestehen, ihnen Kritik zuzumuten und gleichzeitig immer wieder aufzuzeigen, dass die Welt nicht untergeht, wenn eine Klasse wiederholt werden muss. Da geht es gar nicht um Suchtmittel, sondern um präventive Erziehungsmethoden.

*Wie steht es um die Vorbildfunktion?*

**Claudius Boy**: Absolut wichtig, ja. Ich glaube nicht daran, dass Kinder und Jugendliche von allein selbstbestimmtes Verhalten am Rechner entwickeln. Die Angebote sind einfach zu lukrativ.

**Gordon Schmid**: Als Familie muss man eine Haltung entwickeln. So, wie es auch Haltungen zum Thema Alkohol zum Beispiel gibt. Es geht nicht nur um eine Haltung für den Jugendlichen, sondern um eine Haltung für alle. Manche Eltern tun sich selbst schwer damit, sich zu reglementieren. Die denken dann: *Gute Idee, ich schalte meinem Sohn nach 22 Uhr das WLAN aus, damit er nicht zocken kann. Aber wie gucke ich dann meine Serie?* Da muss man als Eltern Vorbild sein, auch um selbst mal zu spüren, wie selbstverständlich wir mit den Medien umgehen. Sich auch selbst begrenzen, um einen gesunden Umgang zu haben.

*Sollte man denn in der Nähe von Kindern überhaupt in Smartphones gucken?*
**Claudius Boy:** Es kommt auf die Dosierung an.
**Gordon Schmid:** Für uns hier bei *Lost in Space* macht es zum Beispiel einen Unterschied, ob ein Kind online nur mit Fremden spielt oder mit Kontakten, die es aus dem realen Leben kennt, die er oder sie auch mal im Verein oder in der Schule trifft. Gemeinsam ein Computerspiel spielen, das ist nun einmal heute Teil der Jugendkultur. Ein Fehler, den Eltern machen können, ist, dass sie sagen: Mein Kind darf keinen Computer haben und nicht spielen. Dieses Kind ist schon per se außerhalb der Peergruppe. Das bekommt keinen Kontakt mehr zu Gleichaltrigen.

*Das fängt schon mit zehn, elf Jahren an, oder?*
**Gordon Schmid:** Teilweise früher.

*Ab welchem Alter suche ich als Mutter oder Vater dann das aufklärerische Gespräch?*
**Gordon Schmid:** Sobald das Kind sich in der Online-Welt aufhält. Und es gibt schon Fünfjährige mit Smartphone.

*Welche Kompetenzen brauchen Eltern noch?*
**Gordon Schmid:** Sie sollten vor allem ehrliches Interesse zeigen, auch am Thema. Nicht nur sagen: »O Gott, der spielt da ein böses Ballerspiel. Das sieht ganz furchtbar aus, das verteufle ich.« Hier muss man auch mit den Jugendlichen einsteigen und sich erklären lassen, was sie da genau machen. Was passiert in den Spielen? Auch, um nicht falsche Schlüsse zu ziehen, was Suchtentwicklung angeht. Eltern sind oft sehr sensibel, wenn die Jugendlichen Egoshooter spie-

len. Andere Spiele, beispielsweise »My Free Farm«, wo es Blümchen gibt und Salat und niedliche Tierchen, die bewerten wir viel drastischer mit Blick auf eine Suchtentwicklung.

*Inwiefern?*
**Gordon Schmid**: Das sind Echtzeitspiele, das heißt, ich werde ständig angehalten, weiterzuspielen. Ich habe meinen Salat gepflanzt und werde übers Smartphone erinnert, meinen Salat auch zu gießen. Sonst vertrocknet der. Bei Egoshooter sind es kurze, abgeschlossene Runden. Da kann auch eine Sucht entstehen. Aber solche Spiele, die mich ständig am Laufen halten, ständig mit Belohnung arbeiten, die stufen wir als besonders gefährlich ein.

*Im Appstore zum Beispiel ploppen jeden Tag zigtausende neue Spiele und Anwendungen auf. Worauf muss man besonders achten, was wird populär?*
**Gordon Schmid**: Sicherlich der Bereich des E-Sports, also digitaler Fußball oder digitales Boxen im Wettkampf zum Beispiel, aber auch Videospiel-Turniere. Das dauert noch zwei, drei Jahre, dann wird das hier ein Phänomen sein wie Fußball. Dann werden die Menschen auch vor dem Rechner sitzen und schauen, wie ein bestimmtes Computerspiel-Turnier ausgeht. Oder sie sitzen dann vor dem Fernseher. Es gibt schon Sender, die auch Eletronic-Sports-Turniere übertragen. Wie beliebt das auch hierzulande ist, zeigte sich zum Beispiel 2015, als die Mercedes-Benz Arena in Berlin in weniger als zehn Minuten ausverkauft war, als dort das Finale von »Leage of Legends« stattfand. Da saßen also zwei Mannschaften in der Mitte der Arena, und das Publikum, das live vor Ort war, konnte auf Leinwände übertragen sehen, wie diese Final-Teams unten in der Mitte der Arena gegeneinander spielten. Ein Ticket kostete 55 Euro.
**Claudius Boy**: Ich bin auch überzeugt: Der Bereich des E-Sports wird mehr in unser Leben eintreten und daher auch eine Normali-

tät bekommen. Jungs, die früher Profifußballer werden wollten, die möchten dann zum Beispiel Profi-E-Fußballer werden oder Profi-E-Boxer. Die Preisgelder gehen jetzt schon in den Millionenbereich, und in nicht allzu ferner Zukunft kann man im Bereich E-Sport ein Star werden – ähnlich wie die angesagten Blogger bei YouTube. Das lockt Jugendliche.

*Das sind eher Jungssachen. Studien zufolge sind aber mehr als 70 Prozent aller Internet-Abhängigen Mädchen und junge Frauen.*

**Gordon Schmid:** Hier sind es knapp 95 Prozent Männer und nur fünf Prozent Frauen von den rund 280 Patienten, die wir 2016 betreuten. Uns ist das auch völlig schleierhaft. Denn in der Tat: Was die Sozialen Netzwerke angeht, die nutzen viel mehr Frauen. Bei den Spielen ist es aber umgekehrt. Die Dunkelziffer der Internetsüchtigen muss bei den Frauen viel höher sein. Zu uns kommen nur wenige. Ein Grund dafür könnte sein, dass die Abhängigkeit von Sozialen Medien weniger in die Isolation führt als die von PC-Games.

*Stichpunkt Social Media – soll man Nähe zu seinem Kind im Netz suchen, sich zum Beispiel auf Facebook anfreunden?*

**Gordon Schmid:** Unsere Kinder nutzen Facebook ja gar nicht mehr. Oder sie nutzen es explizit, um mit dem Eltern oder den Lehrern in Kontakt zu sein. Nein, diese Nähe nutzt nicht viel, wenn man dadurch Unheil verhindern will. Was ich viel wichtiger finde, ist die Aufklärung im Bereich Sexualität. Ich sage den Eltern immer: Es muss Ihnen klar sein, wenn Sie Ihrem Sohn oder Ihrer Tochter den Rechner ins Zimmer stellen, dann stellen Sie Ihnen automatisch auch die ganze Pornobibliothek zur Verfügung. Mir geht es dabei aber gar nicht um Verbote, doch man sollte das berücksichtigen und unter diesem Gesichtspunkt auch mit dem Jugendlichen sprechen. Studien zufolge ist der Altersdurchschnitt beim ersten Pornokontakt heute elf Jahre. Das ist schon ein bedenkliches Einstiegsalter.

*Da tut Aufklärung not, das sehe ich ... Ich möchte trotzdem wieder auf die Suchtgefahr zurückkommen, ab wann ist man denn süchtig?*

**Gordon Schmid**: Die Lieblingsfrage von Eltern ist: Ab wie viel Stunden ist man süchtig? Die beantworte ich eigentlich nie. Uns geht es darum: Wie funktioniert Alltag? Läuft die Schule oder Ausbildung einigermaßen? Wie sieht es mit sozialen Kontakten aus? Besucht er oder sie einen Verein? Wie steht er oder sie im Real Life? Dann ist es unerheblich, ob das Kind zwei oder vier Stunden zockt, wenn sonst alles läuft.

**Claudius Boy**: Die Suchtkriterien, mit denen wir hier arbeiten, sind neun Stück: Wie ausgeprägt ist die gedankliche Vereinnahmung? Gibt es psychische Entzugserscheinungen wie Aggression, Unruhe oder Traurigkeit? Wird gespielt, obwohl man weiß: Schule oder Job und Familie leiden? Wird immer mehr gespielt und von allein keine oder nur noch schwer eine Grenze gezogen? Verliert der oder die Süchtige Interesse an vormals geschätzten Hobbys und Freizeitaktivitäten und interessiert sich nur noch für den Computer oder das Smartphone? Wird das Spielen oder Surfen genutzt, um damit negative Gefühle zu regulieren oder Probleme zu vergessen? Wird bezüglich des Surf- oder Spielverhaltens gelogen? Und zuletzt: Hat der oder die Süchtige wegen seines Surf- oder Spielverhaltens wichtige Beziehungen, Karrierechancen oder seinen Arbeitsplatz riskiert oder verloren oder seinen Werdegang in anderer Weise gefährdet?

*Und was, wenn diese Punkte zutreffen? Was kann man als Eltern zum Beispiel machen?*

**Claudius Boy**: Viele Eltern wollen wissen, was sie tun können, damit ihr Kind bemerkt, dass es ein Problem hat. Da geht es dann erst mal darum, es dem Jugendlichen unbequem zu machen. Grenzen zu setzen. Wenn der 20-Jährige noch zu Hause wohnt, seit drei Jahren nicht mehr zur Schule geht, und Mama und Papa füllen den Kühlschrank, dann hat der wenig Grund, was an seinem Verhalten zu ändern. Der kann mit dem Spielen seine Gefühlswelt abkoppeln, oft gibt es tiefer liegend zum Beispiel eine Depression oder eine Angsterkrankung. Der braucht, um da rauszufinden, aber einen Leidensdruck. Dabei spielen die Angehörigen auch eine Rolle, die häufig der Meinung sind: Ich habe ja nicht das Problem, warum muss ich was tun? Aber wenn wir das systemisch betrachten, dann geht es auch darum, selbstkritisch zu hinterfragen, durch welches Verhalten begünstige ich den Medienkonsum? Manchmal erlebe ich auch Eltern, bei denen ich denke, als Jugendlicher würde ich jetzt auch zu Hause sitzen und zocken.

*Was sind das für Eltern?*
**Claudius Boy:** Das sind leistungsorientierte Eltern, strenge Eltern, wo nichts Emotionales da ist. Kein Lob, keine Nähe. Wo man das Gefühl hat, denen ist es nicht wichtig, wie es dem Jugendlichen geht, sondern da spielen gute Noten eine Rolle, Karriere, der Blick anderer auf einen. Da geht es uns oft nicht nur um Regelsetzung, sondern da sind wir bei anderen Themen: Wie leben Sie mit Ihrem kranken Kind zusammen? Was leben Sie vor? Worum geht es eigentlich? Wir versuchen den Eltern schon klarzumachen: Auch Sie tragen dazu bei, dass es so ist. Da lohnt es sich hinzugucken und etwas zu ändern.

*Zusammengefasst: Die Medien als solche sind nicht das Problem.*
**Gordon Schmid:** Man muss diese Sucht ganzheitlich betrachten, nicht nur vom Suchtmittel her. Was bringt die betroffene Person mit, was passiert in dessen Umwelt? Eltern brauchen oft auch eine Bestätigung dafür, dass sie Grenzen setzen dürfen. Ja, sie müssen Grenzen setzen. Sie dürfen sich das Zepter nicht aus der Hand nehmen lassen. Das bedeutet nicht, dass Diktatur herrschen muss. Da geht es aber nicht bloß um Ja oder Nein, sondern um Erziehung und die Vermittlung von Werten.

*Aber manche Kinder reagieren auf die Tatsache, dass ihre Eltern plötzlich den Zugang zum Netz reglementieren, mit Weglaufen, Stehlen oder Schuleschwänzen. Wie kann man das als Eltern aushalten? Was kann man tun?*

**Gordon Schmid**: Das ist die schwierigste Aufgabe an die Eltern, manches auszuhalten. Auszusitzen und klar und konsequent zu bleiben. Aber anders geht es nicht. Am besten ist es, von Anfang an einen Fokus und klare Regeln zu setzen. Eltern brauchen eine Haltung! Umso einfacher habe ich es später. Dann ist es eine Selbstverständlichkeit. Wenn ein Kind 14 Jahre lang keine Reglementierung hatte, was die Onlinenutzung anbelangt, dann wird es schwierig, wenn es auf einmal Grenzen gesetzt bekommt. Dann wird es heikel, wenn es heißt, ab morgen dürfe es nur noch zwei Stunden am Tag online sein. Wenn Jugendliche und Kinder rebellieren, ist das immer schwer, als Elternteil stark und deutlich zu bleiben und zugleich Liebe zu geben. Darum brauchen auch die Eltern meist Hilfe! Den meisten Eltern tun Gesprächsgruppen gut. Da erfahren sie, sie sind nicht allein.

## 5 GRENZGÄNGER – ein Seiltanz aus Traurigkeit und Wut: Katrins Suchtverhalten bestimmt das Leben ihrer Familie

Als Katrin sich das erste Mal an eine Familienberatungsstelle wendet, ist sie neun Jahre alt. Nach außen hin scheint mit ihr und ihrem Leben alles in Ordnung – die Eltern sind aufmerksam und liebevoll, in der Schule läuft es auch gut, es gibt eine große Schwester, die sie beschützt. Aber Katrin ist tieftraurig. Und sie beschäftigt sich viel mit Tod und Leid. Erst einmal scheint nur ihre Gefühlswelt durcheinander, und so kostet es die Familie lange Zeit, um herauszufinden, was mit ihrer jüngeren Tochter nicht stimmt: Katrin leidet an einer Borderline-Störung. Mehr als 20 Jahre betäubt Katrin ihre Ängste und Selbstmordgedanken mit Alkohol, Drogen, Ess-Brech-Attacken und Ritzen. Sie, ihre Mutter Ingrid und Schwester Miriam erzählen:

Als ich 16 war, stand ich gescheitert am Berliner Hauptbahnhof. Mein damaliger Freund hatte vergessen, mich abzuholen, nachdem ich eine psychosomatische Kur im tiefsten Bayern frühzeitig beendet hatte, unter anderem auch, weil ich ihn so sehr vermisste. Da stand ich am Bahnhof, einsam, wohl wissend, was für Vorwürfe mich seitens meiner Eltern erwarten würden. Ich war sehr müde und gleichzeitig voller Sehnsucht nach meinem Freund, der nicht mehr das Gleiche empfand wie ich.

In diesem Moment wusste ich, dass wir uns trennen würden und alles vorbei war. Und diese Gewissheit bereitete mir übermäßigen Schmerzen in meiner Brust und in meinem Bauch. Ich dachte, ich platze, ich zerspringe, ich sterbe. Verzweifelt suchte ich nach schneller Abhilfe, um wieder denken zu können. Und ich fand sie, glitzernd auf dem Asphalt. Die vielen kleinen Glasscherben und Splitter, die in Berlin überall herumliegen, sie lockten mich damals häufig, ermutigten mich, sie einfach aufzunehmen, um das Fleisch aufzuschneiden, damit der Schmerz ins Freie kann.

Ich nahm also eine kleine, spitze Scherbe, die fast nur ein Splitter war, und ratschte damit blind vor Kummer über meinen linken Unterarm. Im nächsten Augenblick aber erschrak ich darüber, wie tief ich vorgedrungen war. Die Haut klaffte auseinander, und das Blut sprudelte heraus. Ich hatte plötzlich Angst, dass ich verbluten und an meiner Verletzung auf der Stelle sterben würde. Ich musste nun weinen, was mir vor dem Ritzen nicht möglich gewesen war. Und ich rannte panisch die Frankfurter Allee entlang, suchte nach einer Arztpraxis, in der man mir helfen konnte. Unterwegs wimmerte ich: »Ich will nicht sterben. Ich will nicht sterben. Mama! Mama! Mama!« Nach Mama rief ich immer, wenn ich sehr verzweifelt war.

*Zwei Jahre später erhielt ich einen Anruf von ihrer Schule, und man sagte mir, ich solle umgehend ins Krankenhaus Köpenick fahren, meine Tochter Katrin sei kollabiert. Als ich dort ankam, lag mein Kind kreideweiß im Bett. Sie hatte eine Überdosis Tabletten genommen und erbrach sich in einem fort. Eine Ärztin, die mir völlig gefühllos vorkam und einen grantigen Eindruck machte, pumpte ihr den Magen aus. Sie sprach mit mir kein Wort, tat ihre Arbeit und ließ uns dann mit allem allein. Und als meine unendliche Angst etwas weniger wurde, als klar war, dass Katrin wieder Glück gehabt hatte, dass sie auch diese Selbstverletzung überleben wird, da überwältigte mich die Wut. Verzweifelt rätselte ich, wie man nur so mit seinem Leben spielen kann. Andere Menschen kämpfen gegen schwere Krankheiten, tun alles, nur um nicht sterben zu müssen. Und meine Tochter verletzt sich selbst so schwer, nur weil sie keine anderen Lösungen für ihr Gefühlschaos finden kann.*

*Da bemerkte ich, dass ich auf einmal nachvollziehen konnte, warum die Ärztin, die mir eben noch so unmenschlich und grob erschien, so pro-*

*fessionell distanziert gewesen war.* Ich verstand, dass sie Katrin nicht verstehen konnte und wie unendlich beherrscht man sein muss, wenn man das Leben eines Menschen retten will, der das selbst dermaßen beschädigt. Ich erlebte ja genau das schon seit Jahren.

Was in mir vorging, versteht niemand, der nicht selbst weiß, wie stark Gefühle sein können. Sie hätten mich vermutlich in den Wahnsinn getrieben, hätte ich kein Ventil gehabt. Die Ritzerei und auch die anderen Selbstverletzungen haben mich davor beschützt, zu implodieren. Sie haben meinen Kopf wieder in Schwung gebracht, so, wie wenn man besoffen ist und nicht mehr klar denken kann – und schlagartig ist man wieder nüchtern. Ritzen war die kalte Dusche, die Ohrfeige, die mir zu meinem Gleichgewicht und dazu verhalf, wieder Herr meiner Sinne zu sein.

Aber ich wollte ja nie sterben! Damals, nachdem ich eine Arztpraxis gefunden hatte, in der man mich notdürftig zusammenflickte, nahm ich mir ja durchaus vor, von nun an achtsamer zu schneiden. Und auch, in den kommenden Wochen nur langärmlige Kleidung zu tragen, damit man meinen Unfall nicht sieht.

Hätte ich nicht am Leben bleiben wollen, hätte ich mich nicht von allein immer wieder in Therapie begeben. Mich sogar selbst einweisen lassen, wenn ich zu große Angst vor mir selbst hatte. Oder vor dem, was ich mir antat. Aber solange mein Leben war, wie es war, hielt ich es einfach auch nicht aus. Es war, wie wenn schreckliche, Kopfschmerzen verursachende Musik im Hintergrund läuft – und man merkt es zu spät. Oder wie wenn der Staubsauger über Stunden an ist, und es rauscht und rasselt, und es hört einfach nicht auf. Ich habe Erlösung davon gesucht. Es sollte anders sein, als es ist. Ich habe nach diesem Gefühl gesucht, das sich einstellt, kurz nachdem der Staubsauger ausgegangen ist. Nach der Ruhe und nach Leichtigkeit.

Mit neun Jahren bin ich das erste Mal zu einer Familienberatungsstelle gegangen, weil ich mich vor mir selbst erschrocken habe. Ich hatte ganz stark das Gefühl, ich gehöre nicht zu meiner Familie, überhaupt in diese Welt. Ich kam mir vor wie ein Alien – unverstanden, hilflos und so schweinewütend auf alles und jeden. Ich hatte Angst, einzuschlafen und nicht mehr aufzuwachen. Ständig fühlte ich mich bedroht und ängstlich – das nennt man frei flottierende Angst, habe ich viele Jahre später in meinem Psychologiestudium erfahren. Ich dachte, mit mir stimme etwas nicht. Ich habe mich damals schon sehr intensiv mit Leid jeder Art auseinandergesetzt. Ich habe viel geweint, viel über den Tod nachgedacht. Die ganzen Ölquellen, die brannten, und die Kinder in Afrika, die nichts zu essen haben, das alles hat mich fertiggemacht. Dabei habe ich solche kurzen Sequenzen nur in den Nachrichten gesehen. Die Bilder brannten sich ein und waren nicht mehr fortzukriegen. Das war für mich alles ganz schlimm. Ich habe damals schon viel darüber nachgedacht, mir das Leben zu nehmen, weil ich so unendlich traurig war und anders und verloren.

*Natürlich habe ich gemerkt, dass Katrin oft traurig war, dass sie alles schwernahm, richtig krank war vor Traurigkeit. Sie hat ja auch andauernd geweint. Ich musste mir irgendwann etwas überlegen, damit sie mit den Themen, die sie so sehr einnahmen, abschließen konnte. Wir haben zum Beispiel die Liebesbriefe ihrer Freunde und auch deren Geschenke im Garten vergraben, wenn die Beziehung zu Ende ging. Sie konnte anders einfach nicht abschließen, ihre Gefühle und Gedanken drehten sich im Kreis und fanden keinen Abschluss. Darum habe ich mir dieses Abschiedszeremoniell überlegt, bei dem all die Emotionen in den Habseligkeiten irgendwie eine Form fanden und in ein Grab fortgegeben werden konnten. Ich hoffte, das wäre für sie, als gäbe sie ihren Schmerz weg, zumindest ein bisschen. Sie hat dabei auch geweint und ihren Frust abgelassen. So, wie wenn man trauert, was ja heilsam ist. Danach schien es ihr immer etwas besserzugehen.*

*Trotz alledem dachte ich aber auch immer, sie würde wunderbar durchs Leben kommen, denn sie war auch sehr durchsetzungsstark. Was sie nicht mochte, das hat sie auch nicht gemacht. Sie hat Abendessen nicht gegessen. Oder den Gästen nicht guten Tag gesagt, nicht die Hand gegeben.*

*Sie wollte nicht zur Geburtstagsfeier manch einer Schulkameradin gehen. Und natürlich nicht ihr Zimmer aufräumen. Einerseits dachte ich mir: Die will das nicht, also macht sie es nicht, toll! Andererseits habe ich es oft nicht verstehen können. Auch, dass sie sich selbst Schönes vergibt, wie wenn sie zum Beispiel nicht zu einem Geburtstagsfest ging.*
*Ich dachte einfach, ich habe ein besonderes Kind.*

Das erste Mal habe ich mich mit 13 oder 14 Jahren geritzt. Das habe ich gar nicht geplant. Ich war bei Freunden und habe einfach ein Messer genommen und bin mir damit über den Arm gefahren. Die waren alle total schockiert, und genau das hat mich amüsiert. Dass die alle damit nicht klarkamen. Diese Aufmerksamkeit hat mich schon auch süchtig gemacht. Als die dann irgendwann, nach ein paar Jahren, alle gelangweilt waren und keiner mehr reagiert hat, wollte ich es lassen – habe es aber nicht geschafft.

*Furchtbar. Es war ein Alptraum. Heute weiß ich, dass sie wollte, dass man es sieht. Dass es genau darum ging. Aber damals sah ich nur, dass mein Kind sich systematisch selbst zerstörte, selbst verletzte. Und Katrin sagte ja auch immer: »Ich bring mich um! Ich bring mich um!«*

Heute, nach 15 Jahren Therapie und meiner Ausbildung, weiß ich: In diesen Momenten war ich in meinem Kind(er)-Ich. Das ist ein ganz unreifer, absolut abhängiger Teil von mir, ganz klein, todtraurig und einsam. Ein Teil, der sich durch viele blöde Situationen in meiner Kindheit nicht ordentlich entwickeln konnte und mich immer noch, selbst als Teenie und als junge Erwachsene, in existenzieller Angst und Hilflosigkeit gefangen hielt. Es ging mir schlecht, ganz ohne Anlass. Und ich wusste mir nicht selbst zu helfen. Also wandte ich mich an Mama in meiner Not. Die sollte mich retten.

*Was ich natürlich auch oft versucht habe.*

Ja, hat sie. Ganz schlimm. Ich habe auch ganz lange gekifft, um all das in mir zu betäuben. Bis zu 17 Joints am Tag. Mama ist nachher sogar hingegangen und hat meinen Dealer bezahlt, weil ich Schulden hatte. Damit ich abschließen kann, hat sie gesagt, und mich mit dem Versprechen, dass das nicht mehr passiert, davonkommen lassen. Das war eine Katastrophe.

*Ich wollte mein Kind natürlich vor Ärger und Problemen bewahren. Und musste selbst erst einmal für mich herausfinden, was hilft und was vielleicht zu viel des Guten ist.*

Eine Essstörung hatte ich auch. Das hat mit zwölf Jahren angefangen, und damit bin ich auch noch nicht ganz durch. Wenn ich Stress habe, kann das schon noch vorkommen, dass ich einkaufen gehe und viel esse, um mich dann bewusst danach zu übergeben. Seit mehr als 20 Jahren geht das so. Die Abstände werden aber immer größer. Ich bin einfach nach allem süchtig geworden, was mir irgendwie Erleichterung verschafft, mich aus meiner Angst und meinem inneren Druck geholt hat. Ich bin süchtig nach dem Ritzen geworden, weil es sich immer anfühlte, als sei mein Körper zu eng für diese vielen Gefühle. Ich musste den aufmachen. Es war wichtig, dass Blut rauskommt. Als wenn die Seele nicht reinpasste, die zu groß ist, und alles war zu voll, es war einfach alles zu eng.

*Dieses Zuviel von allem, das führte auch dazu, dass Katrin sich später mit anderen Drogen und Alkohol betäubte. Ich hatte auch deshalb natürlich schreckliche Angst, und die Tatsache, dass ich immer für sie da war, vielleicht zu viel für sie da war, hatte auch damit zu tun, dass ich immer dachte, es liege an mir. Dass sie mich meint in ihrer ganzen Traurigkeit und mit ihrer Wut.*

Das Problem war, dass ich keine Grenzen kannte. Meine Mutter hat mir keine Grenzen gesetzt, und im Naturell meiner Krankheit liegt es,

Grenzen auszutesten und andere zu manipulieren und extra nochmal über deren Grenzen drüberzugehen. Was aber unter alldem liegt, ist diese umgreifende Angst. Vor allem und immer. Und vor lauter Angst werden wir eklig, also aggressiv. Obendrüber liegt Aggressivität, aber eigentlich haben wir Angst. Das muss man aber erst einmal verstehen. Als Angehöriger. Aber eben auch als Betroffene, sich selbst zu artikulieren. Das habe ich auch nur mühevoll durch meine vielen Therapien gelernt.

*Katrin ist immer von allein in Therapie gegangen, das fand ich immer klasse.*

Ja, dieses rasende Bedürfnis, herauszufinden, was mit mir nicht stimmt, was die Ursache für all das war, diesen auch schon fast süchtigen Drang nach Information über die möglichen Hintergründe all dieses Leids, das hatte ich schon ganz früh. Ich wollte das unbedingt verstehen. Aus purem Leidensdruck bin ich immer und immer wieder in die Klinik und zur ambulanten Therapie oder habe die Seelsorge angerufen.

*Und da habe ich sie natürlich auch unterstützt, bin da mit hingegangen. Ich habe sehr an mir gezweifelt und zerbrach mir den Kopf, was ich nur falsch gemacht habe. Und einmal war ich zum Familiengespräch bei Katrins damaliger Therapeutin, und ich rätselte wieder und fragte die Psychologin unter anderem, ob die Wut etwas Frühkindliches sein könne. Sie war nämlich so schnell geboren worden, dass sie zwei Wasserblasen am Kopf hatte, und einer meiner ersten Gedanken war gewesen: Das ist mein Kind? Sie sieht aus wie ein Teufel. Es war keine Ablehnung, nur Irritation im ersten Augenblick. Und ich dachte später dann wirklich, vielleicht habe ich Katrin durch diesen Moment, durch meine Reaktion nach ihrer Geburt, beschädigt. Man macht sich ja die größten Vorwürfe! Diese Therapeutin konnte mir nicht weiterhelfen. Aber sie hatte nichts Besseres zu tun, als meiner Tochter zu erzählen, was ich ihr anvertraut hatte. Und mein Kind schrieb mir dann einen fürchterlichen Brief, in dem all ihr Schmerz zum Ausdruck kam. Und sie machte mir wahnsinnige Vorwürfe, behauptete, dass ich sie als Säugling nicht hatte lieben können. Wie kannst du nur! Was bist du für eine Mutter! Ich bin dir nichts wert! Und dergleichen. Sie hat mir das Herz zerrissen, denn es gab natürlich, neben Katrins Schwester Miriam, keinen Menschen auf der Welt, der mir mehr bedeutete als Katrin. Jeder hat wohl damit zu kämpfen, wenn die Liebe, die man empfindet, beim anderen nicht ankommt. Aber wenn es das eigene Kind ist, und wenn das, ganz im Gegenteil, diese tiefe Liebe und die Sorge und all die Mühen um sein Wohl auch noch als das genaue Gegenteil interpretiert, dann hält man das kaum aus.*

*Heute weiß ich, dass man diese Geschichte so interpretieren kann, wie Katrin es damals tat – wenn alles immer mit einer Zehnerpotenz empfunden wird.*

Das habe ich heute als Bild für meine vielen Empfindungen. Ich sage immer: Das Leben von uns Borderlinern sieht aus wie bei allen anderen auch, nur, dass wir alles zehnmal intensiver und somit auch bedrohlicher empfinden – in der Folge fallen auch die Lösungen, die wir für unsere Probleme suchen, oft extremer aus. Dabei werden wir, nur um rasch einen Spannungsabbau erreichen zu wollen, mitunter auch destruktiv. Später habe ich bei einem Verhaltenstherapeuten mal den treffenden Spruch gehört: Borderliner haben einen Ferrari unterm Hintern und andere eine Ente. Da ist viel Wahres dran. Borderline ist unterm Strich aber eine Beziehungsstörung. Auch in der Beziehung zu sich selbst. Eine sogenannte Ich-Schwäche. Es ist bis heute noch so, dass ich mich an meinem Mann orientieren muss, weil ich sonst nicht weiß, wo ich stehe, wo ich hinwill, was mich treibt. Ich bemerke das auch im Austausch in den Selbsthilfe- und Angehörigengruppen, dass viele andere auch das Gefühl für sich selbst nicht haben. Wir wissen nicht, wo die eigenen Grenzen sind. Wo ich aufhöre und der andere anfängt. Dafür brauche ich ein starkes Gegenüber. Eins, das seine Grenzen immer klar zieht und an dem ich mich dann orientieren kann. Das ist bis heute geblieben. Darum denke ich auch, dass Borderline nicht wirklich heilbar ist. Man kann aber lernen, damit umzugehen. Selbsttröstend sein, Innere-Kind-Arbeit machen. Mitfühlend mit sich selbst werden, dass man dieses Urvertrauen, das andere Menschen haben, nicht hat.

*Mir ist erst klar geworden, dass meine Tochter Borderline hat, als sie es mir selbst sagte. Sie hatte gerade ein Buch gelesen, »Hans, mein Igel« hieß das, glaube ich, über Borderline. Da war sie etwa 13 oder 14 Jahre alt.*

Ich erinnere das anders. Wir waren gemeinsam bei einer Familienberatungsstelle, und die Frau dort hatte den Verdacht, dass ich eine Borderline-Persönlichkeitsstörung habe. Und die hat dieses Buch empfohlen. Ein Buch über das Hans-mein-Igel-Syndrom. Das habe ich gelesen und war total erleichtert, dass ich offenbar nicht als Einzige bescheuert bin.

*Nur reicht das Wissen um die Krankheit nicht aus, um sie zu besiegen. Das weiß ich heute auch, denn Katrin und ich leiten gemeinsam Selbsthilfegruppen für Borderliner und ihre Angehörigen in Berlin. Und auch da wird immer wieder deutlich: Mindestens so sehr wie bei anderen Süchten auch ist bei Borderlinern, die ja eben ständig Mein und Dein durcheinanderbringen und konkret Grenzen austesten und auch überschreiten, die ganze Familie gefragt.*
*Als klar wurde, woran Katrin leidet, habe ich nur noch mehr nach meiner Schuld gesucht. Ich habe intensiv gegraben, und sogar in der Supervision, die ich berufsbedingt machen musste, oft darüber gesprochen. Aber ich habe auch gemerkt, dass ich nie an den Kern gekommen bin. Alle haben immer gesagt: Du bist nicht schuld, du kannst nichts dafür. Aber ich habe das anders gesehen. Bei einer Ehescheidung ist auch nicht nur einer schuld und der andere nicht. Es muss irgendwas geben, dass wir immer aneinandergeraten und nicht miteinander klarkommen.*

Das mit den fehlenden Grenzen zu Hause, das hatte auch mit der Vergangenheit meiner Mutter zu tun. Diese Vergangenheit führte dazu, dass sich Mama immer in die Opferrolle begeben hat. Ganz besonders dann, wenn ich Grenzen gesucht habe. Da bekam sie Atemnot, gab sich mehr als Opfer denn als Mutter, die mir was zu sagen hat. Und ich habe mich dann schuldig gefühlt, dass es ihr so schlecht geht. Weil ich mich nicht benehme. Das war eine Katastrophe.

*Ich war so kraftlos. Ich hatte mit mir so sehr zu tun.*

Mama war depressiv und sagte auch oft, wenn sie überfordert war, dass sie sich einen Strick nehmen und sich umbringen könnte. Und im Kleinkindalter denkt man, dass man selbst dann schuld ist. Hinzu kam, dass mein Vater mich verraten hat, so empfinde ich es zumindest. Er war immer gelassen, grenzte sich gut ab, verlor selten die Fassung – ja, er war mein Held. Bis er, ich war 14 oder 15, einen Job annahm, der ihn sechs Monate in Konstanz band. Das fühlte sich für mich an, als würde er mich mit einer Schwester allein lassen, die von mir genervt war. Und mit einer Mutter, von der ich immer meinte, sie will sich wegen mir umbringen. Ich habe Mama auch öfter umarmt, und sie hat mich nicht zurückumarmt. Viele meiner Zuwendungen verliefen im Sande. Das war so, wie wenn du jemand an die Hand fasst und derjenige fasst nicht zurück. Ich hätte mehr gebraucht, dass man mir zeigt, dass man mich liebt.

*Dieses Mutig-Sein in einem diktatorischen Regime, dabei vergibt man so viel Kraft, dass man dann nichts mehr für sich selber übrig hat. Dadurch wird man schwach und hofft, dass andere einen auffangen. Sosehr ich politisch stark war, so erschöpft war ich privat und habe verpasst, dass ich mein Leben selbst im Griff haben muss. Mir war ganz oft so, als wenn mir jemand eine Nadel ansetzt und meine ganze Energie entweicht. Wie aus einem Ballon die Luft. Das war im Streit mit meiner Tochter so der Fall oder auch im Beruf. Ich bin immer mit Angst zur Arbeit und habe gehofft,* dass ich niemanden an die Partei verpetzen muss. Dieses System, in dem man sich gegenseitig beobachtet und ausliefert, das hat mich fertiggemacht. Das war meine ganze Jugend über so und hat sich dann festgesetzt, bis endlich, endlich, endlich 1989 die Mauer fiel.

Heute verstehe ich das total, wieso es Mama so schlecht ging. Heute weiß ich, das SED-Regime hat sie drangsaliert und krankgemacht. Aber damals als Kind wusste ich das nicht.

*Ich bin 1953 geboren. Als Sechsjährige, das weiß ich wie heute, war ich in Westberlin und habe mir wunderschöne Petticoats in einem Schaufenster angesehen. Plötzlich war die Mauer da, genau nach meiner Einschulung. Meine Eltern spielen natürlich eine Rolle dabei, wie ich mich dann, nach der Schließung der Grenzen, verhalten habe. Mein Vater war ein ganz Schlauer, der kam aus dem Krieg und ließ sich leider in den Osten versetzen, weil seine Eltern hier lebten. Mein Großvater wiederum hatte einen Betrieb aufgebaut unter dem Aspekt, dass mein Vater den weiterführen kann. Das war ein Fuhrbetrieb mit Pferden. Mein Vater erhielt unterschiedliche Jobangebote in der DDR, er war gelernter Kaufmann. Aber keinen davon hat er angenommen, und er hat mir auch erklärt, wieso: weil er in diesem System nicht abhängig sein wollte. Darum hat er den Fuhrbetrieb bis zu seinem Tod weitergemacht, obwohl wir dadurch sehr wenig Geld hatten und er uns gerade so durchbekommen hat. Aber meinem Vater war die Freiheit nun mal mehr wert. Er war mir in vielem ein Vorbild und hat so viel Kraft ausgestrahlt und mir auch immer wieder Mut gemacht, zu rebellieren. Zum Beispiel hatten wir in der Schule eine vormilitärische Ausbildung, und ich habe meinem Vater gesagt: Ich will kein Gewehr anfassen, was soll ich tun? Und da hat er gesagt: Entweder du nimmst das Ding und schießt dem Lehrer in den Fuß. Oder du lässt es einfach. Das habe ich dann auch gemacht. Ich habe das Gewehr nicht angefasst. Dann mussten wir mit dem Schulrektor sprechen, wieso nicht. Ich habe erklärt: Mein Vater war im Krieg, und ich bin Pazifist und möchte das nicht. Da war ich neun Jahre alt.*

*Ein anderes prägendes Erlebnis war 1970, als Jimi Hendrix starb. Freunde und ich sind mit Trauerbändern über den Schulhof gelaufen – und wurden dann der Schule verwiesen, weil wir das gemacht haben. Ich hatte einfach immer Herzklopfen, schon als Kind. Aber ich wollte es auch nicht lassen. Ich wollte einen freien Willen. Dann kam meine Pubertät. Zu der Zeit habe ich mein Schlupfloch in der Jungen Gemeinde gefunden, also in der Religion. Dort habe ich schnell eine Führungsrolle übernommen, und der ganze FDJ-Jugendclub kam zu uns in die Junge Gemeinde, weil wir so viele tolle Sachen gemacht haben, zum Beispiel haben wir Buchlesungen gemacht, uns mit der Mao-Bibel beschäftigt, auch Feten haben wir gefeiert. Wir hatten sogar Patengemeinden aus Westberlin und Westdeutschland, die mit uns auch Reisen organisiert haben, die wir sonst nicht hätten zahlen können. Das war dem Staat natürlich ein Dorn im Auge.*

*Während meiner Berufsausbildung zur Ökonompädagogin, einer Ausbilderin für Verkaufspersonal, wurde ich eines Tages sogar von der Stasi abgeholt. Sie wollten angeblich von mir wissen, wieso ich im Rahmen der Jungen Gemeinde Feste feiere, ohne es offiziell anzumelden. In Wirklichkeit wollten die wissen, wer da noch hingeht. Gott sei Dank hatte ich einen Klassenlehrer, der meinen Großvater kannte, und der mich total beschützt hat. Sonst wäre ich vielleicht von der Schule geflogen und hätte meinen Abschluss nicht machen können. Denn ich musste zum Direktor der Schule und zum Chef der Firma, bei der ich ausgebildet wurde, mich erklären. Und zum Polizeipräsidium, wo zehn Polizisten saßen und wissen wollten, wieso ich an Gott glaube. Das war Psychoterror. Es ging mir unglaublich mies. Ich hatte immer Horrorvorstellungen von dem, was mir passieren könnte, wenn ich weiter war, wer ich bin.*

*1976 kam meine erste Tochter Miriam zur Welt. Von dem Vater trennte ich mich allerdings noch während der Schwangerschaft. Der Vater von Katrin, den ich kurz nach Miriams Geburt auf einer Party kennenlernte und mit dem ich bis heute verheiratet bin, ist also nicht ihr Vater – und ich weiß wirklich nicht, ob das der Grund ist, wieso die beiden so unglaublich verschieden sind ...*

Für mich, Miriam, war das Leben in der DDR, auch das meiner Mutter, nie ein großes Thema. Ob das Auswirkungen auf mich und die Familie hatte, kann ich gar nicht sagen. Ich war ein Kind, und alles war für mich heile Welt. Sicher lag das aber auch daran, dass ich eine Lehrerin hatte, die mit einem Schauspieler verheiratet war, der viel in der Welt umhergereist ist. Sie war total entspannt und hat mich auch nicht verpetzt, als ich einmal ganz stolz erzählte, dass wir zu Hause Spiele aus dem Westen spielten, zum Beispiel Scotland Yard.

*... und dass beide Kinder das alles so unterschiedlich in Erinnerung haben.*

Mama kam schon oft mit Tränen in den Augen nach Hause, das weiß ich doch. Aber darüber habe ich mir nach dem Mauerfall keine Gedanken mehr gemacht. Meine Schwester Katrin und meine Mutter haben, was Therapie anbelangt, aber auch eine ganz andere Erfahrung als ich. Sie tauchen viel mehr in die Vergangenheit ein, haben auch mehr gemeinsam durchgestanden. Was ich allerdings schon sehe, ist eine Verbindung hin zur Oma mütterlicherseits, meiner Mutter, ihrer Schwester, und zu mir. Ich sehe da Parallelen. Wir sind alle sehr zurückhaltend, sowohl im Umgang mit anderen Menschen als auch bei dem, was wir wollen. Ich denke, wir können uns selbst nicht gut wertschätzen, keine von uns. Und wir sind jede auf ihre Art recht eigen.

*Meine Mutter, also die Oma meiner Töchter, war, glaube ich, sehr depressiv. Was ich auch verstanden habe. Sie war im Kinder- und Jugendalter im Krieg. Ich bin mir nicht klar darüber, was sie während dieser Zeit alles erlebt hat, darüber wurde nicht gesprochen. Ich habe sie aber oft weinen sehen, und sie hat sich immer in die Einsicht der Notwendigkeit gefügt. Genauso habe ich das später in Bezug auf meine Familie auch getan. Und genau wie Katrin deshalb wütend auf mich wurde, weil ich immer alles tat, was sie mir abverlangte, immer über meine eigenen Grenzen ging für andere, genauso hat mich das damals wütend auf meine Mutter gemacht. Zugleich habe ich mich immer schnell verantwortlich gefühlt: Ich bin als Kind einkaufen gegangen, habe das Häuschen sauber gehalten. Das ist die Rolle, in die Miriam gerutscht ist, obwohl ich sie da immer vor bewahren wollte.*

**Die Verbindung zu meiner Oma kommt auch daher, dass ich die ersten vier Jahre meines Lebens bei ihr lebte, weil meine Mama noch in der Ausbildung war.**

*Ich war erst 23, als Miriam geboren wurde, und musste mich noch als alleinerziehende Mutter und auch im Job zurechtfinden. Ich hab gelitten wie Hund, dass ich sie nicht immer bei mir hatte. Aber ich wusste sie bei meiner Mutter gut versorgt. Als meine Kleine dann drei Jahre alt war, fand ich, sie könne jetzt bald in die Kita – und endlich zu mir zurück. Dabei habe ich aber nicht an meine Mutter gedacht. Und auch nicht an meine Tochter, wenn ich das im Nachhinein so bedenke. Die haben beide unter der Trennung gelitten. Vor allem mein Kind, das die Welt nicht mehr verstand. Plötzlich sah sie die Oma nur noch am Wochenende. Ich glaube, dass Miriam wegen alldem von damals heute noch Schwierigkeiten mit Abschieden hat. Und sie hasst Veränderungen.*

**Jetzt eigentlich hätte ja die Zeit kommen sollen, wo meine Mutter für mich da war. Aber dann kam auch schon meine Schwester Katrin, und das ist für mich das eigentliche Thema. Bis heute. Meine Schwester hat meine Mutter ja schon in ihrem Bauch ganz für sich beansprucht. Meine Mutter musste liegen. Und ich musste, von Anfang an, zurückstecken. Das trage ich bis heute mit mir rum.**

*Dabei habe ich immer so aufgepasst. Zum Beispiel, dass mein Mann mit beiden Kindern gleich umgeht. Ich dachte, ich muss Miriam beschützen vor dem Mann, der nicht ihr leiblicher Vater ist. Dass der nicht ungerecht ist, zum Beispiel. Ich habe mich sogar manchmal auf die Lauer gelegt, um zu beobachten: Wie geht er mit der Kleinen um und wie mit der Großen? Das hat natürlich auch etwas mit der Beziehung, aber ich glaube, auch etwas mit meiner großen Tochter gemacht.*

Davon habe ich gar nichts gemerkt. Der Vater meiner Schwester ist auch mein Papa, das war immer so. Ich weiß gar nicht, ob mein leiblicher Vater noch lebt, und obwohl ich manchmal darüber nachdenke, habe ich mich auch nicht um Kontakt zu ihm bemüht. Was mich viel mehr prägt als dieses Thema, ist, dass ich immer das Gefühl hatte, dass meine Schwester bei allem den Vorrang hat. Ich denke schon, dass meine Mutter den Versuch gemacht hat, alles auszugleichen. Und ich denke auch, dass das nicht ganz einfach war. Aber jetzt bin ich erwachsen und bemerke: Ich habe mich verantwortlich gefühlt, ich war die große Schwester, ich wusste um das Problem von Katrin und wollte nicht auch noch Probleme machen. Darum habe ich mich selbst total zurückgenommen und wurde deshalb auch immer übersehen.

*Miriam hat natürlich meine Reaktionen auf Katrin immer gesehen, dass ich entsetzt war über viele Dinge, die Katrin so veranstaltet hat. Dass ich einfach müde und am Rande meiner Kräfte war. Und Miriam benahm sich dann extra gut. Dachte: Du kannst Mutti nicht noch mehr belasten. Ich glaube, das ist die Rolle, die ich als Kind hatte und die ich an Miriam leider weitergegeben habe.*

Wenn man mich heute fragt: Ich kann mich an konkrete Vorfälle mit Katrin nicht mehr erinnern. Bei meiner Schwester war es ja zeitweise so heftig, dass sie in die Klinik musste, weil es kurz vorm Ende war. Davon weiß ich aber nichts mehr. Da ist ganz viel ausgeblendet. Das ist meine Überlebensstrategie. Wenn im Kindesalter etwas ganz Extremes passiert, kann man das als Kind verpacken und abspalten. Aber irgendwann kommt es wie ein Bumerang zurück. Das habe ich im Lauf meiner Therapie verstanden. Ich habe auch eine Therapie angefangen, aber längst nicht so intensiv wie Katrin.

*Erst als Miriam viel später irgendwann, da war sie schon erwachsen und selbst Mutter, sagte, dass sie unter Panikattacken leidet, da wurde mir so richtig bewusst, dass auch an ihr all die Jahre nicht spurlos vorbeigegangen waren.*

Ich habe manchmal Angstzustände. Bin in dem Sinne also auch krank, nur sieht man mir das so nicht an. Und ich bin auch jemand, das muss ich zugeben, der seine Probleme eher mit sich selbst ausmacht. Ich rufe eigentlich nie meine Mutter oder irgendjemand anderen an, wenn es mir schlecht geht. Meistens kommt die Angst beim Autofahren hoch. Ich drücke die dann schnell weg, denn hinter dem Lenkrad muss ich ja funktionieren. Ich weiß aber auch: Ich kann das nicht immer zur Seite schieben, die Angst kommt sonst immer noch schlimmer zurück. Ich muss da auch mal rein mit voller Wucht, so weh das tut. – Bislang habe ich immer eher gern nach vorn und nicht wieder zurückgeschaut. Mir lieber etwas Eigenes aufgebaut und einfach weitergemacht. Das war auch oft gut so. Als ich mit 20 Jahren zum Studieren nach Osnabrück ging, kam etwas Distanz zwischen mir und meiner Schwester Katrin und meinen Eltern auf. Wir sind im Kontakt geblieben, aber ich habe dann auch meinen jetzigen Mann kennengelernt, und ich glaube, es war gut, dass ich mich auf uns konzentriert habe.

*Etwa zu dieser Zeit, als Miriam in Osnabrück war, fing für mich die schrecklichste Phase an. Die Mauer war gefallen, Deutschland vereint, der Druck und die Angst im beruflichen und politischen Umfeld wurden weniger. Aber was Katrin anbelangte, so wurde es alles nur immer noch schlimmer. Das war jene Zeit, in die die Überdosis und die Situation nach der abgebrochenen Kur in Bayern fallen. Sie war vorher ausgezogen – und auf sich allein gestellt, obwohl sie doch so krank war. Die Angst um sie, die*

*Hilfeschreie, die sie mir auch ihrem Auszug zum Trotz jeden Tag, ja, jede Nacht zukommen ließ, die haben mich über die Grenzen des Erträglichen gebracht. Ich hatte fürchterliche Sorge um das Leben meiner Tochter. So sehr, dass ich selbst in gesundheitliche Probleme geriet. Es waren die schlimmsten Jahre für mich.*

Ich bin mit 17 ausgezogen, nach meinem dritten Psychiatrieaufenthalt, weil ich dachte, ich kann zu Hause nicht gesund werden. Ich bin in meine erste Wohnung gezogen und habe von meinen Eltern verlangt, dass sie die bezahlen, was sie auch gemacht haben.

*Dann fing das an, dass sie nachts angerufen hat, völlig verzweifelt, irgendwo. Sie hat am Telefon nur geweint, und ich konnte einfach nicht herausfinden, was los ist und wo sie überhaupt steckt. Ein Klingelton, und ich saß senkrecht im Bett. Sie stand dann völlig neben sich. Ich bekam nichts aus ihr heraus. Sie sagte nur, sie bringt sich um. Und weinte: Der und der habe das und das zu ihr gesagt. Und dass sie nun auf der Straße steht und nicht weiß, wohin.*

*In schlimmen Situationen, wenn ich einfach nicht mehr konnte, hat mein Mann mich auch oft ersetzt. Nur durch Augenkontakt wusste er, dass er gefragt war. Das hat mich entlastet. Was mir aber fehlte, war die Aussprache mit ihm. Er wollte viel lieber seine Sorgen und auch Freuden mit sich ausmachen. Für mich blieb oft das Gefühl, dass er mein Verhalten nicht mochte oder Heimlichkeiten vor mir hatte. Warum sagt er nicht, was er denkt?, war immer meine Frage, auch unausgesprochen.*

*Mit der Zeit habe ich physisch dermaßen auf diese nächtlichen Notanrufe von Katrin reagiert, dass meine linke Seite, von der Schulter bis zum Ohr, wo ich immer das Telefon hatte, jedes Mal ganz steif wurde. So heftig, dass ich danach immer eine Woche lang zur Physiotherapie musste. Mit der Zeit habe ich ganz bitterlich gelernt, das Gespräch so zu führen, dass ich Katrin immer eine Möglichkeit zur Hilfe biete: Ruf den Krisendienst an, ruf die Seelsorge an, fahr mit der S-Bahn und komm her. Sicherlich war sie in diesen Nächten bekifft und betrunken.*

In diesen Nächten, in denen ich anrief, war ich in meinem Kinder-Ich. Da habe ich mich verlassen und allein gefühlt, bin einfach in diese Krisen reingerutscht, manchmal ohne konkreten Anlass, und wollte, dass Mama mich tröstet. Das Mädchen in mir war allein, und anstatt mich darum zu kümmern, habe ich meine Mutter angerufen. Damals habe ich immer noch von außen Halt gebraucht, meine innere Instabilität kompensiert, indem ich Sicherheit im Außen suchte. Ich brauchte jemanden, der meine Krise regelt, weil ich dazu selbst nicht in der Lage war. Zugleich habe ich meine Eltern dafür verantwortlich gemacht, dass es mir so schlecht ging.

*Ich konnte anfangs gar nicht herausfinden, wie ernst es war. Aber irgendwann war mir klar: Sie muss erwachsen werden, sie muss für sich selbst herausfinden, was richtig und wichtig ist, und für sich merken: Wann bin ich in wirklicher Not und wann nicht? Für sie war diese Not real, sie hat gelitten. Aber ich konnte sie einfach nicht retten. Irgendwann war auch der Punkt erreicht, an dem ich dachte: Meine Akkus sind alle, ich kann nicht mehr. Damals war Katrin schon etwa 15 Jahre lang so krank.*

*Und ich begann zu kapitulieren. Und zu denken: Wenn mein Kind sich nun umbringen will – das ist ja die Urangst, gerade bei Borderlinern –, dann muss es so sein.*

*Eines Tages saß ich mit einer Kollegin zusammen, und ich sagte es ihr ganz genauso: Ich kann nicht mehr. Und wenn mein Kind sich nun umbringen will, dann soll es so sein. Meine Kollegin riet mir, ich solle zum Chef gehen und ihm sagen, wie schlecht es mir geht. Ich denke, sie hat aber erwartet, dass ich das nicht mache, weil ich immer die Starke war, ich habe immer weitergemacht, egal, was vorgefallen war. Ich bin aber tatsächlich hin, und er hat gesagt, ich solle sofort aufhören zu arbeiten und ab zum Arzt. Der hat einen Burn-out diagnostiziert und mir eine Nummer von einer Psychologin gegeben, die hatte auch direkt Zeit. Das war seltsam, plötzlich hatten alle Zeit für mich!*

Heute bin ich 36 Jahre alt, seit etwa 15 Jahren geht es mir besser. Das war ungefähr der Zeitraum, in dem meine Mutter angefangen hat, sich um sich selbst zu kümmern. Und ich um mich selbst. Da habe ich angefangen, Verantwortung für mich selbst zu übernehmen. Das war ein Prozess, der mit der Therapie einherging. Ohne Therapie wäre ich so weit nicht gekommen, würde da immer noch sitzen. Ich habe insgesamt 15 Jahre Therapie gemacht. In dieser Zeit habe ich mir mühselig zum Beispiel einen Notfallkoffer erarbeitet, eine Reihe von Möglichkeiten also, mir selbst zu helfen, wenn es in mir tobt: Darin ist etwas zum Schreiben, denn durch das Schreiben verarbeite ich sehr stark. Und darin ist mein innerer, sicherer Ort. Das ist eine Methode der Psychotherapie, die Installation eines inneren sicheren Ortes, an den man sich dann gedanklich zurückziehen kann, wenn es einem schlecht geht. Das kann eine Insel sein, die Badewanne oder ein erfundenes Land. Ich habe außerdem die Weise in mir kennengelernt, die sich mit der Kleinen in mir unterhalten kann. Auch das ist eine bestimmte Technik der Therapie, ein Persönlichkeitsmodell, das die Pluralität des menschlichen Innenlebens verbildlicht. Angefangen hat es mit dem todtraurigen, einsamen und hilflosen inneren Kind, dem ich begegnet bin. Mit der Kontaktaufnahme habe ich das Kind weggeholt und an den sicheren Ort gebracht, der extra gebaut wurde in der Therapie. Dann kamen die anderen inneren Mädels. Viele waren es über die Jahre, die Mädels stehen allesamt für meine Kompetenzen. Ich habe sie mir alle erfunden und ihnen bestimmte Fähigkeiten, die ich in Extremsituationen brauche, zugeordnet. Je schlimmer eine Situation im Außen war, desto mehr von ihnen kamen zusammen. Wie ein Team. Das heißt auch: Innere-Team-Arbeit. Übrig geblieben ist nach all den Jahren eine alte weise Frau und eine Jugendliche, die mit ihrem Walkman dasitzt und aufs Meer guckt. Ich sage immer: Ich fühle mich nicht mehr leer, seit ich meine Mädels getroffen habe. Das ist super.

*Bedingt durch meinen Burn-out habe ich dann auch eine vierjährige Psychoanalyse angefangen. Danach bekamen Katrin und ich den Dreh raus. Ich weiß nicht, was da passiert ist. Aber seitdem kann ich wesentlich besser mit all den Dingen umgehen und bin total dankbar, dass ich mich wieder mit meiner Tochter unterhalten kann.*

Wir haben eine zweite Chance bekommen, weil meine Mutter sich um sich gekümmert hat. Und ich mich um mich. Und weil wir über alles miteinander geredet haben. Zum Beispiel auch über die blöden Erfahrungen, die ich in meiner Kindheit gemacht habe. Neben der Depressivität meiner Mutter war das zum Beispiel die Zeit in der fünften und sechsten Klasse. Da gab es einen Jungen, der hat an einem Tag Steine nach mir geschmissen, am nächsten Tag Rosen gebracht. Dann hat er mir zwischen die Beine gegriffen, am nächsten Tag hat er mich in einem Raum eingesperrt. Am übernächsten Tag ist er mir auf dem Weg nach Hause die ganze Zeit nachgelaufen und hat sich an mir gerieben. Es war furchtbar, ich wurde den einfach nicht los. Aber genau diesen Jungen hat meine Mutter dann auch noch immer zu uns eingeladen. Sie meinte, der kann nichts dafür, wie er sich verhält. Er ist Waise, das ist ein Heimkind, ich sollte mal Verständnis für den armen Jungen haben. Zwei Jahre lang ging das so, und ich habe mir immer gewünscht, mein Vater könnte den vermöbeln. Aber es gab immer nur Gespräche. Ich habe mich dann auch nicht mehr gewehrt, sondern Verständnis gehabt und getan, was er wollte. Und ich denke, das hat auch den Weg geebnet, dass ich mich dann verhalten habe, wie ich es getan habe. Ich habe mich auch später oft benutzen lassen, weil ich dachte, das muss so sein. Ich muss das machen, weil der andere mir leidtun muss – und der kann nichts dafür, dass er jetzt zum Beispiel mit mir schlafen will und ich habe keine Lust. Darum mache ich das mit.

*Es war mir von Anfang an klar, dass ich auch an mir, meinem Verhalten und meiner Sicht der Dinge irgendetwas ändern musste. Ich wusste lange*

Zeit aber nicht was und nicht wie, denn wenn man selbst betroffen ist, dann sind die Emotionen so stark, dass man den Überblick verliert. Aber ich wusste, dass ich auch mich selbst angucken muss. Ich denke, das hat auch etwas mit meiner Ausbildung zu tun. Und mit dem Job, den ich jetzt machte. Inzwischen war ich nämlich Familienhelferin geworden und hatte da viele Einblicke gewonnen: Nach der Wende hat Kaisers die HO-Kaufhallen übernommen, und ich bin im Zuge der Übernahme dort raus, habe stattdessen 1998 angefangen, auf Honorarbasis Familienbetreuung zu machen, weil ich das Gefühl hatte, dass ich da mehr erreichen kann. Später wurde ich dann eingestellt. Mir ist das Pädagogikstudium, das ich noch in der DDR gemacht habe, nicht anerkannt worden, aber ich habe dann ganz viele Qualifizierungen und eine systemische Ausbildung gemacht. Und so kam ich zum Beispiel auf den »Familienrat«, bei dem die Familie und andere Angehörige zum Gespräch zusammenkommen. Davon bin ich ein großer Fan geworden. Der Familienrat hat den Sinn, dass man die Familie als Spezialisten für die Probleme ihrer Kinder sieht. Das kommt aus dem Neuseeländischen. Die Idee dahinter ist, dass man die Kulturen der einzelnen Menschen, deren Grundeinstellungen, Werte und Traditionen mitberücksichtigen muss, um ihnen helfen zu können. Familien, die ein Kind haben, um das sie sich große Sorgen machen, die wissen doch am ehesten selbst, was sie leisten können. So sehen es das Jugendamt oder die Familienhelfer nicht immer. Viele Probleme können aber tatsächlich am besten in den Familien geklärt und an der Wurzel gepackt werden, sofern alle ehrlich und liebevoll mit sich selbst und zu anderen sind. Beim Familienrat werden also alle eingeladen, die die Familie kennen: Eltern, Großeltern, Tanten, Onkel, Neffen, Nichten, manchmal Freunde. Sie kommen ins Gespräch über die Sorgen und das Problem – und dabei zum Teil auf total gute Ideen. Manchmal lernen sie sich selbst oft noch einmal anders kennen. Dann sagt zum Beispiel eine Oma: Ihr kommt immer nur zum Kaffee, aber über Probleme haben wir noch nie geredet. Oder sie schlägt vor: Ich kann ja einen Nachmittag einen Enkeltag machen, zum Beispiel. Da kommen Vorschläge, die wirklich nützlich sind. Bis hin zu der Idee, dass man auch gemeinsam erarbeiten kann, dass die Familie oder nur das Kind oder die Eltern oder jedes Elternteil für sich eine Psychotherapie brauchen. Wenn man sich mit dem eigenen Kind beschäftigt, spielt die Familie eine große Rolle – und zwar nicht nur die Eltern, sondern auch deren Eltern und alles, was über Generationen vermittelt und weitergegeben wurde.

Heute wünsche ich mir manchmal, ich hätte wie bei meiner Arbeit als Sozialpädagogin von außen auf uns schauen können. Dann wäre ich bestimmt in manchen Dingen professioneller gewesen. Aber alle Erlebnisse waren so nah und gingen gleich an die Seele. Die Uhr kann nicht zurückgedreht werden. Es ist, wie es ist, doch Wiederholungen in die nächste Generation sollten wir, wenn wir können, verhindern. Daher haben meine Töchter und ich im Lauf der Zeit auch einige Lösungsansätze aus dem Familienrat und der gewaltfreien Kommunikation für uns installiert. Wir haben zum Beispiel einen Chat eingerichtet, in dem wir unsere Gefühle frei äußern können. Jeder für sich, ohne Kommentar des anderen. Das klärt auf und hilft, alte Modelle zu durchbrechen, einfach für meine Enkelkinder. Ich bin immer schnell mit Rechtfertigung, aber das ist falsch: Das Gesagte stehen lassen, wissen, es gibt viele Wahrheiten, weil es um Gefühle geht, das muss das Ziel sein. Es ist immer noch schwer, und ich muss noch üben.

Der Anlass dafür, mich mit meinen Themen auseinanderzusetzen, war mein Mann. Wir waren ziemlich überfordert, als unser Sohn zur Welt kam. Wir haben dann gesagt, wir machen Paartherapie, und wir hatten richtig viel Glück. Diese Paartherapeutin passte absolut zu uns. Sie ist dem Buddhismus zugewandt, und wir fanden beide vieles davon total überzeugend. Inspiriert hierdurch hat zuerst mein Mann ein Achtsamkeitstraining gemacht – und als ich merkte, wie gut ihm das tut, habe ich es ihm nachgemacht. Dabei ist mir zum Beispiel klar geworden, dass manche Streite zwischen uns tatsächlich durch meine Kindheit mit Katrin geprägt sind. Wenn mein Mann sich zum Beispiel aufregt, laut wird und poltert, dann ist das mein Triggerpunkt. Der, an dem ich zurück in die Kindheit reise. Wenn er laut schreit oder mit der Faust auf den Tisch haut, dann sitze ich wieder verängstigt da wie das kleine Mädchen, das ich mal war und das nicht versteht, was gerade passiert und wieso, und das alles dafür tun möchte, damit alles wieder in Ordnung kommt.

*Ich empfehle anderen Eltern, stärker auf das Geschwisterkind zu achten. Es auch zu ermutigen, Grenzen zu erkennen und Grenzen zu ziehen. Wenn man als Mutter oder Vater selber die Grenzen gar nicht sieht, ist das schwer. Dann muss man Hilfe von außen suchen. Mir war das früher einfach nicht bewusst. Vielleicht hatte ich auch einfach nicht mehr die Kapazität, das zu sehen. Aber heute würde ich es anders machen. Heute würde ich mich früher um Hilfe bemühen. Wenn zwei Kinder Wut und Frust in sich tragen, braucht man einfach Unterstützung.*

Vielleicht hat die Verantwortung, die ich damals für meine Schwester und meine Mutter übernommen habe, mich aber auch ein Stück weit gerettet. Ich habe ja auch schon mit zehn Jahren meine Schwester Katrin vom Kindergarten abgeholt, was ich zum Beispiel meinem Sohn, der jetzt in genau dem Alter ist, nicht zutrauen würde. Da lastet schon auf einem Kind ganz schön viel Verantwortung. Aber Mama und Papa waren Vollzeit tätig. Da rutscht man in eine Rolle und hat eine Aufgabe und eine Funktion. Und über die definiere ich mich nach wie vor. Das ist wie ein Schutzschild. Was gut und zugleich schlecht ist. Denn ich verdränge viel, indem ich mich auf das konzentriere, was ich tue. Das ist sozusagen mein Lebensthema. Erst jetzt, mit 42 Jahren, lerne ich langsam, meine Interessen zu vertreten, und muss immer noch dreimal überlegen: Will ich das jetzt oder mache ich das, weil es der andere will?

*Miriam möchte bis heute immer alles perfekt machen. Und sie buhlt bis heute um die Anerkennung ihres Vaters, also genau genommen ihres Stiefvaters. Das geht sogar so weit, dass sie einen technischen Beruf erlernt hat.*

Ich bin mir nicht sicher, ob ich Ingenieurin geworden bin, weil unser Vater das macht. Vielleicht schon. Wird schon so sein. Ich weiß es nicht. Ich weiß nur, dass ich bei unserem Vater immer noch die Hoffnung nicht aufgegeben habe, zu ihm durchzudringen. Ich fühle mich da bis heute nicht richtig anerkannt. Unser Vater hat immer hohe Anforderungen gehabt, und ich hatte immer das Gefühl, da nicht zu genügen.

Mein Vater ist gar nicht so, wie ich ihn immer wahrgenommen habe, das habe ich im Lauf meiner Therapien und meiner Ausbildung auch festgestellt. Er war nie der Fels in der Brandung, als den ich ihn empfunden habe. Er hat einfach immer schon sich selbst geschützt und sich deshalb auch aus vielem rausgehalten.

Kein Tadel ist Lob genug!, war immer sein Lebensmotto. So sind die nun einmal aufgewachsen, die Nachkriegsgeneration. Ich fand das immer ätzend und wurde sauer. Ich will ihm schon lange nicht mehr gefallen, und auch meine Mutter hat sich gut arrangiert, lebt nun die Idee, dass sie ihm nichts beweisen muss. Er ihr aber auch nicht. Dass Liebe auch funktioniert, wenn man nicht immer in allem den Erwartungen des anderen entspricht.

Nur Miriam, die hat immer noch mehr versucht, Leistung zu bringen. Aus dem Kreislauf muss man irgendwann einmal raus. Es geht um Verantwortung. Darum, dass jeder Verantwortung für sich selbst trägt. Auch wenn es um den eigenen Selbstwert und das eigene Glücksgefühl geht. Nur so kann etwas Echtes draus werden.

Aus genau dem Grund bin ich auch Systemikerin geworden. Der systemische Ansatz zeigt auf, dass es nicht einen Kranken in der Familie gibt, sondern vielmehr der Kranke der Symptomträger familiärer Kommunikations- und Beziehungsmuster ist. Durch ihn wird deutlich, was in Familien im Argen liegt, und alle können und sollten etwas tun, damit sich Verhalten und Reaktionen verändern können. Es geht auch allein, aber optimal ist es, wenn in einem Familiensystem jeder auf seine Anteile schaut.

Ich habe Psychologie studiert und arbeite jetzt bei einem Träger der Jugendhilfe. Dort gibt es eine Sparte, da geht es um U-Haft-Vermeidung, und ich arbeite im offenen Vollzug mit jungen Straftätern, biete neue Erziehungsmodelle an, aber vor allem auch Transparenz mit Blick auf das System Familie, Aufklärung im Bereich von Sucht und psychosozialen Störungen. Ich spreche über Ursachen und Gefühle, und das löst schon sehr viel. Viele Probleme beruhen auf kommunikativen Missverständnissen, weil Menschen oft lieber spekulieren, anstatt den anderen zu fragen. Gerade Kinder, die beziehen ja alles auf sich, und so kommt es dazu, dass viele Kinder glauben, es sei ihre Schuld, dass der Vater die Mutter verlassen hat.

Oft ist der fehlende Vater eine Ursache für das Abdriften der Jugendlichen. Entweder ist der verstorben oder nicht anwesend. Wo die männliche Rolle gefehlt hat, wird kompensiert oder eine Überforderung erlebt, indem ältere Kinder eine Elternrolle für jüngere Geschwister übernehmen. Das führt dazu, dass sie auch mal flüchten wollen und dann zum Beispiel Drogen konsumieren und Geld brauchen und dann auch mal Scheiße bauen. Spiralen, wie das echte Leben sie eben dreht.

Gleichzeitig ist es mir wichtig, zu vermitteln, dass man genau jetzt die Chance hat, sein Leben in die Hand zu nehmen! Niemand ist seinem Schicksal ausgeliefert! Das ist meine Devise, mit der ich überlebt habe.

*Katrin und ich, wir leiten heute nicht nur im Rahmen des deutschlandweit aktiven Vereins Grenzgänger e. V. die Betroffenengruppen und eine Angehörigengruppe in Berlin. Wir haben außerdem gemeinsam ein Fertigkeiten-Programm für Borderliner und deren Verwandten entwickelt.*

Wir vermitteln dort Selbstverantwortung, Selbstfürsorge, eigene Grenzen setzen, eigene Stärken kennen. Das Hauptproblem ist, dass die Angehörigen Schiss vor uns Kranken haben, weil wir durch unsere Aggression und Selbstverletzung so bedrohlich wirken. Dass sie denken, wir bringen uns gleich um. Das sagen wir ja auch immer. Und ich denke auch, dass wir grundsätzlich suizidal sind. Aber um des lieben Friedens willen dürfen sich die Angehörigen nicht in die Co-Abhängigkeit drängen lassen. Denn genau das macht uns noch aggressiver. Die Ohnmacht der anderen. Denn dann können die uns ja nicht den Halt geben, den wir brauchen. Grenzen setzen bedeutet auch: Halt geben.

Durch unser Gruppentrainingsprogramm lernen Betroffene und Angehörige, sich gegenseitig besser zu verstehen, indem sie sich selbst ein Stück näherkommen. Das bedeutet für mich nämlich Heilung, nicht zu erwarten, dass der andere sich ändert. Aber erkennen und auch anerkennen, was den anderen so sein lässt, wie er ist, und dann entscheiden, ob man die Beziehung leben möchte oder nicht mehr.

**Meine Schwester und ich, wir verstehen uns heute recht gut. Wir sehen uns auch öfter, aber sind uns nicht mehr so nah, dass sie mich in ihren Strudel ziehen könnte. Ich denke nicht, dass ich co-abhängig bin.** Um das festzustellen, musste ich allerdings erst einmal recherchieren. Denn man findet wenig dazu: In der Therapie für Borderliner werden zumeist die Betroffenen und ihre Eltern, gegebenenfalls noch die Partner involviert. Aber nie die Geschwister. Das kommt viel zu kurz. Die Angehörigen, auch die Geschwister, brauchen eine Therapie, genauso wie die Betroffenen. Und auch wenn ich mich nicht als co-abhängig bezeichnen würde, sehe ich schon, dass ich einige Eigenschaften von Co-Abhängigkeit habe. Bei Recherchen, die ich anlässlich der Aufarbeitung meiner Kindheit einmal gemacht habe, habe ich unter anderem eine Liste gefunden, in der steht, dass zum Beispiel die Tendenz, andere auch auf eigene Kosten glücklich machen zu wollen, zu den Eigenschaften eines Co-Abhängigen gehört; ein schwaches und verzerrtes Selbstbild und das Gefühl, alles besser machen zu müssen, nie gut genug zu sein. Außerdem die Rechtfertigung der eigenen Existenz dadurch, dass man immer für andere da ist. Das sind alles Dinge, die ich bei mir wiedererkenne. Ich fühle sehr stark, wie es anderen geht, bin empathisch, kann mitfühlen. Aber mir selbst traue ich nicht. Mich selbst zu lieben, das ist momentan meine große Herausforderung. Ich muss für mich herausbekommen, was das ist, wie das geht, um es dann umzusetzen. Daran arbeite ich noch.

Es ist die größte Herausforderung für Geschwister, Eltern und Partner, in ihrer Mitte zu bleiben und nicht mit ins Wanken zu geraten. Mein Mann weiß das und macht das großartig. Er ist sehr in seiner Mitte. Ich glaube, für meine Familie wirkt das oft brutal, wenn er sich auf meine Gefühlswelt nicht so einlässt. Aber er bleibt sich treu. Bleibt bei sich. Ich bin ihm dankbar, dass er so ätzend unbequem ist. Dass er mich nicht rettet. Sowas brauche ich. Auch Mama hat sich in dieser Hinsicht total verändert. Kürzlich zum Beispiel habe ich wieder am Telefon geheult, da ging es mir nicht gut. Und dann fing Mama auch an zu flennen. Und ich bin in die alte Rolle gerutscht, in der mich die Schwäche der anderen nervt, weil sie mich selbst verunsichert. Und ich sagte zu ihr: Mama, kannst du nicht mal warten? Bis ich wieder stark bin. Da meinte sie: Ich heul, wann ich will! Das fand ich so stark! Genau das habe ich gebraucht! Geil, Mama! Sie ist auch jetzt traurig. Also darf sie jetzt auch heulen, wenn ihr danach ist. Solche Erfahrungen will ich weitergeben an andere. Und dass wir alle eine große Klappe haben, aber nix dahinter. Wir sind in Wahrheit so klein!

*Es gibt bei Borderline wie überhaupt im Leben kein Patentrezept, für niemanden. Aber ich für mich habe gelernt, selbst stark zu werden, gut in der Kommunikation mit meinen Kindern zu werden. Und auch zugleich anzuerkennen, dass ich nicht perfekt bin. Nicht perfekt sein kann. Meinen Kindern habe ich irgendwann gesagt: Ich habe euch alles gegeben. Mehr kann ich einfach nicht.*

*Nun haben sie selbst beide Kinder. Und sie sind wundervolle Mütter. Also ist auch ganz viel richtig gelaufen.*

## Überblick: Geschwister süchtiger Kinder

Stella isst gern. Sie wiegt ein bisschen mehr als die anderen zwölfjährigen Mädchen in ihrer Klasse, und sie steht im Schatten ihrer älteren Schwester Katja, die als erfolgreiche Eiskunstläuferin von den Eltern geradezu verehrt wird.

Die beiden Schwestern verstehen sich eigentlich ganz gut, Katja ist Stellas Vorbild, und gerade deshalb beschäftigt es sie zu sehr, wenn Katja scherzt, Stella habe einen Damenbart. Oder wenn sie sagt, die Chips, die Stella isst, die esse man als Eiskunstläuferin auf hohem Niveau einfach nicht. Stella nimmt, wenn auch weit weniger erfolgreich, ebenso am Eislauftraining teil.

Wer »Stella« sieht, so heißt der Film der schwedischen Drehbuchautorin und Regisseurin Susanna Lenken, der macht sich um das Mädchen vielleicht etwas Sorgen, das am Anfang der Pubertät steht und sicher leicht in schwere Selbstzweifel geraten könnte. Erleichterung setzt ein, als sie sich von Gleichaltrigen nicht zum Biertrinken überreden lässt. Und als sie ziemlich cool reagiert, nachdem ein Mädchen ihr vorwirft, sie solle doch mal bitte nicht so langweilig sein. »Ich bin nicht langweilig«, sagt Stella ganz selbstbewusst.

Es ist ihre hübsche, allseits beliebte und erfolgreiche Schwester, mit der etwas nicht stimmt. Stella beobachtet, dass Katja immer weniger isst und dass sie sich nach einem Restaurantbesuch übergibt. Katja streitet zunächst noch alles ab, und als klar wird, dass ihre jüngere Schwester weiß, was los ist, erpresst sie sie: Sie werde allen erzählen, dass Stella den Eislauftrainer liebt, wenn sie ihr Geheimnis verrät, droht Katja. Und schließlich sogar: »Wenn du ein Wort sagst, bringe ich mich um.« Es beginnt ein Kreislauf um eine Krankheit, die die gesamte Familie befällt.

Wer im Internet nach Anlaufstellen für Geschwister von süchtigen Kindern sucht, findet nicht viel Angebot. ANAD e. V. in München bietet unter dem Motto »... und was ist mit uns?« Geschwistern von Essgestörten im Alter von 10 bis 21 Jahren eine kostenfreie Sprechstunde an. Auch die Waage e. V. hat Brüder und Schwestern von Bulimikern und Magersüchtigen im Blick. Dann gibt es noch den Verein Verwaiste Eltern und Geschwister in Hamburg, wo es um Hinterbliebene von jungen Menschen geht, die an einer Sucht, an schwerer Krankheit oder bei – beziehungswiese vor – der Geburt gestorben sind. Es gibt Literatur für Geschwister von behinderten oder autistischen Kindern. Aber Hilfe für Menschen, die einen suchtkranken Bruder oder eine süchtige Schwester haben, gibt es wenig.

Dabei leiden sie genauso wie die Betroffenen oder ihre Eltern. Nicht nur, weil sie um Wohl und Leben ihrer geliebten Geschwister fürchten. Sondern auch, weil sie sich mit den vielen Konsequenzen arrangieren müssen, die diese Krankheit in die Familie bringt. Stella zum Beispiel muss ihre Eltern anlügen, weil ihre Schwester das von ihr verlangt. So ist sie bald zerrissen zwischen Loyalität ihrer Schwester gegenüber, Sorgen um sie, dem Pflichtgefühl gegenüber ihrer Eltern und Wut. Das Mädchen, das sonst viel lachte, muss bald viel weinen, bis es vor lauter Verzweiflung einen Spiegel zerschlägt. Und weil Stella im Unterricht ständig abwesend ist, ist sie es schließlich, die sich vor Lehrern und den Eltern erklären muss.

An der Stelle offenbart Stella Katjas Geheimnis doch – und es wird zunächst noch schlimmer: »Warum hast du denn nichts gesagt?«, fragt der Vater Stella – was die Zwölfjährige absurd in die Verantwortung zieht. »Warum haben wir es nicht gesehen?«, hätte die Frage stattdessen heißen müssen.

Bald bestimmt das Thema die gesamte Familie. Mit allen erdenklichen Mitteln versuchen Vater und Mutter Katja zum Essen zu bewegen, die inzwischen nicht einmal mehr einen Schluck Wasser zu sich nehmen will. Sie drehen sich dermaßen im Kreis um diese schreckliche Krankheit, Stella sagen sie bald nicht einmal mehr gute Nacht.

Das Ganze gipfelt in unendlicher Überforderung aller – und endet schrecklich, als Katja aus der Situation flüchtet, als sie wegrennt und die gesamte Familie um ihr Leben fürchtet. Da gibt Stella sich auch noch die Schuld an allem, weil sie Katja, wie sie nun denkt, verraten hat.

Ein Blick in diverse Foren zeigt, wie sehr die Sorge um geliebte Geschwister, aber auch die Eltern, das Leben der gesunden Kinder bestimmt. »Im letzten halben Jahr ist es immer schlimmer mit ihm geworden«, schreibt eine »Kleine Schwester« in einem Portal. »Er ließ sich immer seltener bei meinen Eltern und der Familie sehen, war ständig müde, sah schlecht aus. Seit dem Sommer wohnt ein Kumpel bei ihm, und seitdem ist die Verschlechterung zu bemerken. Er hat abgenommen, hat ein eingefallenes Gesicht, dunkle Augenringe, schwitzt ständig im Gesicht, und ihm fallen ständig die Augen zu. Zudem benötigt er in letzter Zeit wahnsinnig viel Geld und fährt oft nach Berlin. All dies ließ mich zu dem Schluss kommen, dass er jetzt Heroin nimmt. Seit es mir richtig bewusst geworden ist, kann ich kaum noch einen klaren Gedanken fassen. Ich kann nicht einschlafen und bin ständig den Tränen nahe. Ich habe einfach solche Angst um ihn und davor, dass er nicht mehr lange leben könnte.«

Auch Fragen wie die danach, auf wessen Seite man eigentlich stehen soll, wenn es Streit gibt, treiben Geschwister um. Oder: Darf ich selbst noch auf meine Ernährung achten und viel Sport treiben? Alkohol trinken? Den Computer benutzen? Wie bringe ich meine Eltern dazu, Hilfe für sich selbst zu suchen? Darf ich meine eigenen Gefühle rauslassen, einfach mal wütend sein? Wie rede ich mit anderen Geschwistern darüber oder ignoriere ich das Problem?

Geschwister süchtiger Kinder haben auch oft Angst, Fehler zu machen. Sie sehen, wie sehr die Eltern unter der Krankheit des Bruders oder der Schwester leiden, und wollen selbst keinesfalls ebenso Anlass für solche Sorgen sein.

»Stella« findet ein Happy End. Sie findet ihre Schwester Katja, der Zuschauer erfährt allerdings nicht, ob Katja ihre Sucht überwindet. Aber er sieht, dass die Eltern sich Stella wieder mehr zuwenden, dass ihr Vater sogar mit ihr allein eine Reise macht. Und wie Stella, frei und sorglos, mit anderen Kindern spielt.

Das verlorene Kind – es ist nicht immer (nur) das kranke.

# 6 GEISTER – Erniedrigung statt Liebe: Veronica Ludwig kämpft gegen den Alkoholismus – wie schon ihre Eltern

Der Geruch, die Art, wie ihre Mutter sprach, wenn sie trank, und wie sie sie lieblos in ihre Oberschenkel kniff – einfach alles war Veronica Ludwig am Alkohol verhasst. Bis sie 19 war. Da griff sie das erste Mal selbst zu Prosecco und Wein, um lockerer zu werden, um Hemmungen zu verlieren, und um den Mut aufzubringen, einen jungen Mann anzusprechen, der ihr endlich das Gefühl geben sollte, liebenswert zu sein. Nur, dass kein Mann, genauso wenig wie ihr Reichtum oder der berufliche Erfolg, ihre tiefen Sehnsüchte stillen kann – weil die Geister ihrer Vergangenheit sie immer wieder einholen und gefangen halten. Was am Ende oft bleibt, ist der Griff zur Flasche. Und der ewige Kampf darum, nicht jene fiese Sucht an ihre Tochter weiterzugeben, an der schon ihre Mutter qualvoll zugrunde gegangen ist.

Veronica Ludwig sitzt hinter dem Lenker ihres Mercedes GLA, der in einem kleinen Waldstück am Rande von Starnberg steht. Ihr Kopf raucht, die Zigarette, die sie in der linken Hand hält, glüht. Den linken Ellenbogen hat sie kraftlos auf den Fensterrahmen gelehnt, die Scheibe einen Spalt nach unten gedreht. Sie würde gern weinen, aber sie kann nicht. Will nicht. Stattdessen will sie lieber alles zerstören. Und neu aufbauen. Neu anfangen. Einfach alles anders machen, nochmal von vorn beginnen.

Die Konsole des Autos vibriert, es schüttelt Veronica leicht in ihrem Sitz, als säße sie in einem Massagesessel, ein bisschen kribbelt und kitzelt es sogar. Dann kommt es raus, von ganz tief innen, laut und ungezügelt:

»Ich verbrenn mein Studio, schnupfe die Asche wie Koks.«

Mit der Liedzeile entweicht noch Restrauch ihren Lippen. Veronica wackelt leicht mit dem Kopf, nach links, nach rechts, tippt mit dem linken Fuß unten im Fußraum, im Takt der Musik, die krachend aus den Boxen tönt.

»Ich erschlag meinen Goldfisch, vergrab ihn im Hof.
Ich jag meine Bude hoch, alles was ich hab lass ich los.
Uh. Mein altes Leben, schmeckt wie 'n labbriger Toast.«

Die 43-Jährige schnippt die runtergebrannte Kippe nach draußen, macht das Fenster zu, beobachtet, wie die Glut im Weiß der Winterzeit sofort erlischt und ein kleines Loch hinterlässt.

So ein Loch, wie in ihrem Herzen ist, schon solange sie lebt, denkt sie.

»Hey, alles glänzt, so schön neu.
Hey, wenn's dir nicht gefällt, mach neu.«

Sie starrt gedankenverloren nach draußen. Den Text von Peter Fox »Alles neu« kennt sie in- und auswendig. Dutzende Male schon hat sie ihn gehört, mitgesungen, ihn zum Anfang des Endes erklärt. Des Endes der Lügen und der Heuchelei, der Depressionen und der Manie. Der fröstelnden Einsamkeit in ihr drin, der Zerrissenheit und dieser tiefen, durch nichts und niemand erfüllbaren Sehnsucht nach etwas, das nicht war.

Ihre Gedanken rasen, schlagen Salto und drehen sich schließlich zurück in ein Leben, in dem dieses hier noch eine Zukunft war, von der sie garantiert nicht geträumt hatte!

Die Erinnerung bringt sie hin zu jenem Dezemberabend vor zehn Jahren, einem verschneiten, bis in Mark und Bein eisig kalten Abend, genau wie diesem heute. Und dem die Nacht folgte, in der sie sich das erste Mal eingestand: »Ich bin süchtig.«

Damals studierte Veronica noch Medizin in Aachen. Sie lebte etwas außerhalb der Stadt der Printen in einem kleinen, verwinkelten Ort. »Kaff«, nannten es manche. Serpentinen führten dorthin, wo man mehr Kühe zählt als Einwohner. Es gab keinen Bahnhof und keine Bushaltestelle. Nur Bauernhöfe. Und einen einzigen Tante-Emma-Laden, der aber nur zwischen acht und zwölf Uhr sowie zwischen 15 und 17 Uhr geöffnet hatte.

Es war zehn nach zwei. Mitten in der Nacht.

Nur noch wenige Stunden, bis sie eine Hausarbeit hatte abgeben müssen. Wie immer hatte sie damit erst jetzt, kurz vor Deadline, angefangen. Schwallschreiben nannte sie das. Sie konnte gar nicht anders arbeiten. Sie brauchte den Druck. Sie brauchte den unbedingten Anspruch an Präzision. Das Gefühl, mit einem Mal, beim ersten Mal, alles richtig machen zu müssen – weil sonst etwas Unvorhergesehenes, etwas Fürchterliches geschah.

So wie bei einer Operation.

So wie zu Hause, damals mit ihrer Mama.

Veronica hatte geschrieben, gepeitscht von alten Geistern, die um sie waren, tief in sie eindrangen und Zweifel säten, was auch immer sie tat: »Du bist nicht gut genug«, sagten sie ihr. »Das kannst du besser.« Und: »So jemanden wie dich will niemand haben.«

Veronica hatte in die Tasten gehauen, doch dann waren die Zigaretten ausgegangen. Und der Wein. Aber denken ohne Zigaretten und schreiben ohne Wein, das war wie Fahren ohne Sprit!

Wie malen ohne Farben.

Wie atmen ohne Luft, Herrgott nochmal!

Das ging einfach nicht, sosehr sie auch wollte. Also zog Vroni los. Vroni, so hatten sie alle genannt, als sie noch klein gewesen war, nur ihre Mutter rief sie immer noch so, wenn sie sich in manchen Momenten wieder klein, also zweifelnd und zuwendungsbedürftig, gab.

Vroni zog also los, warf sich ihren langen grauen Mantel über, zog hastig die schwarzen Stiefel an und stapfte durch knirschendes Weiß zu ihrem Auto. Der Wind peitschte, es war eisig kalt, der Schnee türmte sich, man sah die eigene Hand vor Augen kaum. Vroni kletterte unter ihren kleinen Skoda, mittlerweile war es Viertel nach drei, sie zog die Schneeketten auf, stellte das Fernlicht an und fuhr los, über die nahe gelegene, niederländische Grenze, an die nächste Tankstelle, um endlich neuen Sprit zu besorgen.

Fünf Stunden und fast ein ganzes Päckchen Lucky Strike Red später war sie fertig gewesen. Beinahe hätte sie es nicht mehr geschafft, aber am Ende, wie immer, eben doch. Nicht nur irgendwie, nein, selbstverständlich mit Bravour. Für die Arbeit gab es eine 1,1.

Ihre Mutter hatte nicht gemeckert, als sie ihr am Telefon von dem Ergebnis erzählte – was für Vroni so viel war wie ein Lob.

Heute, dachte Veronica, würde sie es wieder tun. Wieder nachts raus, egal, was der nächste Tag ihr abverlangt. Sie würde wieder durch den Schneesturm, wieder unter das Auto. Nicht mehr unbedingt für Zigaretten, nein, für den Notfall hat sie jetzt immer eine E-Zigarette dabei. Aber für Alkohol. Für den Seelentröster. Für die Wirkung, die sie braucht, um ... ja, warum eigentlich?

Sie hat es vergessen. Vergessen, warum sie so dringend trinken muss. Sie weiß nur noch, dass sie so dringend trinken muss, wenn es ihr einfach alles zu viel wird. Zu viel der Geister und ihrer miesen, verletzenden Worte. Zu viel der Gedanken darüber, ob all das wahr ist, was sie ihr vorwerfen. Zu viel der Tatsache, dass vor allem dieses ständige Kreisen der Gedanken und der Geister der Grund überhaupt dafür ist, dass viele ihrer Kritikpunkte wahr wurden.

Weil Veronica sich dann genauso schlecht fühlt, wie sie ihr einreden. So nicht-liebenswert. So hässlich und so unmöglich.

Und weil sie sich dann auch genauso verhält.

Der Alkohol betäubt das rasende Geräusch der geisterhaften Vorwürfe.

Aber wenn er nachlässt, dann kommen sie tobend und polternd, wütend und vollkommen niederschmetternd wieder zurück.

Veronica trinkt, um nicht sie selbst sein zu müssen.

Oder um sie selbst sein zu können.

Je nachdem, wie man das sieht.
Sie hat den Überblick verloren.

Das Einzige, was sie sicher weiß: Wenn sie Alkohol braucht und es ist keiner da – dann zieht sie los wie damals. Egal wann, egal wie weit und egal unter welchen Bedingungen. So auch vor fünf Tagen! Nach einem Streit mit ihrem Mann war sie heimlich, nachts, aus ihrem Haus unweit der vornehmen Starnberger Ecke, in der jetzt ihr Wagen stand, geschlichen und hatte sich ein Zimmer in einem Hotel, auf der anderen Seite der Stadt, gemietet. Vom General Manager über den Portier bis zum Personal an der Rezeption kannte man sie in diesem Hause schon. Veronica kam öfter hierhin, alle drei bis vier Monate, um genau zu sein. Immer wieder, wenn ihr alles zu viel und unerträglich geworden war. In Bars traute sie sich schon seit Jahren nicht mehr. Sie, mit Fluppe im Mund und Weinflasche am Hals, weinend, depressiv, in einer schummrigen Bar – nein. Das ging nicht. Nicht, seitdem sie mit ihrer hochmodernen Privatpraxis für Orthopädie über die Stadtgrenzen hinaus berühmt geworden war. Selbst die Ärmsten und Ältesten kamen zu ihr in die Behandlung, obwohl sie selbst zahlen mussten. Genauso kamen die Reichen und Berühmten.

Denn die von Dr. Dr. Veronica Ludwig entwickelte Eigenbluttherapie versprach Wunder gegen das Leid der Arthrose und Arthritis. Damit war sie nicht nur unter Medizinern, sondern auch und vor allem bei Topsportlern, sowie eigentlich allen, die sie kannten, eine gefeierte Koryphäe.

Wenn die nur wüssten, dachte sie oft. Und sie sehnte sich danach, dass nur irgendwer irgendwann ein derartiges Wundermittel gegen Alkoholismus erfand!

»Herzlich willkommen, Frau Dr., wir freuen uns, dass Sie uns wieder besuchen kommen. Zu so später Stunde noch beschäftigt?«, hatte die Rezeptionistin beim Check-in freundlich gefragt.

Veronica hatte möglichst geschäftsmäßig entgegnet: »Ja, danke.

Ich bin ganz schön müde, muss aber noch was schaffen, bald ist wieder Kongress. Einmal Ruheraum zur Fertigstellung einer meiner Vorträge, bitte«, sagte sie und lächelte unruhig.

»Wieder die Suite?«

»Ja, bitte. Ohne Frühstück.«

»Wie immer, alles klar, Frau Dr. Bitte schön, die Chipkarte.«

Vroni war nach oben, in den fünften Stock, gefahren. Sie hatte das »Bitte nicht stören«-Schild von außen an die Zimmertür gehängt und die fünf Weißweinflaschen aus dem Arztkoffer ausgepackt, die sie aus dem heimischen Vorratsschrank mitgenommen hatte. Umgehend hatte sie die erste geöffnet. Einen Schluck gleich aus der Flasche genommen, sich dann auf das große, weiche, frisch bezogene Bett gesetzt. Noch ein Schluck, und sie schloss die Augen. Noch ein Schluck. Dann fühlte sie sich schon viel besser.

Der Druck, der ihr Herz so fürchterlich presste, ließ nach, als das erste Kribbeln kam. Die Enttäuschung darüber, dass ihr Mann Hugh sich nicht darüber gefreut hatte, dass Veronica sich extra früh freigenommen und eingekauft und für ihn und die gemeinsame dreijährige Tochter frisch gekocht hatte, zersetzte sich mit dem warmen Strom der Promille im Blut. Der Schmerz löste sich auf, der ihr zusetzte, weil Hugh ihr stattdessen auch noch an den Kopf geknallt hatte, für diese »Ausnahme nun keinen Applaus erwarten zu müssen!«. Regelmäßiges Kochen sei »in einem Haus mit Kindern doch völlig normal«.

Es hatte sich angehört, als gäbe es Lola nicht, ihre Haushälterin, die normalerweise kocht, wenn Veronica wegen ihres Vollzeitjobs und ihrer vielen Businessreisen die Zeit dazu fehlt. So, als sähe er nicht, dass sie doch andauernd und allen Schwierigkeiten zum Trotz stets ihr Bestes gab. Aber darum ging es nicht. Es ging darum, dass das, was Hugh sagte, Veronica in ihren bohrenden Selbstzweifeln traf. In dem ständigen Gefühl, dass ihr Bestes nun einmal tatsächlich nie gut genug war.

Vor allem dann nicht, wenn es um ihre Tochter ging.

Oder um ihre Mutter.

Und um das Problem, das sie so unbedingt hatte von ihrer Tochter fernhalten wollen: die Sucht.

Hughs Worte schafften Parallelen zu ihrer eigenen Kindheit und weckten jene alten Geister, die sie seither einnahmen und zurückwarfen in einen Zustand, in dem sie noch ganz klein und fürchterlich unerwünscht war.

Es war kurz nach Mittag gewesen, die Sonne stand noch steil, es hatte fast schwarze Fischstäbchen und Spinat aus der Dose zu Mittag gegeben. Unter den brenzligen Geruch mischten sich die würzig-süßlichen Noten von Luise Ludwigs Parfum. Und der von Cognac. Eine Kombination, von der der achtjährigen Vroni regelmäßig schlecht wurde – und die ihr Alkohol regelrecht verhasst machte. Alles daran, den Geruch, den Anblick ihrer Mutter, wie hässlich sie war, wenn sie trank! Und wie leblos sie schon am Nachmittag, wenn sie mit anderen Kindern spielte oder ihre Hausaufgaben machte, sich in ihren grünen Sessel mit dem eichenen Beistelltisch und dem Fußhocker fallen ließ. Ein Buch oder ein Magazin in der linken Hand, zur Rechten den Schwenker, versank Mama Ludwig in rauschende Welten, in denen sie die Affären ihres Mannes vergessen, sich über die beim letzten Streit zerbrochenen Bierseidel-Krüge nicht mehr aufregen und zugleich ihrem Frust und ihrer Traurigkeit freien Lauf lassen konnte.

Nach ein paar Gläsern wurde sie für Veronica dann unberechenbar – was wohl, so dachte sie später, das Schlimmste war. Dass sie als Kind nie wusste: War ihre Mutter böse oder gut? War sie krank oder egoistisch? Durfte sie ihre Mutter hassen? Durfte sie sie lieben? Was konnte sie nur tun, um endlich Grund genug dafür zu sein, dass ihre Mutter das Trinken aufgab und anfing, endlich ein glückliches Leben zu leben?

Luise Ludwig war launisch und schwankte zwischen Extremen, je nachdem, wie hoch der Promillepegel stand. Mal zog sie ihre Tochter in einem unverhofften Augenblick zu sich und drückte ihr feuchte, hochprozentige Küsse auf die Wangen. Im nächsten schubste sie sie und säuselte ihr Witze ins Ohr, die sie damals noch gar nicht verstand. Mal war die Mutter zart, mal hart und schroff. Ab und zu tätschelte sie sie, doch die Berührungen, die Vroni bis heute am meisten mit ihrer Mutter verband, waren diese herabwürdigenden Kniffe. Andauernd zwackte und pikste sie sie, in die Hüften, in die Schenkel, in den Po. »Kräftige Beine!«, prustete sie dann hämisch. Oder sie nannte sie einen »Nichtsnutz«. »Dicke Kuh.« Oder: »Fette Sau.«

Die Wunden, bemerkte Veronica, als sie sich der Erinnerung entriss, brannten weniger, seit sie Glas um Glas Alkohol darübergoss.

Sie streifte mit ihrem Blick den grünen Sessel der Suite, setzte sich nicht darauf, sondern davor auf den Fußboden – und dann prostete sie dem Geist ihrer Mutter zu, die längst nicht mehr war.

2002 war sie nach einem langen, unglücklichen Leben an ihrem Leberleiden gestorben.

Gegen Leid hatte Veronica heute immer einen Weinvorrat zu Hause. Offiziell war der für Gäste, aber am Ende eben oft doch bloß ein Bunker. Ein Rettungsanker. Eine Notfallhilfe, für den Fall, dass bald wieder alles zu viel wurde.

Sie hatte die fünf Weißweinflaschen daraus in knapp 30 Stunden leergetrunken. Dann hatte sie sich sechs Pizzen bestellt – der zwei Flaschen Wein wegen, die es gratis dazugab. Zwölf Flaschen waren es insgesamt in den vergangenen vier Tagen. Zieht man die raren, unruhigen Schlafphasen ab, ein gutes Glas Wein pro Stunde.

Veronica Ludwig hatte einfach nicht aufhören können, schon wieder nicht. Wann immer der Promillegehalt in ihrem Blut fiel, spukten die Geister und machten sie einfach irre. Und sie weinte und fiel in ein tiefes Loch und suchte Boden in einer Flasche nach der nächsten, aus der aber plötzlich auch noch immer mehr Geister zu kommen schienen. Und als nichts mehr ging, als sie sich einfach nicht beruhigte, nicht ohne und nicht mit Alkohol, da war er wiedergekommen, der Moment, in dem Vroni nur noch zu einem klaren Gedanken in der Lage war: dass sie Hilfe brauchte. Jetzt. Nicht später und nicht morgen. Sofort. Dass sie es allein nicht schaffen würde. Dass sie jemand brauchte, der sie umgehend erlöste von ihrem Leiden, so, wie sie es mit Hunderten anderen Menschen im Jahr tat.

Genau an diesem Punkt schon setzte dann immer die Erleichterung ein. Die Kapitulation hatte etwas derart Befreiendes, dass Vroni sich in nüchternen Momenten nicht sicher war, ob es vielleicht genau das war, was sie immer suchte: den Totalausfall; die Unmöglichkeit, noch irgendwie zu funktionieren; das komplette Auflösen ihres Selbst in Zeit und Raum, bis alles zersetzt war, die Gedanken, die Geister, ihr Schein. Denn dann, so weit unten, war sie das genaue Gegenteil von dem, was ihre Mutter von ihr erwartet hatte zu sein. Nur hier, völlig am Ende, wenn sie wirklich nichts mehr konnte, nicht mal mehr reden, nicht stehen und nicht gehen, erlaubte Veronica sich, auch nichts mehr können zu müssen.

Ja, so betrunken, wie sie dann war, war ihr plötzlich alles egal. Einfach nicht mehr wichtig und nicht mehr der Aufregung wert. Ihr war gleichgültig, wer sie wie sah oder was von ihr wusste. Egal, wer was von ihr dachte und wohin sie das alles noch führte – solange es nur woanders hinginge.

Und so hatte sie sich dann wieder zum Entzug in die Klinik in Bad Bayersoien eingewiesen, eine knappe Stunde von Starnberg entfernt. Erneut. Sie hat Medikamente bekommen. Schon wieder. Und geschlafen. Endlich.

Sie hatte viel und tief geschlafen. So lange, bis sie irgendwann die Augen aufhalten konnte und da kein Geist mehr war.

Nun saß sie in ihren Mercedes GLA hier am Rande von Starnberg, ihrer Heimatstadt seit knapp acht Jahren. Hierher war sie aus Aachen vor sich selbst geflohen. Vor ihren Dämonen und dem Ruf, der ihr inzwischen vorauseilte als eine, die nicht mehr operieren durfte, obwohl sie eine Koryphäe, leider aber auch Trinkerin und inzwischen zu zittrig, zu unkonzentriert war. Gott sei Dank hatte ihre Mutter nicht gehört, was die Kollegen an der RWTH über sie sagten. Gott sei Dank hatte sie es ihr damals abgekauft, dass es ein freiwilliges Ausscheiden zugunsten der eigenen Privatpraxis und der Familienplanung gewesen war.

»Nur noch konkret reden, gib mir ein Ja oder Nein. Schluss mit Larifari, ich lass all die alten Faxen sein«, dröhnt es aus den Boxen. Der Erinnerung entkommen, wird Veronicas Stimme wieder lauter. Sie schreit: »Sollt ich je wieder kiffen« – das Verb ersetzt sie durch »saufen« –, »hau ich mir 'ne Axt ins Bein.« Zack, ein fester Schlag mit der rechten Faust auf den rechten Oberschenkel. Das Schreien wird zum Kreischen: »Ich will nie mehr lügen, ich will jeden Satz auch so meinen.« Veronica lässt den Wagen an, das Scheinwerferlicht offenbart eine Landschaft ringsum, so still, so schön, andere Familien gehen hier sicher in ein paar Stunden, wenn es wieder hell wird, spazieren. Vor allem jetzt, zur Winterwunderzeit. In drei Tagen ist Weihnachten. Dann kommt Silvester. Ein guter Moment, ein besserer Mensch zu werden, meint Veronica. Und fährt los.

»Ich habe zwei Seelen in meiner Brust«, hört man die 43-Jährige in den kommenden Tagen sagen, als der Entzug schon wieder eine Weile her ist. Sie sitzt dann in einem fast neuen Haus, umringt von großen Fensterfronten, einem nagelneuen, hochmodernen Küchenstudio und Skulpturen und Bildern lokaler, aufsteigender Künstler. »Die eine Seite findet das pfui bäh, dass ich trinke. Die andere sagt: So bin ich eben. Wild und Boheme und so«, sagt Veronica Ludwig und saugt sich an ihrer E-Zigarette fest. An ihren Füßen hängen Prada-Pumps, und wenn man sie so sieht, so frisch geschminkt, die Haare zu einem perfekt sitzenden Bob geschnitten, wenn man ihren teuren, marineblauen Hosenanzug an- und sich im Haus umsieht, dann wird man von überall her von vielen verschiedenen jungen und alten Menschen auf großen und kleinen Fotos an den Wänden angelächelt – und dann kann man nachvollziehen, wieso Veronica Ludwig plötzlich sagt: »Ich bin mir gar nicht sicher, ob ich wirklich Alkoholikerin bin.«

Frage man sie: »Bist du nikotinsüchtig?«
Würde sie sagen: »Ja!«
»Nach Gummibärchen?«
»Ja!«
Sie schaue eine Folge von einer Serie und höre dann nicht mehr auf, bis die Staffel zu Ende ist. Und die nächste Staffel und die übernächste und überhaupt alle anderen Staffeln, so viele es eben gibt.
»Aber bei Alkohol – ich weiß es nicht.«
Das Thema ist so ambivalent wie ihr Anblick, der in diesem Moment wirkt wie ein Motiv aus den Bildern der Berliner Malerin Levke Leiß. Die untersucht den Grenzgang zwischen dem Erwarteten und dem Widerspruch. Und sie setzt theatralisch Figuren in Szene, die schon längst aus ihrer Rolle gefallen sind.

So wirkt Veronica. So, als gehöre sie hier eigentlich nicht so richtig hin. Und als müsse sie zugleich genau hier sein. Als sei diese Bürgerlichkeit ihr Gefängnis – und böte gleichzeitig Sicherheit.

Veronica Ludwig liebt den Anblick dieses Idylls – und sie wird verrückt über seine Ruhe. Sie freut sich über die Freundschaft zu den Nachbarn – und sehnt sich nach mehr Anonymität. Sie braucht es, dass immer was los ist – und sucht doch im Stress ihres Alltags bloß einen Grund für mehr Zurückgezogenheit.

Sie liebt ihr Familienleben. Über alles. Und sehnt sich dennoch manchmal ganz weit weg. Sie wolle leben, sagt sie. Ohne Grenzen sein. Hemmungslos auch. Aber vor allem: fehlbar.

Aber mit welcher Konsequenz?

Was hat sie zu verlieren, wenn sie nicht funktioniert?

Alles, meint sie.

Und beruhigt sich mit dem Gedanken, Alkohol ja nur als Medikament zu missbrauchen. Und auch nur dann, wenn das Leben sie richtig schlimm schmerzt.

Es ist eine Herausforderung, sich eine Alkoholsucht einzugestehen, wenn man meistens gar nicht trinkt. Wenn man ohne Schwierigkeit viele Wochen lang abstinent lebt und unterm Strich doch alles eigentlich recht super läuft. Und überhaupt, Veronica erzählt davon, wie sie sich kürzlich von einer befreundeten Ärztin hat durchchecken lassen. Alles in bester Ordnung, erklärt sie. Und findet: »Krasse Auswirkungen auf mein Leben haben diese Trinkanfälle alle paar Wochen bislang nicht.«

Aber kurze Zeit später meint sie auch: »Sucht hat für mich ganz viel mit Schuld zu tun. 99,9 Prozent aller Dinge in meinem Leben, die blöd waren, die geschahen immer im Zusammenhang mit Alkohol.« Die Verletzungen durch ihre Mutter. Dann der Zusammenbruch ihres Vaters, der mit seinen heute 71 Jahren viele Karrieren hinter sich hat: Er stieg vom Restaurator zum Börsenguru auf. Er glitt dann erst in den Größenwahn, später in die Alkoholsucht und schließlich mit mehreren eigenen Firmen in die Insolvenz ab.

»Und als ich dann selbst angefangen habe zu trinken«, sagt Veronica, »da wurde das zur Selbstverletzung. Ich habe mich selbst beschädigt.« Das Einzige, womit sie das habe auffangen können, sei ihr Ehrgeiz gewesen. Dass sie immer so unglaublich leistungsstark war, habe ihr geholfen, nicht ganz an sich selbst zugrunde zu gehen.

Ihr Vater, Karl-Heinz Ludwig, hört es gar nicht gern, wie seine Tochter um die Erkenntnis ringt. Darum, sich eine Krankheit einzugestehen, die schon in dritter Generation immer wieder Familienmitglieder befällt. Vroni müsse unbedingt in eine richtige Therapie, meint er. Sie sei noch nie in einer Therapie gewesen, die ihr nachhaltig hilft. Immer nur kurzfristig. Da sieht er das Problem – dass ein Quartalstrinker es immer wieder schafft, aufzuhören. Und dabei immer wieder der Illusion der Heilung verfällt.

Er habe es leichter gehabt als seine Tochter, meint er. Als Pegeltrinker musste er einfach immer trinken. Rund um die Uhr, so lange, bis er physisch und psychisch ganz am Ende war. Bis er ganz unten ankam: Eines Nachts war er vor lauter Promille vom Klo gefallen. 2002 war das. Da war er wach geworden, weil der Pegel sank, er hatte etwas Hochprozentiges getrunken und wollte noch schnell ins Bad, als es plötzlich wieder dunkel wurde. Sein Kreislauf war kollabiert. Luise Ludwig hatte den Aufprall gehört und den Privatarzt der Familie gerufen, der ihren Mann Kalle in eine Privatklinik brachte, in der er sechs Wochen blieb.

Danach war er um 20.000 Mark – Kinkerlitzchen – und ein großes Laster leichter. Die panische Angst, beim ersten Schluck wieder als dieses willenlose Bündel in der Klinik zu landen, sei seine Rettung gewesen, sagt er im Nachhinein. Darum habe er es geschafft, trocken zu werden und auch zu bleiben!

Stolz sitzt Papa Ludwig jetzt auf einem schweren Stuhl an einem großen naturbelassenen Walnusstisch in einer seiner fünf Eigentumswohnungen. Längst hat er wieder in die Spur gefunden. Alles neu gemacht. Neu angefangen in einer anderen Stadt, mit einer zweiten Frau, und eine neue Firma hat er auch. Als Eigentümer einer Milchpulverproduktion in Asien, sagt er, hat er es vom Schuldner mit Mitte 50 noch einmal zum Millionär geschafft. Und nun will er nur noch eines erreichen: »Meine letzte Aufgabe in diesem Leben wird sein, meiner Tochter zu helfen, dass sie gesund wird. Oder dass sie eine Form des Konsums findet, mit der sie besser leben kann. Das will ich noch erleben.« Und erklärt: »Ich bin zutiefst überzeugt, dass ein Teil der Geschichte von Veronica, so wie sie geworden ist, dass ein Teil davon in meiner Verantwortung liegt.« Er macht eine Pause. Faltet die Hände. »Oder ganz, wenn man so will.«

Um zu verstehen, was Karl-Heinz Ludwig meint, muss man weit in seine Familiengeschichte zurückgehen. Zurück zu jenem Abend, an dem er und seine Exfrau Luise sich kennenlernten. Mehr noch. Man muss verstehen, was für zwei Persönlichkeiten das waren, die da jung aufeinandertrafen, um miteinander zu werden, was sie nie sein sollten:

Im März 1959 saß Karl-Heinz Ludwig im Bus. Er sah vor dem Fenster das Weiß der kalten Jahreszeit an sich vorbeiziehen wie die

Farbe eines Malkastens, wenn zu viel Wasser drübergelaufen ist. Grün brach darunter auf, versprach stumm neues Leben. Gelb, fast grell, leuchtete die Sonne zwischen den braunen, kahlen Baumstämmen hindurch. Sie hing noch niedrig im März, ihr Blenden zwang den jungen Mann immer wieder zum Blick auf den Boden. Funkelnd rutschte eine Träne seine linke Wange hinab.

Neun Monate waren es noch, bis er endlich wieder nach Hause durfte.

Kalle, so nannte ihn seine Mutter, zählte die Tage rückwärts, dabei war er gerade einmal zehn Stunden von zu Hause weg. Zu sehr vermisste er seine Mami schon jetzt, zu klein fühlte er sich für diese Reise. Für diese Aufgabe. Zu jung noch, um erwachsen zu sein.

Und so unfassbar allein.

Restaurator solle er werden, hatte sein Stiefvater im strengen Ton einen Monat zuvor erklärt. Und dass er ihm eine Ausbildungsstelle in einer Werkstatt eines Cousins besorgt habe. Kalle wollte widersprochen haben, aber das machte man in Gegenwart seines Stiefvaters nicht. Der hat ihm stattdessen einen Pappmaschee-Koffer in die Kinderhand gedrückt und ein Pappschild um den Hals gehängt. Darauf stand: »Karl-Heinz will nach Sellin«. Dann hat er den Zwölfjährigen in einen Zug gesetzt, der ihn zu einer Fähre brachte, die über einen Ostsee-Bodden hinweg übersetzte zu diesem Bus, in dem er nun saß. Und der ihn nun fortbrachte, weit weg, in ein anderes Land.

Die Bundesrepublik gab es noch nicht lange. Gerade einmal vierzehn Jahre war der Krieg her, Deutschland inzwischen in einen westlichen und einen östlichen Teilstaat geteilt. Zwischen Karl und seiner Familie lagen jetzt 600 unendliche Kilometer. Und die deutsch-deutsche Grenze. Eine ganze Welt für einen Jungen, der noch nie seine Heimatstadt verlassen hatte.

»Ich sterbe fast vor Heimweh. Da fahre ich nicht wieder hin«, sagte Karl-Heinz seiner Mama, als er zu Weihnachten wieder zu Hause in Bad Honnef war. »Du fährst da selbstverständlich wieder hin, die Lehre wird nicht abgebrochen«, hatte der Stiefvater insistiert.

Also fuhr Kalle wieder durch den Schnee mit dem Zug, mit der Fähre und letztlich mit dem Bus. Und vergoss Träne um Träne.

Im selben Jahr sah Luise Kegel ihren Vater zum ersten Mal. Es war ein Schock, als er plötzlich vor der Tür ihrer Dreizimmerwohnung in einem noch gut erhaltenen Bauernhof im niedersächsischen Zetel stand. Er hatte nicht gefehlt, der Papa. Das Leben unter einem Reetdach mit Mama und Oma und den zwei Tanten sowie der jungen Bauersfamilie, ihren Vermietern, hatte Luise gut gefallen. Lustig und locker ging es zu, die Tage waren voller Abenteuer, Luise durfte mit den Tieren spielen und Kekse mit den Erwachsenen backen. Und sie durfte immer Mutters Absatzschuhe tragen, selbst wenn sie hinfiel, weil die natürlich viel zu groß waren. Es machte nichts. Eine der Frauen gab dem Mädchen dann Salbe auf die Wunde und einen Kuss auf die Wange. Die Weiberwirtschaft war vornehm blass und einfach immer gut drauf.

Bertrand Kegel war so anders. So fremd, so ganz und gar unnahbar. Nach vierzehn Jahren Kriegsgefangenschaft in Russland war der Vater unter Adenauer zurück nach Deutschland geholt worden. Seine Augen starrten Luisa leer und dunkel an, sein Gesicht war streng und ausgezehrt. Er machte Luise Angst. Mehr noch. Er machte sie wütend, so schwarzhaarig, so dunkelhäutig und so kontrolliert zurückhaltend er war. Das bunte Treiben mäßigte seit seiner Rückkehr eine neue, strenge Routine, sie ließ das Lachen im Haus verstummen und die Träume des kleinen Mädchens zerplatzen, das bislang geglaubt hatte, eine Räubertochter und nicht die eines patriarchischen Beamten zu sein.

Sobald Bertrand Kegel seinen Beruf als Schuldirektor wiederaufgenommen und das Sagen im Hause an sich gerissen hatte, kehrte nüchterne Struktur in das Leben der Zehnjährigen ein. Um sechs Uhr in der Früh stand die gesamte Familie auf. Um acht Uhr ging Vroni zur Schule, um 13 Uhr wieder nach Hause. Punkt Viertel nach eins stand das Mittagessen auf dem Tisch. Um 14 Uhr sollten alle zu Mittag schlafen. Um 15.30 Uhr wurde der Tisch mit Butterkuchen gedeckt. Mit Kaffee. Und: mit Cognac. Einen Kaffee ohne Cognac gab es nicht. Zur Familie Kegel gehörten Cognac und Bier. Und Wein. Wein musste es sein am Abend, wenn die Mama ihrem Gatten die Brote in mundgerechten Häppchen servierte. Danach verschwand Papa Kegel, ohne einen Gutenachtkuss. Er ging einfach so in sein Zimmer und widmete sich statt seiner Familie seinen unangefochten größten Leidenschaften: dem Schreiben im Notiz-Tagebuch und der Briefmarkenkunde.

1966 begegneten sich Luise Kegel und Kalle Ludwig bei einem Offiziersball in Wilhelmshaven. Sie war damals 17 Jahre alt und machte gerade ein sehr gutes Abitur. Kalle Ludwig war knapp drei Jahre älter, inzwischen gelernter Tischler und derzeit auf einem Schiff der Bundesmarine angestellt. Was beide einte, war ein scharfer Verstand, ein gewisser Hang dazu, auf sich selbst aufmerksam machen zu können, und das stetige Gefühl, noch nicht das erreicht zu haben, was sie selbst glaubten, verdient zu haben. Die fixe Idee, die an beiden nagte, irgendwie von der Welt benachteiligt und noch nicht am Ziel ihrer Träume angekommen zu sein.

Kalle hatte die Unterstützung seiner Eltern bitterlich gefehlt: »Wenn ihr mir keinen Ausbildungsplatz zu Hause besorgt, suche ich mir alleine einen«, hatte er mit nur 14 Jahren entschieden, sein Fahrrad verkauft und von dem Erlös ein Ticket von Sellin zurück nach Bad Honnef gekauft. Das Heimweh war einfach viel schlimmer gewesen als die Angst vor dem Stiefvater, dem der Mut des Jungen schließlich auch imponierte. Dann hatte sich Kalle eigenständig an die Agentur für Arbeit gewandt und einen Ausbildungsplatz in einer Schreinerei bekommen, die unter anderem für die Innenausstattungen in Ministerien und in der Villa Hammerschmidt, dem damaligen Sitz des Bundespräsidenten, zuständig war.

Er begegnete und verhandelte bald mit Menschen, die Nachnamen trugen wie Momper, Walter oder Heuss. Er war darin auch sehr gut, stieg im Unternehmen stets weiter auf. Er verdiente viel und konnte sich mit 18 Jahren nicht nur eine eigene Wohnung leisten, sondern diese auch noch gut und stilvoll einrichten. Doch das alles reichte Karl-Heinz Ludwig nicht.

Er wollte sein eigenes Geschäft, wollte nicht länger für die Kassen anderer malochen. Denn die Kassen klingelten seit seiner Einstellung laut und oft, und so bat er seinen leiblichen Vater um Unterstützung: »Ich will ein Geschäft eröffnen und möchte dazu noch bei der IHK eine Ausbildung in Geschäftsführung absolvieren. Papa, hilfst du mir?«, fragte er.

»Du hast eine Lehre, das muss reichen«, antwortete der.

Da fing Kalle die Lehre bei der Industrie- und Handwerkskammer an und finanzierte sie sich selbst. Am Wochenende, wenn Gleichaltrige tanzen gingen, jobbte er dafür als Kellner in einem Ausflugslokal. Jedes Wochenende, zwei Jahre lang. Dann kam die Bundesmarinezeit.

Nun war das alles eine Weile her, und Kalle stand jetzt als Conférencier, als Moderator des Abends, auf der Bühne beim Offiziersball in Wilhelmshaven. Luise war in der Unterprima, Schülerin einer zwölften Klasse aus Zetel, die zum Tanz mit den Offizieren an diesem Abend geladen war. Als sie Kalle sah, wie er witzelte und wunderbare Geschichten vom Leben auf See erzählte, da erwachte in ihr wieder die Räubertochter, die schon als Kind vom Meer und wilden Abenteuern so begeistert gewesen war. »Komm her und tanz doch selbst«, hatte sie Karl-Heinz frech und fordernd zugerufen. Sie wollte weg, so dringend fort aus dem Alltag mit ihrem strengen Vater, der sie seit seiner Rückkehr so gefangen hielt.

Wohin, und was sie aus ihrem Leben machen wollte, das wusste sie nicht. Nur, dass der junge Mann da, der jetzt ihre Hand nahm und von der Bühne sprang, um mit ihr zu tanzen, dass der eine Chance auf ein besseres Leben zu sein schien, welches auch immer.

Doch es kam umgekehrt: »Mein Schwiegervater erkannte mein geistiges und mein kaufmännisches Potenzial«, erzählt Kalle Ludwig mehr als ein halbes Jahrhundert später. »Und er sagte zu mir: Bevor ihr beide heiratet, gehst du erst einmal zur Schule, denn einfach nur Handwerker ist nichts. Du hast mehr auf der Kiste.«

Und da war sie, jene Anerkennung und Unterstützung, die Kalle von Seiten seiner eigenen Eltern immer gefehlt hatte. Seine Chance, die der 21-Jährige, inzwischen mit Luise Kegel verheiratet, bereit- und leistungswillig annahm. Er wollte nicht enttäuschen, am allerwenigsten sich selbst. »Ich bin dann zur Abendschule gegangen, habe ein Studium der Wirtschaftswissenschaften gemacht, und Bertrand Kegel hat uns voll finanziert. Man kann sich keine idealere Familie vorstellen, in die ich da reingeheiratet habe: wohlbehütet, keinerlei Geldsorgen, Beamtentum, bürgerlich.« Kalle Ludwigs Träume wurden wahr.

Luise aber hasste all das. Am allermeisten das Gefühl, nicht mehr nur hinter ihrem Vater, sondern nun auch hinter ihrem Mann auf der Strecke zu bleiben. Kalle war jetzt ständig fort: in der Uni, zur Fortbildung, im Praktikum, das ihn bald zu einer Bank brachte, die ihn durch die Welt schickte, nach Zürich, Chicago, Hongkong und Paris. Und sie blieb zurück. In Zetel. Wurde »nur Lehrerin. Ganz wie Papa«, wie sie selbst abschätzig immer wieder klagte.

Aus irgendeinem Grund schien Luise Kegel, inzwischen Luise Ludwig, sich seit dem Tag der Rückkehr ihres Vaters aus dem Krieg viel mehr auf die Grenzen konzentriert zu haben, denen sie sich ausgesetzt fühlte, als auf die Möglichkeiten, die das Leben ihr bot. Sie wurde nicht angetrieben von Leidenschaft, sondern von Enttäuschung und Hass. Und sie fühlte sich permanent unfair behandelt, übersehen, ungehört. »Das alles verschlimmerte sich immer noch, je mehr ich dann erreichte«, erzählt Kalle Ludwig, der binnen weniger Jahre vom einfachen Bankkaufmann die Karriereleiter hoch zum Investmentbanker geschossen war. Schließlich bekam er von seiner Bank einen Mercedes samt Chauffeur zur Verfügung gestellt, jede Menge Boni in Aussicht, und einen Vorstandsposten und damit Einfluss auf die internationalen Finanzmärkte bekam er auch – »sodass ich wegziehen musste. Mit meiner Frau, weg aus deren Heimat, nach Frankfurt am Main.« Damit nahm er Luise das Letzte, wie sie glaubte, das ihr geblieben war: die Nähe zu ihrer Mutter.

»Das verziehen die beiden mir nie. Meine damalige Frau nicht – und auch nicht meine Schwiegermutter.«

Luise Ludwig verfiel in Groll und Lethargie. Sie ließ sich von dem Gefühl bald vollkommen einnehmen, dass Männer es per se einfacher haben als Frauen. Dass sie daher von Natur aus nie erreichen könne, was ihr Mann erreichen kann. Und dass alle Männer, ihr Kalle eingeschlossen, sie ungerecht behandelten.

Auf Karl-Heinz wiederum machte es den Eindruck, als wisse Luise in Wahrheit gar nicht, was sie eigentlich wollte. Als stünde sie sich selbst im Weg, denn wenn es wirklich ihr großer Wunsch war, Medizin zu studieren, statt Lehrerin an einem Gymnasium zu sein – wieso tat sie das dann nicht? Weil sie aus ihrer eigenen Begrenztheit nicht rausfand, so empfand Kalle es, wollte sie auch ihm immer mehr Grenzen setzen. Sie wollte einen Mann, der morgens zur Arbeit geht, um 16 Uhr wiederkommt, Kaffee trinkt, den Rasen mäht und am Wochenende frei hat. Wie ein Beamter. Wie ihr Vater.

Mit einem, der ständig um die Welt reiste, wollte sie jedenfalls auf keinen Fall ein Kind.

»Ich hätte das aber nicht gekonnt, meine Träume aufgeben. Allein die Vorstellung von diesem Beamten-Dasein, das wäre der Tod für mich gewesen. Und je mehr Luise an mir zerrte, desto öfter bin ich dann ausgerissen. Über Scheidung habe ich da, nur drei Jahre nach der Eheschließung, schon viel nachgedacht.«

»Ich bin schwanger«, war Luises überraschende Antwort auf Kalles Wunsch hin, sich bald und gütlich zu trennen. Das war ein sehr verzweifelter Versuch, ihn an sich zu binden. Aber es hat doch funktioniert. Denn Karl-Heinz war ja selbst ein Scheidungskind, und die Verletzungen, die durch die frühe Trennung erst von seinem Vater und dann, mit nur zwölf Jahren, von seiner Mutter entstanden waren, setzten ihm immer noch zu. Auch an Luise, die immerhin schon erwachsen gewesen war, als sie fortzogen, sah er wieder, wie fest das Band zwischen Kind und Mutter ist. Sein Kind kann er einfach nicht der Mutter entziehen, befand er. Und fasste den Entschluss, sich erst dann zu trennen, wenn sein Kind auf der sicheren Seite war.

Die folgenden, fast 30 Jahre glückloser Ehe hatten nur das eine Ziel: den Hochschulabschluss des Kindes.

Der Wunsch, einen Sohn zu gebären, wuchs mit Luise Ludwigs Bauch, bis er am Ende fast so groß war wie der, selbst ein Mann zu sein. Denn wäre sie ein Junge gewesen, dachte sie, hätte sie es im Leben besser gehabt. Dann würde sie jetzt Karriere machen, dann würde sie nun morgens von einem Fahrer abgeholt und käme erst abends um 21 Uhr, nach einem Essen mit Wein und wichtigen Persönlichkeiten, zu Kind und Frau nach Hause.

Panik machte sich während der Schwangerschaft in ihr breit, sie wollte keinesfalls ein Mädchen. Es musste einfach ein Junge werden! Michael solle er heißen, entschied sie, strickte ihren eigenen Zwängen verzweifelt ergeben hellblaue Socken, kaufte marineblaue Strampler, richtete das Zimmer für ihren Sohnemann ein.

Nur, dass der eine Tochter war.

Als Veronica Ludwig am 8. März 1975 das Licht der Welt erblickte, war sie nicht nur das Kind, das Luise Ludwig eigentlich nie hatte haben wollen. Sie war das falscheste Kind, das man sich für ihre Mutter vorstellen kann.

»Veronica wurde schlichtweg und ergreifend von ihrer Mutter nicht geliebt«, sagt ihr Vater, der heute wiedergutzumachen versucht, was seiner Tochter seit dem Tag ihrer Geburt an widerfahren ist. Sie habe immer um die Liebe ihrer Mutter gekämpft, aber die habe sie ihr nie geben können. »Alles ganz tragisch im Nachhinein.«

Er hätte alles viel früher erkennen müssen, meint er, nicht nur, wenn das Essen mal wieder verbrannt war. Da gab es noch viel mehr. Luise hat beispielsweise immer wieder mit Selbstmord gedroht, auch gegenüber ihrer Tochter. Sie hat Vroni in die Streitigkeiten der Eltern involviert. Und viel zu oft, der verrücktesten Belanglosigkeiten wegen, hat sie mit Veronica geschimpft.

Zweimal in zwei Jahren hat sie sogar ihren Führerschein verloren, weil sie betrunken Auto gefahren war. Das Gericht stellte einmal 2,8 Promille und einmal 2,9 Promille im Blut fest. »Spätestens da hätte ich schalten müssen. Wer so besoffen noch Auto fahren kann, der muss Alkoholiker sein«, stellt Kalle Ludwig fest, schweigt für einen Moment und räumt dann ein: »Zu Hause hat mich, dem Kinde zum Trotz, damals aber nie interessiert.«

Er hielt sich aus allem raus, er hat geglaubt, die Probleme der Familie mit Geld und Personal gelöst zu haben. Ein Kindermädchen gab es, eine Haushälterin, einen Gärtner. Und jeder Wunsch, der geäußert wurde, vom Fünf-Sterne-Urlaub bis zum Pferd, wurde sofort erfüllt.

Ludwig nennt sein jüngeres Ich »größenwahnsinnig«, »karrieregeil«, für papstähnlich habe er sich selbst gehalten. Sucht hat ja auch etwas Größenwahnsinniges an sich, und wenn man seinen Erzählungen lauscht, bekommt man bald den Eindruck, hinter seinem schnellen Aufstieg, seinem tiefen Fall, dem Suff, hinter alldem steckt im Grunde vielleicht eine ganz andere Form der Abhängigkeit: das große Bedürfnis nach Anerkennung, ja, gibt er zu, das treibe ihn seit jeher an. Geld sei ihm im Grunde nie wirklich wichtig gewesen, es war die Anerkennung, der Ruhm, worum es ihm immer ging. Die Bestätigung brauchte er, danach war er süchtig. Vielleicht nach jener Anerkennung und Unterstützung, die ihm von seinen Eltern verwehrt geblieben war.

»Das Schlimme ist doch, dass ich meiner Tochter aber auf jeden Fall genau das genommen habe: Anerkennung. Ich habe es verpasst, zu erkennen, dass die Liebe, die Veronica brauchte, dass niemand anderes außer mir ihr die geben kann. Stattdessen habe ich sie allein gelassen mit einer Mutter, die trank. Und die sie verletzte. Und darum ist der Preis für das ganze Getöse, das ich um meine Karriere gemacht habe, die Krankheit von Veronica.«

Doch wäre Veronicas Mutter nur eine böse Alkoholikerin gewesen – vielleicht hätte es alles einfacher gemacht. Das wäre wenigstens eine Art von Verlässlichkeit gewesen, und Veronica Ludwig könnte vielleicht heute, mit 43 Jahren, emanzipiert und selbst Mutter, endlich wütend sein. Wut kennt sie nicht. Nicht, wenn sie nüchtern ist. Das fällt auf.

Vroni erklärt stattdessen, ihre Mutter habe ihr auch immer irgendwie leidgetan. Sie habe sich verantwortlich gefühlt. Und lange, eigentlich bis zu ihrem Tod, gehofft: Wenn ich es nur richtig mache, wenn ich noch mehr gebe und sie endlich stolz und glücklich mache, vielleicht lässt Mama das Trinken dann sein.

Schuldgefühle mischten sich schon in jungen Jahren mit dem Gedanken, für ihre Mutter verantwortlich und ihr zugleich etwas schuldig zu sein. »Man kann bösartig sagen: Meine Mutter wusste immer alles. Aber meine Mutter wusste wirklich alles. Sie war wahnsinnig gut gebildet und hat mir von Orthografie bis zum Klavierspiel sehr viele Dinge beigebracht. Ich habe ihr viel zu verdanken«, sagt Vroni. Ohne ihre Mutter hätte sie es in keiner Weise so weit geschafft. Ohne sie wäre sie nicht einmal Ärztin. Luise Kegel hatte Veronica nach dem Abitur zum Medizinstudium gebracht.

Ein Gärtner stutzt im Garten die Koniferen. In der Küche klappert Lola mit Kochtöpfen, saugt und wischt. Veronica Ludwig sitzt in einem schwarzen Ledersessel, vor dem ein Fußhocker und daneben ein schwarzer, hochglänzender Beistelltisch mit ein paar Büchern und Magazinen stehen. Ein Glas Wasser ist auch darauf, daran scheint die Ärztin sich förmlich festzuhalten. Sie lehnt sich zurück, schaut gedankenverloren umher – als suche sie nach Antworten bei jenen Geistern ihrer Vergangenheit. »Das Bedürfnis«, sagt sie dann, »meiner

Mutter nachzueifern, ihr zu beweisen, dass ich klug und liebenswert bin, das hat mich in gewisser Weise auch immer wieder vor dem Totalausfall bewahrt.« Es klingt ziemlich irrwitzig, nach so vielen Geschichten, die vor allem offenbaren, wie grausam Luise Ludwigs Lieblosigkeit war.

Eine dieser Geschichten geht so:

Die Lichter tanzten, und dichter Nebel verwebte die rund 150 Studenten zu einer bebenden Masse. Im Ratskeller in Aachen stand die Luft. Es war furchtbar heiß, und Veronica wollte schon gehen, als ihr Blick plötzlich ihn traf: Stefan. Einen Kommilitonen, groß, breitschultrig, in den Vorlesungen hatte er ein paar kluge Fragen gestellt. Veronica, 20-jährig, war bald fürchterlich verliebt.

Aber sie traute sich einfach nicht, ihn anzusprechen. Sie war schüchtern, unsicher, fühlte sich minderwertig und nicht begehrenswert – was niemand ahnte, so taff und ehrgeizig sie sich immer gab. Und was sie niemandem anvertraute, außer Jennifer, ihrer besten Freundin an der Universität.

»Komm, trink das. Das macht dich locker«, sagte eine Freundin auf dieser Party – und hielt Veronica ein Glas Prosecco hin. »Ich kann das nicht mit ansehen, wie du den Stefan anhimmelst. Trink das, sonst wird das nie etwas.«

Es war das erste Mal, dass Veronica Alkohol trank – und war gleich mit dem Zweck belegt, lockerer zu sein. Wirkung zu zeigen. Ihr Kraft zu geben, die sie sonst nicht hat. Schon das erste Mal war es Missbrauch. Mit heilender Hoffnung behaftet, ganz so als sei es ein Medikament.

Das Tragische war: Es funktionierte. Schon die ersten Schlucke ließen sie sich mutiger fühlen, freier, ganz so, als hätte sie ein ihr permanent die Luft abschnürendes Korsett abgelegt. Veronica tanzte, als stecke sie im Körper eines Models. Sie schwitzte und fühlte sich irgendwie sexy dabei. Ihr Verstand verlor jedwede Schärfe, klare Gedanken und Ängste fanden plötzlich keinen Platz mehr. Geil, total geil, fand sie das. Selbst, als ihr ein bisschen schummrig wurde, hielt sie das nicht auf. Wenn nicht jetzt, wann dann, dachte sie, tanzte sich ein Stückchen näher rüber zu Stefan, sah ihn eindringlich an. Kurze Zeit später knutschten die beiden herum.

Stefan konnte gar nicht genug von Veronica bekommen, so wild war sie, und er lud sie, als es draußen schon hell wurde, noch zu sich nach Hause ein. Aber der Rausch ließ nach, und die Gedanken wurden wieder klarer. »Nein danke«, lehnte Veronica ab. So schnell sollte das alles dann doch nicht gehen.

Im darauffolgenden Frühjahr gab es eine Beachparty an einem See. Veronica hatte inzwischen öfter mal was getrunken, unter anderem auch mal härteren Alkohol, Wodka mit Tonic und Rum mit Cola probiert. Am liebsten mochte sie aber Wein, ganz einfach. Nur den weißen. An diesem Abend gab es fünf, sechs Gläser davon.

Wie erhofft, endete er in Stefans Armen. Sie küssten sich wieder, wurden wahnsinnig leidenschaftlich, und schließlich sagte er zu ihr: »Komm mit.«

Das ist die Stelle, an der Veronica Ludwig, so wie sie jetzt mehr als 20 Jahre später von dieser Nacht erzählt, ihre Geister wieder einholen, Zweifel säen, ihr das Gefühl geben, falsch zu sein. »Selbst schuld«, sagen sie ihr mit Blick darauf, worum es gleich geht. »Schlampe.« Und: »Du hast es nicht anders verdient.«

Sie schüttelt sie ab, blickt kurz aus einer Vogelperspektive auf ihr jüngeres Ich, urteilt dann: »Irgendetwas Unvernünftiges war in mir. Und das Vernünftige in mir war so blau, dass ich mitgefahren bin.«

Sie ging mit in eine Wohnung, die nicht viel mehr als eine Bruchbude nur mit Kühlschrank, einem Telefon und einer Luftmatratze gleich neben der Heizung war. Nun war sie da, wo sie so schnell eigentlich gar nicht hinwollte.

Und wo alles endgültig außer Kontrolle geriet.

Stefan war sehr groß und sehr schwer, ein Leichtathlet und auf die Fachrichtung Sportmedizin aus. Er wurde fordernder, forscher, gröber. Er warf sich auf sie, fummelte an ihr rum, und Veronica kam unter seinem Gewicht nicht mehr los. Stunden später lag sie reglos neben der gluckernden Heizung und hat sich vor Schmerzen kaum gerührt. Irgendwann fiel sie vor Erschöpfung in einen unruhigen Schlaf.

Am nächsten Morgen, als sie aufwachte, kroch sie auf allen vieren leise zum Telefon. Sie rief ihre Freundin Jenny an, bat sie, sie abzuholen – was die auch tat. Sie nahm Veronica mit zu sich nach Hause, wo diese drei Tage lang blieb. Veronica konnte nichts essen, nicht schlafen und vor lauter Weinanfällen auch nicht klar denken und nicht ordentlich reden. Sie müsse den Typen anzeigen, meinte Jenny. Aber Veronica traute sich nicht: »Jeder weiß doch, wie sehr ich verknallt in ihn war. Ich bin freiwillig mitgegangen, und ich war total besoffen. Was soll ich denn bitte der Polizei erzählen?!«

Als Veronica ein paar Tage nach dem Vorfall in die Semesterferien nach Hause fuhr, bemerkte auch ihre Mutter, dass etwas nicht stimmt.

»Was ist los?«, fragte sie sie.

Und Veronica hat ihr die Wahrheit erzählt – weil sie ihre Mutter brauchte, in diesem Moment vielleicht mehr denn je. Sie brauchte Zuspruch, und sie brauchte Trost. Und jemanden, der sie in den Arm nahm und ihr versicherte, alles werde gut, der Mistkerl werde seine Strafe bekommen, das brauchte sie auch.

Stattdessen bekam sie eine Antwort, die sie so schwer verletzte, dass sie sich davon im Grunde ihr Leben lang nicht mehr erholt: »Du wirst ihn ja ganz schön gereizt haben, Flittchen«, sagt Luise Ludwig. Und: »Reiß dich mal zusammen.«

»Das war das Brutalste für mich«, sagt Veronica. Und dass sie trotzdem eigentlich nur wütend auf sich selbst war. Sie suchte bei sich die Schuld und redete sich ein, immer noch verliebt in Stefan zu sein. Denn kämen sie zusammen, dachte Veronica, dann war das alles ja halb so schlimm. Er hätte das dann aus Liebe getan. Und sie wäre keine Schlampe, so wie ihre Mutter es sagt.

»Heute weiß ich, dass das nicht so ungewöhnlich ist, dass Opfer einer Vergewaltigung sich selbst die Schuld geben, aber damals habe ich mich für all das gehasst. Immer mehr noch, als Stefan nachträglich auch noch anfing, über mich herzuziehen und all seinen Kumpels zu erzählen, ich sei eine Schlampe. Er stieß ins gleiche Horn wie meine Mutter. Und ich begann dann auch, mich so zu verhalten. Irgendwann schlief ich mit einem Freund von ihm, dann mit einem anderen ... Es war sowieso alles egal. Ich habe ja niemanden interessiert.«

Karl-Heinz Ludwigs Sucht nach Anerkennung hatte ihn ein paar Jahre zuvor in den Ruin geführt. Um seine Steuerlast zu drücken, hatte er in Immobilien investiert. Und sich, um noch mehr Rendite zu erwirtschaften, außerdem zwei Investment-Beratungsunternehmen und ein bald unüberschaubares Portfolio von Aktien und riskanten Hedge-Fonds-Papieren zugelegt. Dann kam der Schwarze Montag. 1987. Und Kalle Ludwig verlor fast all sein Geld an nur einem Tag. Das Problem waren nicht einmal nur die Aktien und Wertpapiere, noch größere Probleme machten die Liquiditätsprobleme der Firmen nach dem Börsencrash. Gerichtsvollzieher räumten bald seine Betriebe, Steuerfahnder beschlagnahmten sämtliche Unterlagen, es gab Hausdurchsuchungen, man wollte Kalle Ludwig sogar wegen angeblicher Insolvenzverschleppung verhaften – aber er hat das gar nicht mehr richtig mitbekommen, weil er permanent nur noch betrunken war. Über all die Jahre der Insolvenz hinweg, durch die mehr als 100 Prozesse hindurch, wurden nach und nach ein Kasten Bier und eine Flasche Korn oder anderthalb seine Tagesration.

Dann kam er in die Klinik.

»Papa, ich bin fertig«, erreichte ihn wenige Monate nach seinem Entzug der langersehnte Anruf von Veronica. Es war 2003, seine Tochter hatte ihren Abschluss an der RWTH gemacht. Und noch am selben Tag sagte Kalle Ludwig zu Luise: »Pack die Koffer, du ziehst heute hier aus.«

Danach rief er Lisbeth an, die er im Alter von neun Jahren in der Volksschule kennengelernt hatte – und die er seit diesem Tag liebt. Es war der perfekte Moment für zwei, die schon um die 60 Jahre alt waren, um dann plötzlich alles, was sie sich bis hierhin aufgebaut hatten, zu verlieren. Auch Lisbeth, zeitlebens als Sekretärin bei einem großen Konzern angestellt, war arbeitslos geworden, einem Rationalisierungsprozess zum Opfer gefallen, und mit inzwischen 56 Jahre »schlicht nicht mehr vermittelbar«, wie sie sagt. »Ich bekam furchtbare Existenzängste.«

Und in dieser Situation kam Karl-Heinz. Er wollte nichts, er klagte nicht, er hörte nur zu.

»Ich war in der Gosse gelandet. Das war der Moment, in dem Lisbeth mich nahm«, sagt der 74-Jährige. Und dass er erst da eigentlich wirklich reich geworden war, weil er durch Lisbeth gelernt habe, dass ein zufriedenes Leben mehr mit Geben zu tun hat als mit Nehmen. Mit Verständnis, Respekt und Toleranz. Mit Achtsamkeit für sich und anderen gegenüber. »Wenn man das beherzigt, bekommt man alles doppelt und dreifach zurück.«

Luise Ludwig blieb, bis sie 2007 an einer Leberzirrhose starb, allein mit ihrem Seelentröster.

Bis zum letzten Atemzug hat sie es abgelehnt, sich eine Alkoholikerin zu nennen. »Sie war eine Meisterin der konsequenten Realitätsverweigerung«, sagt Kalle. »Nach dem Motto: Was heißt denn hier Geisterfahrer, mir kommen Tausende entgegen!«

Nur, dass jene Geister nun ihrer Tochter entgegenschlagen.

»Die allerfurchtbarste Vorstellung«, sagt Veronica, sei es, »dass ich diese Krankheit an Ronja vererbe. Oder dass meine Sucht etwas mit ihr anrichtet.« Sie macht eine Pause, denkt nach, tröstet sich mit dem Gedanken, immerhin warmherzig und von den Ausfällen alle paar Wochen mal abgesehen für ihre Tochter immer da und ihr liebevoll zugewandt zu sein.

Sie hat sich unbedingt ein Mädchen gewünscht. Eins, das Unsinn macht und sich was traut. Und als ihr Traum wahr wurde, suchte sie ganz bewusst einen Namen für ein starkes, wildes Mädchen aus. Ronja passt perfekt.

Veronicas Tochter ist frech, fröhlich – und neugierig ist sie auch. Sie will jetzt die Erwachsenen-Gespräche mitbekommen. »Dabei sein«, sagt sie und lehnt sich schmunzelnd an ihre Mama an, wartet, scheinbar in der Hoffnung, dass man ihr Bleiben einfach nicht bemerkt. Veronica kitzelt sie, ein Kinderlachen, laut und ehrlich, hallt durch das riesige Wohnstudio. »Geh noch einmal kurz in dein Zimmer, Schatz. Dann darfst du später auch ein bisschen fernsehen.«

»Okay!«, schreit Ronja. Und macht sich schnell auf – um zu spielen, in ihrem durch und durch rosafarbenen, bis unter die Decke mit allerlei Mädchenkram gefüllten Kindertraum.

»Ich wollte das, genauso. Alles rosa, glitzernd, prinzessinnenhaft«, schmunzelt Veronica. Mit ihrer Tochter holt sie auch ein Stück weit ihre eigene Kindheit nach – und macht mit ihr gemeinsam Dinge, die sie als Kind nicht durfte – gemeinsam wird gebürstet, geschminkt und in der Puppenküche gekocht. Veronicas Augen öffnen sich, als sie vom Puppenspiel mit ihrer Tochter erzählt. Die Brauen wirken entspannter, die kleine Zornesfalte gleich über den Nasenflügeln ist plötzlich weg. Entspannt lässt sie endlich die Pumps von ihren Zehen plumpsen, als der kleine Wirbelwind schon wieder angerannt kommt. Ronja muss etwas zeigen, »ganz dringend, Mama«.

Dann setzt sie sich auf das graue Parkett in den Schneidersitz. Sie streckt die Arme 90 Grad nach vorn, ballt die Fäuste, zieht sie dann ruckartig an sich heran, neben die zarten Hüften, winkelt die Arme daran kraftvoll an. »Ich bin stark. Ich bin stark«, prustet sie durch ihre langen goldenen Haare, die ihr durch die Bewegung, die den kleinen Körper hat beben lassen, ins Gesicht gefallen sind. Sie streckt wieder die Fäuste, zieht die Arme schnell wieder ran, knurrt schelmisch: »Ich bin mutig. Ich bin mutig.« Dann hüpft sie auf, rennt rüber zum schwarzen Sessel, zieht am Kostüm ihrer Mutter und fordert: »Mach mit, Mama. Mach mit.«

Also setzt Veronica sich neben ihr fast vierjähriges Kind. »So. Was muss ich tun?«, fragt sie mit gespielt aufgeregter Stimme.

»Du musst dich so setzen«, erklärt Ronja. »Ein Bein über das andere, die Fußsohlen nach oben, damit negative Energie abfließen kann.«

»Hui«, prustet Veronica, macht es nach, so wie ihre Tochter es ihr sagt, und ächzt: »Ich bin aber nicht so gelenkig wie du, du kannst das viel besser als ich.«

»Ist egal, Mama. Hier geht es nicht um gut oder besser.«

»Okay, okay«, Veronica setzt sich extra aufrecht hin.

»Und jetzt die Arme nach vorn.«

Die Mutter macht es dem Mädchen nach.

»Ich bin stark«, sagt die Kleine und zieht die Arme wieder ran, die Fäuste nach oben, sodass die Pulsadern frei liegen. »Ich bin stark«, sagt Veronica.

Arme wieder vor, »ich bin stark«, faucht Ronja. Arme wieder ran, neben die Hüften, fest verankert, als zeige sie der Mama, wie das mit dem Starksein geht.

Und wieder vor: »Ich bin mutig«, Arme ran, zack, Arme vor: »Ich bin mutig«, sagen beide nun im Chor.

Veronica wird nicht aufgeben.

# Überblick: Drogen und Suchtsituation in Deutschland (Teil 2)

Nach Angabe der Bundesregierung leben 2,65 Millionen Kinder und Jugendliche in Deutschland mit einem alkoholkranken Elternteil. NACOA Deutschland – die Interessenvertretung für Kinder aus Suchtfamilien e. V. – geht davon aus, dass etwa zehn Prozent der deutschen Bevölkerung in ihrer Kindheit durch ein familiäres Suchtproblem belastet wurde oder wird. Andere Quellen sprechen von nur sechs Millionen – immer noch genug. Denn Kinder aus suchtbelasteten Familien entwickeln später oft ein eigenes Suchtproblem und tragen weitere Gesundheitsrisiken. Nach amerikanischen Studien verursachen sie um bis zu 32 Prozent höhere Gesundheitskosten durch langfristige Folgen wie psychische Erkrankungen, zum Beispiel Depressionen, Neurosen, Persönlichkeits- oder Affektstörungen. Werden diese nicht behandelt, leidet darunter wiederum die nächste Generation.

Ein bestimmtes Gen, durch das man Sucht vererbt, wurde bislang nicht eindeutig identifiziert. Was man allerdings heute weiß, ist, dass eine bestimmte Gen-Konstellation Suchtanfälligkeit verstärken kann – aber nicht muss.

Als sicher gilt, dass nicht nur ein süchtiges, sondern auch ein Laisser-faire-Verhalten der Eltern gegenüber Drogen die Suchtgefahr der Kinder erhöht. So hat unter anderem eine Langzeitstudie im Auftrag der Krankenkasse DAK und des Bundesbildungsministeriums ergeben, dass Zwölfjährige, deren Eltern mindestens einmal pro Woche Alkohol trinken, im Erwachsenenalter fast doppelt so häufig exzessiv trinken als Kinder, in deren Familien Alkohol nie eine Rolle spielte.

Alkohol ist neben Tabak der gefährlichste und tödlichste Suchtstoff. Jedes Jahr sterben in Deutschland geschätzt 74.000 Menschen an den direkten und indirekten Folgen ihres Alkoholkonsums. Zählt man diejenigen hinzu, die an durchs Rauchen ausgelösten Krankheiten sterben, kommen rund 100.000 hinzu. Die direkten und indirekten Kosten, die durch Alkoholkonsum und Rauchen verursacht werden, werden auf 40 Milliarden Euro (Alkohol) beziehungsweise 79 Milliarden Euro (Rauchen) geschätzt.

# 7 Suche – Eine Frau kämpft gegen die Kokainsucht ihres Sohnes, der inzwischen selbst Vater ist

Sophies Sohn Maik war ein Musterschüler, ein Skisprung-Talent, ein weitgehend unkompliziertes Kind. Bis er selbst Vater wurde. Mit seiner Frau stürzte er tief in einen Sumpf aus Drogen und durchrauschten Nächten, der beinahe in einer Katastrophe endete. Und Sophie kämpfte, allen Widerständen ihres Jungen zum Trotz. Um den Enkelsohn.

Du gingst, Kind, Du gingst
Hast mir das Herz zerbrochen
Es schlägt nicht mehr im Takt
Willst Deiner Wege gehn
Hast mich verlassen
Willst Zukunft sehn
Die nicht mehr meine ist
Willst nicht mehr hören
Ich kann Dich nicht halten
Deine Zukunft ist nicht mehr meine
Ich blicke schon zurück
Und alte Bilder an
Die mir die Tränen treiben
Da die Zeit für immer verloren ist
Ich will noch ein wenig die Fäden halten
Zwischen Vergangenem
Und Deinen Sternen

Die Du am Himmel siehst
Gleite langsam zurück auf die Erde
Meine Luft wird immer dünner
Das Herz schlägt nicht mehr im Takt
Möge das Schicksal
Sanft mit Dir verfahren
Und nicht zu grob
Ich kann Dich nicht mehr halten
Nur meine Liebe zu Dir
Ewiglich

**FÜR MEINE KINDER _ SH, 2016**

Draußen spielen, das war mir als Kind das Liebste. Damals ging das ja noch. Als ich klein war, konnte man auf den Straßen, in Feldern und Wäldern toben, überall Hütten bauen, auf dem Gehweg seilspringen und hüpfen, alles, was Kinder eben gern machen.

Ich sehe mich noch im Hauseingang auf der Treppe sitzen und ein Glas Joghurt löffeln, als ich Patrick das erste Mal sah. Ich war sieben, er zehn Jahre älter. Und ich habe mich sofort in ihn verliebt. Wieso, darüber habe ich eigentlich noch nie so richtig nachgedacht. Aber jetzt, wo ich über meine Vergangenheit nachsinne, um rauszufinden, wie das mit Maik geschehen konnte, da werden mir alte, familiäre Zusammenhänge immer klarer.

Ich denke heute, es war schon damals Patricks ruhige Art, die mich magisch angezogen hat. Sosehr ich meine Großeltern geliebt habe, bei denen ich nach dem Tod meiner Mutter aufgewachsen bin, und so lieb sie zu mir waren, sie haben sich auch sehr viel gestritten. Und sie haben mich auch manchmal in ihre Auseinandersetzungen mit hineingezogen, ich sollte Partei ergreifen und erklären, auf wessen Seite ich stand. Mich quasi für den einen oder den anderen entscheiden. Furchtbar war das.

Meine Großmutter war ein Temperamentsbolzen, eine süddeutsche, mit beiden Beinen im Leben stehende Frau. Er war eher der ruhige Typ, ein Ostwestfale. Einer, der nicht immer reden musste, erst recht nicht mit jedem. Da hat es sehr oft gekracht. Meine Großmutter war immer unzufrieden mit ihm.

Viele Jahre später sollte es zwischen Patrick und mir ganz genauso werden, das wird mir erst jetzt allmählich bewusst. Auch wir zwei sind so verschieden, ich lebendig, das Herz immer auf der Zunge tragend. Er eher ein Kopfmensch, meist in seine Gedankenwelt zurückgezogen.

Aber damals als Heranwachsende, bei all dem Chaos, das ich erlebt hatte, suchte ich, wohl unbewusst, nach einem Menschen, der mir Sicherheit gab. Bei dem ich mich geborgen fühlen würde. Patrick gab mir ein Gefühl für Beständigkeit. Und er war, das muss man sagen, über all die Jahre hinweg auch für unsere Kinder immer ein Fels in der Brandung. Und ein Segel im Wind.

Patrick ist der Sohn eines zwar weniger wohlhabenden, aber überaus gebildeten und beliebten Ehepaars. Sie waren Freunde meiner Eltern. Seine Familie zog irgendwann in die Straße, in der auch meine Großeltern lebten. Wir trafen uns oft zufällig, wenn ich mal wieder mit Freunden auf der Straße spielte, aber er schenkte mir jungem Küken natürlich keinerlei Beachtung. Bis zu einer Geburtstagsparty meiner Tante, als ich inzwischen 15 war. Auch Patricks Eltern kamen. Und sie brachten ihn zu meiner großen Freude mit. Irgendwie musste ich Patrick, der inzwischen schon 25 war, auf mich aufmerksam machen, und da habe ich auf einem Rasenplatz so lange Kopfstand-Überschlag gemacht, bis er mich endlich wahrnahm. Er blickte mich amüsiert an, das beobachtete ich ganz genau. Gesprochen hat er aber immer noch nicht mit mir.

Das geschah erst zwei Jahre später, wir begegneten uns bei einem Straßenfest. Ich war 17, und offenbar fand mich Patrick plötzlich attraktiv. Er wich den ganzen Abend nicht von meiner Seite, und wir verabredeten uns beim Verabschieden sogleich für den nächsten Tag.

Seitdem sind wir ein Paar. Zwei Jahre später habe ich, mit dem Einverständnis meiner Großmutter, denn mit 19 Jahren war man damals noch nicht volljährig, Patrick geheiratet. Das ist nun 45 Jahre her – inzwischen bin ich 64 und er 74.

Zu heiraten war für uns selbstverständlich, denn wir wünschten uns ein Kind. Ich hatte nach dem Abitur ein Studium an einer Kunsthochschule angefangen. Meine Mutter war Amateur-Zeichnerin gewesen, sie hatte das Zeichnen mehr als ein Hobby angesehen. Dabei malte sie wunderschön, und die positive Energie, die von ihren Bildern ausging – sie hingen bei meinen Großeltern überall, im ganzen Haus –, erreichte mich und schenkte mir Mutterlosen auf diese Weise ihre ganze Kraft. Ich wollte Malerin werden. Und offenbar hatte ich das Talent meiner Mutter geerbt. Die Aufnahmeprüfung an der Hochschule bestand ich auf Anhieb, und mein Professor glaubte fest an mein Können. Dennoch brach ich das Studium nach zweieinhalb Jahren ab – und zwar aus dem schönsten Grund, den man sich vorstellen kann: Ich war endlich schwanger.

Ich wollte unbedingt eine Familie: Vater, Mutter, Kind – so, wie ich eben nicht hatte aufwachsen dürfen. Vor Maik hatte ich zwei Fehlgeburten gehabt, und auch in der Schwangerschaft mit ihm gab es viele Probleme. Ich musste fast die gesamten neun Monate liegen und hatte dementsprechend immer Angst um ihn.

Auch später noch.

Das lag vielleicht auch daran, dass Maik sich so hart auf die Welt kämpfen musste. Seine Geburt war das Schlimmste, was ich je an Schmerzen erlebt habe, ich bin fast gestorben. Man hatte mir ein starkes Mittel zur Wehenförderung gegeben, um die Geburt, die ins Stocken geraten war, wieder voranzutreiben. Ich meine, später einmal gelesen zu haben, dass dieses Mittel heute nicht mehr so einfach gegeben wird. Ich wüsste wieso, denn daraufhin wurden die Wehen so unmenschlich heftig, dass ich furchtbar geschrien habe und mir am liebsten den Bauch selbst aufgeschnitten hätte. Mein Körper war danach voller Hämatome, weil mir beim Pressen so viele Blutgefäße geplatzt sind, und ich hatte im ganzen Unterleib schwere Rissverletzungen.

Auch für den kleinen Maik in meinem Bauch muss es eine fast 30-stündige Tortur gewesen sein. Als er am 9. August 1976 endlich das Licht der Welt erblickte, war mein armes Baby ganz zerquetscht. Ich konnte ihn nur kurz trösten, bis die Nabelschnur durchtrennt wurde. Dann wurde er fortgebracht. Ich sah ihn erst am Morgen wieder, als er mir zum Stillen angelegt wurde. Doch auch danach kam er gleich wieder ins Neugeborenenzimmer, ich weiß noch, dass ich schrecklich geweint habe, weil ich mein Kind nicht bei mir behalten durfte. Und er hat seine Mama sicher auch vermisst. Er wuchs monatelang in mir heran, kämpfte sich aufs Härteste in die Welt hinaus und wird dann von seiner Mama, von mir, alleingelassen, so muss er das empfunden haben. Womöglich ein lebenslanges Trauma … für uns beide. Es tut mir so furchtbar leid. Ich hatte mich so auf ihn gefreut, und der Beginn seines kleinen Lebens war so dramatisch. Statt in meinen Armen Trost zu bekommen, lag er in einem entfernten Raum in einem metallenen Gitterbettchen, mal schreiend, mal schlafend, immer allein gelassen. Das war das Erste, was wir miteinander erlebt haben.

Rührt daher seine anhaltende Wut auf mich, frage ich mich manchmal?

Anders kann ich es mir nicht erklären, wenn er wieder einmal nicht mit mir redet und wochenlang nicht an sein Telefon geht, auf meine Nachrichten nicht antwortet. Wenn ich wieder einmal verzweifelt nach einer Antwort auf die Frage suche: Warum tut er mir so weh, dass ich nächtelang wachliege, dann denke ich an diesen 9. August 1976. Und ich bin dann sicher, dass es diese unbarmherzige Geburt ist, die zwischen uns steht.

Dass Maik mir unbewusst vielleicht übelnimmt, dass sein Start ins Leben so wenig freudvoll war. Auch ich hatte daran zu nagen, dass ich in diesem für viele Frauen glücklichsten Moment des Lebens nichts als Schmerzen und Qualen und Verlustangst ertragen musste.

Heute würde ich sagen: Ich habe Maik – und auch seinen knapp drei Jahre jüngeren Bruder Stefan – immer sehr bemuttert und dadurch eingeengt. Ich wollte die beiden so lange wie möglich bei mir halten und ihnen nahe sein. Unsere Verbundenheit so intensiv und andauernd wie nur irgend möglich spüren. Die Angst, Maik zu verlieren, so, wie ich meine Eltern und auch die beiden Wunschkinder vor seiner Geburt verloren habe, die wurde ich offen gestanden nie so richtig los.

Genau das wäre aber beinahe passiert. Am 2. April 2011. In der Nacht hat Maik versucht, sich selbst zu töten. Ein Mann von damals 35 Jahren. Er war inzwischen schon selbst Vater eines fünfjährigen Sohnes. Und ein sehr erfolgreicher Immobilienmakler in Berlin. Er hat versucht, sich die Pulsadern aufzuschneiden, weil ihm das Leben ohne Kokain nicht mehr erträglich war. Und mit Kokain offenbar noch weniger. Er war komplett im Drogenrausch, als er diesen Irrsinn veranstaltete. Und ich konnte es nicht verhindern, habe nicht einmal gewusst und auch nicht erkannt, wie schlecht es ihm wirklich ging. So schlecht, dass er seinen eigenen Sohn, den er über alles liebt, das weiß ich, beinahe alleingelassen hätte ... für immer.

Bis heute weiß ich nicht im Detail, was Maik alles erlebt hat. Ich will es auch gar nicht so genau wissen. An manch einer Stelle kann ich daher nur mutmaßen. Oder wiedergeben, was er mir gegenüber preisgegeben hat. Das ist oft nicht viel. Aber ich weiß, dass er und seine Frau Kerstin jahrelang immens viele Drogen konsumiert haben. Dass es viele Demütigungen, Betrug, auch Gewalt zwischen den beiden gab. Und dass sie zum Schluss überwiegend nachts unterwegs waren – meistens in Puffs, in denen auch Berliner Prominenz an der Bar hockt, durch die kamen die überhaupt erst dorthin. Das galt als chic in den Kreisen, in denen sie verkehrten. Ob sie auch die Dienste der Prostituierten nutzten? Ich kann es mir nicht vorstellen. Maik ist auch gar nicht der Typ dazu. Außerdem hat er meine Schwiegertochter abgöttisch geliebt. Die beiden sind, denke ich, dahin gegangen, weil sie sich dort verstanden und unter ihresgleichen fühlten. Viele der Gäste dort haben große Mengen Alkohol konsumiert und auch gekokst. So hat Maik es mir später jedenfalls erklärt. Ich habe das alles nicht verstanden. Wie kann man sich unter Zuhältern und Nutten geborgen fühlen? Aber Maik gefiel es in der Nähe von Menschen, die das Extreme und Exzessive suchten und lebten, in der Nähe von Suchenden und Süchtigen, er und Kerstin fühlten sich unter ihnen echt und nicht so allein. Dort hatten sie das Gefühl, niemandem etwas vormachen und nichts leisten zu müssen. Auch Kerstins Vater John kam offenbar manchmal mit. Das ist mir bis heute völlig schleierhaft, wie ein Vater gemeinsam mit seiner erwachsenen Tochter und deren Mann so tief hinabsteigen kann und sie sich alle drei am Ende völlig verlieren können. Doch davon wussten ich und Patrick erst einmal ja gar nichts.

Und es ist gleich doppelt so schwer zu verstehen, weil es doch am Anfang noch so schön war.

Als Maik Kerstin kennenlernte, war er bereits in seinem Beruf als Immobilienmakler erfolgreich, nur bei Frauen fehlte ihm der Mut. Kerstin lernte er über ein Dating-Portal kennen, was heute ja völlig normal ist. Hätte man mich gefragt, wäre mir für meinen Sohn eine liebevollere und ausgeglichenere Frau lieber gewesen, aber ich hätte niemals etwas ungefragt in dieser Richtung gesagt, schließlich war es Maiks Leben. Und als Kerstin dann schwanger wurde, freuten wir werdende Großeltern uns auch sehr mit dem jungen Paar. Überraschenderweise wurde Kerstin während ihrer Schwangerschaft auch viel umgänglicher und freundlicher. Darüber freuten sich Patrick und ich natürlich. Sie fragte mich schließlich sogar, ob ich nicht bei der Geburt dabei sein könne, das wünschte sich auch Maik zur Unterstützung. Und Kerstin hatte zu ihrer eigenen Mutter, ihre Eltern lebten getrennt, schon lange keinen Kontakt mehr.

Dann war es endlich so weit: 2006 wurde Jan, mein Enkelsohn, geboren – und Kerstin legte mir den Säugling auch gleich nach der Geburt in die Arme, was mich überglücklich machte. Das Wichtigste war für mich natürlich: Das Baby war kerngesund. Erst später schloss ich daraus, dass Kerstin während der Schwangerschaft keine Drogen genommen hatte. Vorher sicherlich schon, wie ich heute weiß.

Patrick und ich waren sofort in den Kleinen verliebt, und wir halfen Maik und Kerstin, so gut wir es konnten, passten auf Jan hin und wieder auf und kauften den jungen Eltern die Möbel fürs Kinderzimmer, legten ein Sparbuchkonto an. Was man eben als Großeltern so macht.

Das ganze erste Babyjahr gab es noch viele freudige und glückliche Momente. Auch wenn es da ab und an schon schwieriger zu werden begann. Ich bin sehr viel mit den dreien nach Lissabon gefahren, Kerstins Familie besitzt dort ein sehr hübsches, großes Haus. Sie hatte auch als Chefin einer Werbeagentur Elternzeit nehmen können, Maik als Makler war sowieso relativ flexibel. Er muss hin und wieder reisen, kann aber auch oft von zu Hause aus arbeiten – egal, wo das gerade ist. Das Klima in Portugal, wo es inzwischen Winter war, bekam uns gut. Auch zu dieser Zeit waren Maik und Kerstin clean. Bei Maik bin ich mir sicher, bei Kerstin nicht so ganz. Sie hatte so unfassbar starke Stimmungsschwankungen, was ich damals aber auf die Hormone schob. Sie hat auf jeden Fall nicht gestillt, und es wurde viel getrunken. Vor allem, wenn auch Kerstins Vater John und dessen Freunde von der Bundeswehr dort waren. Auch in Portugal ging John schon oft mit, wenn seine Tochter Kerstin und Maik abends zum Feiern gingen. Für mich war das immer merkwürdig. Da wurden einige Grenzen überschritten, finde ich heute.

Kerstin, Maik, John und seine Freunde kamen mitten in der Nacht erst nach Hause, und alle schliefen dann auch in diesem Haus. Ich hatte derweil die Stellung gehalten, war die ganze Zeit beim Kind geblieben. Das habe ich auch gern gemacht. Ich war nur unglücklich darüber, dass die anderen so wenig Rücksicht auf das Baby nahmen, immerhin war der Kleine da ja erst ein paar Monate alt. Es wurden immer wieder bis ins Morgengrauen dieselben Songs gespielt. Und laut gesprochen, gelacht, getanzt. Patrick und ich hatten zwar auch gefeiert, als Stefan und Maik klein waren – aber unser Haus hatte mehrere Etagen, und die Kinderräume lagen geschützt. Hier wurde überhaupt keine Rücksicht darauf genommen, dass ein Baby seinen Schlaf braucht: »Ein Kind hat auch in der Kneipe zu schlafen, es ist nicht geräuschempfindlich, das Kind schläft überall, so ist das nun einmal in Portugal«, sagten Kerstin und John mir damals.

Sorgen machte ich mir auch, weil Maik und Kerstin so viel miteinander stritten. Wegen allem Möglichen, auch vor dem Kind.

Im Nachhinein weiß ich, ich hätte mir damals schon mehr Gedanken machen und auch anders handeln müssen. Aber Eltern sind nach der Geburt des ersten Kindes immer unerfahren und überfordert. Kerstin hatte einen Babyblues, redete ich mir ein. Sie war absolut unerträglich, sie flippte wegen der kleinsten Kleinigkeiten aus, auch wenn sich Maik nur etwas zu lange mit einer Bekannten ihres Vaters unterhielt. Dann lief sie davon und kam manchmal bis tief in die Nacht nicht wieder. Ich blieb dann, natürlich. Schlief nicht selten an Kerstins Stelle bei dem Kind. Und ich freute mich, wenn wir morgens aufstanden und ich Kerstin in der Küche das Frühstück vorbereiten sah. Ich war total naiv und dachte: So, das ist alles wieder gut, der tut das jetzt leid. Aber das war nicht so. Das habe ich aber erst viele Jahre später kapiert.

Nach dem ersten Lebensjahr von Jan wurde ich nicht mehr gebraucht. Er kam in die Kita – und es gab ein Au-pair, so wie bei uns damals auch. Die beiden hatten ja auch das Geld. Sie lebten in einer schicken Maisonettewohnung in Hamburg-Eppendorf. Mit Sauna, großer Dachterrasse und Pool. Aber ich bekam damals schon mit, dass es Geldsorgen gab. Was mir unerklärlich war. Denn die beiden waren in der Zeit wahnsinnig erfolgreich und müssen Hunderttausende im Jahr verdient haben – vermutlich alles in Koks und Kneipen investiert.

Maiks Anrufe und Besuche wurden in den folgenden Jahren immer weniger. Wenn Patrick und ich uns meldeten, ging er meistens nicht ans Telefon. Oder er war kurz angebunden und hatte keine Zeit.

Maik schrieb nur immer mal wieder eine SMS und kündigte an, dass er und Kerstin uns in München besuchen kommen würden – doch meistens kamen sie nicht. Jahrelang ging das so. Und selbst bei kurzen Besuchen von ihnen und trotz unseres wunderbaren Enkelsohns war es jedes Mal schwierig. Es gab oft Streit zwischen uns, und fast immer fuhren Maik und Kerstin früher wieder ab als geplant. Oft hatten wir nach solchen Treffen über Monate dann keinen Kontakt. Patrick und ich verstanden die Welt nicht mehr, begriffen einfach nie, was der Auslöser für all das war.

Ich machte mir dann oft Vorwürfe, keine gute Mutter gewesen zu sein. Heute kann ich aber nachsichtig mit mir sein, weil ich weiß, dass ich damals noch so jung und unsicher war. Uneins mit mir und der Welt.

Nach Maiks schwerer Geburt wollte ich nur noch für mein geliebtes, heißersehntes Baby da sein. An meinen Wunsch, Malerei zu studieren, dachte ich schon gar nicht mehr. Alles drehte sich für mich um Maik, er war mein größtes Glück. Dieses kleine Zauberwesen. Er kam mir so zerbrechlich vor. Aber Patrick holte mich zurück in die Realität und aus meiner Isolation mit dem Kleinen. Er bestand darauf, ich müsse wieder unter Menschen kommen und ich solle wieder zur Kunsthochschule gehen. Auch, weil ich mitverdienen musste. Patrick war zwar inzwischen als Chemie- und Physiklehrer angestellt, aber wir wünschten uns ja auch noch ein zweites Kind und irgendwann vielleicht ein größeres Zuhause für unsere wachsende Familie. Außerdem wäre ich, da hatte er recht, nach einiger Zeit sicher geistig völlig unausgelastet und unglücklich geworden, hätte ich mein Leben nur auf das Mutter- und Hausfrauendasein beschränkt. Meine Ängste um Maik durften nicht ausschließlich meine Zukunft bestimmen, da hatte Patrick auf jeden Fall recht. Also habe ich mich, als Maik acht Monate alt war, schweren Herzens und anfangs auch mit sehr schlechtem Gewissen dazu entschlossen, mein Kunststudium wiederaufzunehmen. Zwei Stunden Vorlesung am Vormittag und zwei Stunden am Abend. Abends ab 18 Uhr war Patrick immer zurück von der Arbeit. Also musste ich für tagsüber eine Lösung finden. Und die Lösung, die ich fand, die war im Nachhinein betrachtet ein riesiger Fehler. Darüber habe ich viel nachgedacht, warum habe ich es damals so und nicht anders gemacht? Ich kann mir das noch heute nicht verzeihen:

Morgens schob ich Maik in seinem Kinderwagen auf den Balkon. Ich wusste, dass er zwischen 10 und 14 Uhr tief und fest schläft. Und dass die frische Luft ihm guttat. Der Balkon war überdacht, und Maik passend zum Wetter in eine Decke gepackt. Wenn auch sehr beunruhigt, ließ ich ihn dann allein, um zur Uni zu gehen.

Meine Großmutter hatte mir gesagt: »Kinder haben einen bestimmten Rhythmus.« Darauf vertraute ich. Damals wäre es zwar tatsächlich nicht anders gegangen. Wir hatten niemanden, der uns unterstützen konnte. Patricks Eltern und mein Opa waren früh gestorben. Meine Großmutter lebte zwar noch, kam für Betreuung des Kleinen wegen ihres hohen Alters aber nicht in Frage. Geld für einen Babysitter hatten wir nicht. Also musste der Kleine für etwa drei Stunden jeden Tag allein bleiben. Heute tut es mir im Herzen weh, wenn ich mir vorstelle, dass er so manches Mal vergeblich nach seiner Mama geschrien hat. Und mir ist klar, dass ich damit im Grunde genau das wiederholt habe, was ihm bei seiner Geburt geschehen war. Diese immer wieder schlimme Erfahrung, allein zu sein, hat sich in ihm eingenistet. Sie beeinflusst sein Leben, sein Selbstwertgefühl und seine Liebe zu mir.

Und auch wenn ich damals vielleicht meine Gründe hatte, so würde ich das nie wieder tun.

Es tut mir unglaublich leid.

Vom späten Mittag bis 18 Uhr waren Maik und ich dann immer zusammen. Dann löste mich Patrick ab und brachte seinen Sohn ins Bett. Ich machte mich derweil wieder auf den Weg zur Uni, die Ateliers und Räume der Kunsthochschule waren auch am Abend zugänglich. Ein Familienleben war das nicht. Doch es hat irgendwie funktioniert.

Als Stefan auf die Welt kam, stellten wir ein Au-pair ein, das sogar bei uns wohnte. Ich verdiente inzwischen so viel, dass wir uns das leisten konnten.

1978, ein Jahr vor Stefans Geburt, erbte Patrick eine recht große Summe von seinen Großeltern, und mit weiterer finanzieller Unterstützung meiner Großmutter kauften wir ein ziemlich verwohntes, renovierungsbedürftiges 270 Quadratmeter großes Jugendstilhaus in einem Arbeiter- und Studentenviertel, das heute eine sehr angesagte und sehr teure Gegend in München ist. Diese großzügige Stadtvilla hatte acht Zimmer, drei Bäder und einen kleinen Garten. Sie musste zwar komplett renoviert werden, aber das haben wir größtenteils selber gemacht, und es war für uns sogar ein Herzensprojekt: ein Nest für uns und unsere Kinder. Während ich die Farbe von allen 80 Jahre alten Fensterrahmen abbrannte, legte Patrick die Elektroleitungen. Wir legten einen wunderschönen bunten Staudengarten an, pflanzten Sträucher und Bäume. Es war ein verwunschenes, kleines Paradies.

Im sonnigen, geräumigen Erker des Hauses, der zur Straße ging, richtete ich mir mein Schneider- und Kunstatelier ein. Ich hatte inzwischen von der Kunst zum Textildesign gewechselt, einige Wettbewerbe und Stipendien gewonnen und mir vor allem im Ausland einen Namen gemacht.

Wie oft haben wir damals abends wilde Sessions mit lauter Musik veranstaltet. Das Haus war durch die Doppelfenster, die wir vor die alten Fenster als Isolierung gesetzt hatten, nach außen hin gewissermaßen schalldicht. Die Kinder schliefen in der oberen Etage, die zum Treppenhaus hin eine Tür hatte, sodass sie ruhig schlafen konnten. Alle möglichen Leute gingen bei uns ein und aus, manche blieben für einige Tage, nicht jeder war ein Freund, aber alle empfanden wir als Inspiration. Wir haben oft die Nacht zum Tag und – wie wir fanden – aus dem Leben Kunst gemacht.

Es war immer viel los bei uns. Wir hatten auch viele Tiere: Bis zu sechs Katzen lebten bei uns, Wasserschildkröten, und in unserem wilden, kleinen Garten tummelten sich Eichhörnchen, Schmetterlinge und verschiedene Vögel. Das Leben der Kinder war großzügig und frei, voller Abenteuer. Trotzdem gab es feste Rituale und Routinen. Jeden Mittag wurde möglichst gemeinsam gegessen. Ich führte die Bio-Kiste ein, damals noch sehr ungewöhnlich, und wir haben jeden Tag frisch gekocht.

Außerdem war jetzt immer jemand da, eine Nanny, Patrick oder ich.

Durch meinen Job als Modedesignerin – das muss ich zugeben – war ich bis zu Maiks zwölftem Lebensjahr dennoch weiterhin viel unterwegs, besuchte Modeschauen in London, Mailand, New York und Paris. Außerdem musste ich ständig nach Nordindien und Kambodscha fliegen, weil sich dort die wichtigen Seidenproduktionsstätten befinden. Wenn ich verreist war, war Patrick bei den Kindern. Er hatte als Lehrer denselben Rhythmus wie sie, war spätestens ab dem Nachmittag immer da.

Ich glaube allerdings, dass mir durch mein ständiges Unterwegssein so manche Entwicklungen der Kinder entgangen sind. Oder dass ich zu spät reagiert habe:

Schon von klein auf war Maik wahnsinnig ambitioniert. Er hat, seit er zwei war – in dem Alter konnte er schon perfekt sprechen –, immer ganz klar formuliert, was er möchte und was nicht. Er war ein gutes Kind, wir hatten keinerlei Probleme. Es ging auch nicht alles nach seiner Nase. Nein. Aber er hat sich immer seine Herausforderungen gesucht. Er wollte sich verausgaben und immer jemand ganz Besonderes sein. Vermutlich hat er das von mir.

Jedenfalls bekam er schon mit sechs Jahren Klavierunterricht, weil er das unbedingt wollte. Und er wollte Skispringer werden, nachdem er einmal eine Olympiade im Fernsehen gesehen hatte. Da wir in der Nähe der Alpen lebten, war Wintersport kein Problem. Wir ließen ihn unterrichten, und er war in beidem, dem Klavierspiel und auch auf den Skiern, sehr ehrgeizig. Ganz besonders, nachdem er auf die höhere Schule kam. Das Gymnasium, auf das er ging, hatte eine Kooperation mit der Skischule, in der unter anderem auch ehemalige Olympiasieger unterrichteten – nur so war uns das auf Dauer überhaupt finanziell und zeitlich möglich, denn das Equipment wurde von der Schule gestellt, wenn man sich selbst keins leisten konnte. Nach dem Unterricht wurde in der Schule noch gegessen, dann brachte ein Kleinbus die Skigruppe in die Berge oder in die Skihalle.

So kam Maik jeden Tag erst gegen 18 Uhr nach Hause, und dann musste er auch noch Schularbeiten machen und Klavier üben.

Das heißt: Im Alter von gerade einmal elf Jahren war er schon wahnsinnig strukturiert und eingespannt.

Eines Tages, als ich von einer meiner Reisen zurückkam – ich hatte die Kinder drei Wochen lang nicht gesehen –, fiel mir auf, wie erwachsen Maik war, viel zu erwachsen für ein Kind in seinem Alter. Er war so diszipliniert, nahm sich keine Zeit zum Spielen und arbeitete sich immer nur an seinen strengen Zeitplänen ab. Man konnte sich mit ihm nicht einmal mehr richtig unterhalten, ohne dass er dabei ständig Streck- oder Fingerübungen machte. Ich redete mit ihm über dies und das, und er stand immer nur da, hielt sich am Sessel, am Türrahmen oder sonst wo fest und probte das Springen. Er saß so gut wie nie, es sei denn, er machte seine Hausaufgaben – die er auch täglich und trotz seines engen Zeitplans sorgfältig erledigte. Er war supergut in allem: im Klavierspiel, im Skisprung und in der Schule.

Ich machte mir ernsthaft Sorgen.

Er war mir einfach viel zu streng mit sich selbst. Also begleitete ich ihn einmal mit zum Training, und da sah ich, woher das alles kam. Die Trainer gingen mit den Kindern – es waren ja alles noch Kinder, sechs bis zwölf Jahre erst alt – hart ins Gericht. Enormer Leistungsdruck wurde ausgeübt und sogar schon an der Figur gemäkelt. Fürs Skispringen muss man sehr dünn sein. Kein Gramm Fett darf auf den Rippen liegen, und täglich wird kontrolliert, ob das Gewicht gehalten wird. Ich war total schockiert. Nein. Das wollte ich auf keinen Fall für mein Kind! Aber um ihn da rauszubekommen, musste ich mir etwas mindestens genauso Attraktives einfallen lassen. Also habe ich ihm ein kleines Segelboot gekauft. Er bekam Unterricht und finanzierte sich die Liegekosten am Starnberger See dadurch, dass er andere Kinder mitsegeln ließ, die kein eigenes Boot hatten. Er schien erleichtert zu sein, dass der enorme Druck, der beim Skispringen auf ihm gelastet hatte, nun weg war. Er lebte von nun an ganz normal, wie andere Jungs auch, die einfach Spaß haben wollten. Auch ich war erleichtert. Und Patrick offenbar auch. Aber heute bin ich mir nicht mehr so sicher, ob das wirklich für Maik in Ordnung war. Heute verstehe ich besser, wie groß sein Wunsch nach Autonomie damals schon war und wie sehr ihn *mein* Entschluss, seine Skisprungkarriere an der Stelle zu beenden, womöglich, still und heimlich, doch geärgert hat. Oder gar in irgendeiner Art verletzt. Vielleicht dachte er, ich traue ihm diese Karriere nicht zu. Und dass ich ihn daran gehindert habe, seine Vorstellungen auszuleben.

Aber das Segeln gefiel ihm auch, keine Frage! Es drehte sich von da an alles nur noch um sein Boot und anstehende Regatten mit seinen Segelpartnern. Aber das war mir lieber als diese Skischule. Ich wollte, dass er sich erholt. Dass er nicht mehr so blass und dünn ist und aus diesem Rhythmus und dieser Leistungsspirale rauskommt. Dass er draußen auf dem See ist, in der Natur, so wie ich als Kind. An der frischen Luft mit seinen Kumpels und nicht in einer nach Schweiß stinkenden Sporthalle.

Ich habe dann sogar schweren Herzens meine Design-Jobs aufgegeben, weil sie einfach zu anstrengend und stressig für unsere ganze Familie waren. Von da an war ich mehr zu Hause und habe wieder gemalt. Das Segeln gehörte nun zu unserer Familie, und wir waren mit den Kindern viel beim Boot. Stefan begann dann auch mitzufahren und lernte schnell von seinem großen Bruder. In dieser Zeit haben die Kinder immer viele Freunde mit zu uns nach Hause gebracht. Ganz offensichtlich liebten sie alle das fröhliche Leben in unserem Haus.

Aber: Mit dem beruflichen Erfolg war ich auch in den Rausch reingerutscht. Selbst habe ich zwar keine Drogen genommen, davor hatte ich eine große Angst. Kontrolle über mich selbst zu haben war mir immer wichtig. Aber die Agenten und Models und eigentlich fast jeder aus der Szene kokste. Oder nahm zum Teil auch Crack, Speed oder Heroin. Und weil ich irgendwie auch so gut drauf sein wollte wie die alle, hatte ich gern und oft auch viel Alkohol getrunken. Ich hatte mir darum zuerst gar keine Gedanken gemacht. Alle nahmen es locker. Erst nach und nach wurde mir bewusst, wie viel meine Kinder von meinem viel zu hohen Alkoholkonsum wohl mitbekommen haben könnten. Und irgendwann wurde es mir auch zu viel – die ganze Szene war ein Drogensumpf: Bei einer letzten Modenschau vor meinem Ausstieg aus der Branche hatte ein wichtiger Partner mich wegen seines Turkeys, wie man einen Entzug auch nennt, sitzen lassen, und ein Model war mir auf Koks kollabiert. Da wusste ich: Ich muss hier einen Schlussstrich ziehen. Aber vielleicht war es für meine Söhne da schon zu spät. Vielleicht hatten die da – wenn auch nur am Rande – schon zu viel mitbekommen. Immerhin waren sie schon neun und zwölf, als ich meine Design-Jobs zugunsten der Familie aufgab.

Außerdem sind sie wie Patrick und ich auch damit aufgewachsen, dass Alkohol im Alltag eine allgegenwärtige und verharmloste Rolle spielt. Nicht nur ich hatte eine Zeitlang sehr viel getrunken. Patrick ebenso.

Wir sind keine Alkoholiker. Nein, das nicht.

Aber meine Tante und mein Onkel hatten, ich kann es nicht anders formulieren, regelrecht gesoffen. Ich glaube, in der Nachkriegszeit wurde sowieso wahnsinnig viel Alkohol getrunken, und zugleich wurde so viel verschwiegen. Es wurde nicht viel über die Nazis geredet. Schuld wurde unter den Teppich gekehrt. Man war offenbar unfähig, die furchtbare Geschichte Deutschlands anzunehmen. Maßlose Wut und tiefes Trauma wurden stillschweigend durch den Suff betäubt.

Die Schuld, die junge Menschen im Krieg auf sich geladen hatten, war gigantisch. Mein Onkel hat, glaube ich, als junger Mann im Krieg so schlimme Sachen erlebt, dass er nie drüber reden konnte. Wahrscheinlich litt er unter den Qualen so sehr, dass er sie weitergeben musste. So erkläre ich mir sein schreckliches Verhalten inzwischen. Darum war er schlecht zu anderen Menschen. Darum hat er auch getrunken, weil im Wein die Wahrheit liegt und weil in dem Moment, in dem der Whiskey lief, alles hervor- und damit irgendwie rauskam.

Ich habe ihn und sein Verhalten zumindest immer damit entschuldigt, dass er im Grunde in Schuld und Scham ersoff.

Die Zeit des Wirtschaftswunders wiederum war eine ausgesprochene Partyzeit, und es wurde in geselliger Gemeinschaft zu jedem möglichen Anlass getrunken. Nach den furchtbaren Kriegsjahren wollte man das Leben nun endlich genießen. Das ging schon morgens los, ein Sektchen hier, ein Schnäpschen da, Bommelunderchen nach dem Mittagessen zur Verdauung, abends Wein und danach Whisky. Alles immer mit -chen. Alles nicht so schlimm. Harmlos und im Grunde sogar gesund, so sagte man. Und man hatte es ja mit dem Magen! Oder eine Erkältung war im Anflug.

Mir war es als Kind immer unheimlich, wenn sich die Erwachsenen bei Feiern so veränderten. Das erinnere ich gut. Aber man machte das eben so, und irgendwann wurde auch mir Alkohol angeboten. Da war ich 14 Jahre jung. Ab diesem Zeitpunkt habe auch ich ab und zu ein Schlückchen Wein mitgetrunken. Mir war ja gar nicht klar, dass das ungesund sein könnte und dass man davon abhängig werden kann.

Patrick trank schon zu Beginn unserer Ehe regelmäßig zum Essen ein Glas Wein, danach ab und zu einen Grappa. Abends nach der Arbeit und zur Entspannung auf jeden Fall ein paar Flaschen Bier. Er hatte das regelmäßige Trinken schon zu Studienzeiten angefangen. Das war normal, und auch seine Eltern machten daraus keine große Sache.

So wurde sie jedenfalls an uns weitergegeben, diese Unbekümmertheit, wenn es um Alkohol ging. Und wir gaben sie an unsere Kinder weiter.

Ach, es gibt so viele Parallelen in meinem und Maiks Leben. Wenn ich mich frage, wieso Maik kokainabhängig geworden ist, woher all das Dunkle kam, dann schaue ich natürlich auch auf mich:

Ich glaube, jede Sucht ist, so wie das Wort schon sagt, eine Suche. Eine Suche nach einer Befreiung, nach einer Aussage. Nach der Wahrheit. Nach sich selbst.

Wer bin ich? Wo gehöre ich hin? Was ist meine Bedeutung?

Ich suche schon mein ganzes Leben lang.

Schon als Kind. Der Grund dafür ist, dass ich meine Mutter ganz früh verloren habe: 1958 war das, ich war gerade erst vier Jahre alt. Da starb meine Mutter nach einem Reitunfall. Sie und mein Vater waren ausgeritten, sie ist gestürzt, hat sich das Genick gebrochen und war auf der Stelle tot. 25 Jahre war sie erst jung – und mein Vater fortan für die Eltern meiner Mutter: der Mörder. Meine Oma und mein Opa mütterlicherseits haben mich dann adoptiert, wohlhabende Leute mit einer riesigen Pferdezucht und mehreren Reitanlagen in der Nähe von München. Sie haben mir untersagt, meinen Vater weiter zu sehen. Und der hat das auch akzeptiert, weil er mich allein nicht großziehen konnte und der Kontaktabbruch die Bedingung meiner Großeltern war. So habe ich es zumindest später erfahren.

Ich liebte meine Großeltern sehr. Aber dieses Verlassenheitsgefühl hat mein Leben für immer geprägt. Womöglich auch das meiner Kinder, weil sie vielleicht schon ganz früh gespürt haben, dass ich nach etwas suchte. Dass ich deshalb oft traurig und unzufrieden war. Ich wurde ja auch immer wieder verlassen in meinem Leben, beziehungsweise fortgeschickt. Das nächste Mal als mein Großvater schwer krank wurde, drei Jahre nach dem Unfalltod meiner Mutter war das. Da musste sich meine Oma um ihn kümmern. Außerdem wollten sie mir das Leid meines Opas ersparen, und so kam ich in dieses Diakonissenheim in einem kleinen Ort bei Aachen. Da war ich sieben. Wir durften dort nur am Wochenende baden, es gab eine volle Badewanne für jeweils drei Kinder, die kamen nacheinander da hinein. Das Wasser war grau, darin schwammen so kleine Dreckwürmer, und nach dem Bad konntest du dir von der Haut eine klebrige Schicht abziehen. Als Kind habe ich nicht drüber nachgedacht. Kinder sind, wenn sie spielen, eigentlich immer dreckig. Aber ich erinnere, dass ich mich damals wunderte, warum ich immer so stank. Wir bekamen nur einmal in der Woche eine neue Unterhose.

So schlimm fand ich das Leben im Kinderheim aber seltsamerweise gar nicht. Die Schwestern waren alle sehr nett. Das war die Hauptsache. Die hatten nur einen Ordnungstick und waren völlig verklemmt. Wir haben uns den Rest der Woche immer in Unterhosen mit dem Waschlappen waschen müssen, ich hasse Waschlappen bis heute, fällt mir dabei ein. Und Besen. Besen hasse ich auch. Damit wurden wir nicht etwa geschlagen. Wir mussten nur jeden Morgen in den großen Schlafsälen unsere Matratzen aufstellen und das Bett selber machen, mit einem Besenstil die Bettdecke nachziehen, damit das auch ganz glatt war. Für ein kleines Kind Schwerstarbeit.

Nach rund zwei Jahren starb mein Großvater. Ich wollte zu meinem Vater ziehen, und meine Großmutter war einverstanden. Sie war da schon recht alt. Er wohnte zu der Zeit in der Nähe von Magdeburg. Bei ihm hielt ich es aber leider nicht lange aus. Wir verstanden uns überhaupt nicht, wahrscheinlich, weil wir uns bis dahin kaum kannten. So nahmen mich weitere zwei Jahre später meine Tante, die Schwester meiner Mutter, und ihr Ehemann zu sich. Im Grunde waren meine Tante und ich seit der Adoption durch meine Großeltern auch Schwestern geworden. Aber unsere Beziehung hatte nichts mit Geschwisterliebe gemein.

Doch jetzt lebte ich zumindest wieder im Süden, in meiner Heimatstadt. Es gab dort viel Wald, Wasser und Tiere, was ich sehr liebte.

Mein Onkel hatte ein Im- und Exportgeschäft und machte jede Menge Geld damit. Aber es haperte an der Zwischenmenschlichkeit.

Für mich gab es keine Wärme. Schöne Kleider waren da auch kein Ersatz.

Manchmal wundere ich mich rückblickend, wie ich das Leben dort nur ausgehalten habe.

Ich war so eine Art Aschenputtel. Jedenfalls kam ich mir so vor. Denn ich war Alleinerbin, andere Kinder gab es in dieser Familie ja nicht. Das war, da bin ich mir inzwischen sicher, leider auch der einzige Grund, warum mich diese Tante zu sich nahm. Aber das alles begriff ich damals noch nicht.

Ich bekam nur täglich mit, wie lieblos auch die Tante und ihr Mann miteinander umgingen. Wie ungewollt ich in diesem Hause eigentlich war. Ständig gab es Seitenhiebe und Nörgeleien an mir. Zum Beispiel ließen sie Sprüche fallen wie: »Eigentlich wollten wir eigene Kinder. Aber nun haben wir ja dich.«

Meine Tante war unfruchtbar, ein Umstand, über den sie mit mir aber nie sprach. Den ich viel später erst durch enge Freunde der Familie erfuhr.

Ich wollte vor allem meiner Tante, der Schwester meiner Mutter, immer gefallen und bezog schnell jede noch so kleine Unstimmigkeit auf mich. Ich hatte das Gefühl, ich muss anders sein und immer etwas Besonderes leisten, und ich muss überhaupt alles ganz großartig machen, damit ich von ihr anerkannt werde. Damit sie mich akzeptiert. Tatsächlich war ich ihr aber nie gut genug.

Damit hatte ich lange Zeit zu kämpfen.

Und gerade darum gibt mir manches auch in Bezug auf meine eigenen Kinder Rätsel auf. Zum Beispiel, warum Maik schon immer so auf Leistung fixiert war. Denn einer Sache bin ich sicher: Gerade weil ich mich in meiner eigenen Kindheit so einsam und nie gut genug fühlte, denke ich, meinen Kindern immer bedingungslose Liebe geschenkt zu haben. Geld und Leistung, Dinge, die meine alte Familie sehr stark geprägt haben, habe ich für meine Kinder nie zum Maßstab gemacht.

Geld hat mich nie interessiert. Es widerte mich nach all der Zeit bei diesen reichen Leuten geradezu an. Vermutlich hatte ich im Gefühl, dass all die schönen Dinge nur Maskerade sind. Dass sie der Ablenkung dienen, dem Machterhalt, und am Ende doch nie jemanden wirklich glücklich machen. Mir war es verhasst, dass ständig über Geld geredet wurde. Und dass sich alle immer im Recht fühlten, weil sie welches besaßen. Ich wusste damals noch nicht, dass mir ein großes Erbe bevorstand. Aber ich hätte es auch nicht wissen wollen.

Das Establishment war mir verhasst. »Ich würde am liebsten auf Apfelsinenkisten schlafen. Mit nichts leben, nur mit dem Nötigsten«, habe ich nach meiner Heirat mit Patrick in meinem jugendlichen Leichtsinn immer gesagt. Ich war total verliebt in ihn und wollte am liebsten mit ihm auf eine einsame Insel ziehen. Schafe züchten. Und Kinder bekommen.

Aber wie schnell ich dann in der Realität landete! Ich kannte niemanden außer Patrick in der neuen Stadt, in die ich mit ihm zog, und war einsam. Wir hatten Geldmangel, und aus den Kreisen, in denen ich groß geworden war, wurde ich zu meiner Überraschung rausgeworfen. Meiner Tante und ihrem Mann passte die Hochzeit mit Patrick nicht. Sie kamen nicht einmal zur Trauung. Meine Oma, die damals auch noch mein gesetzlicher Vormund war, hat uns unterstützt. Als sie starb, war niemand mehr da, der uns half, und niemand, der sich für uns freute.

Ich frage mich noch heute oft, wie meine Kinder dieses Großwerden erlebt haben. Und warum konnte ein Junge, Stefan, mit all dem, was wir ihm mitgegeben und zugemutet haben, sehr wohl gut in ein Erwachsenenleben finden, geriet der andere aber, Maik, völlig aus der Bahn. Ich suche immer noch nach Spuren, was passiert ist, und muss gleich wieder an die Zeit denken, in der ich ihn von der Skischule genommen hatte, danach hatte er nur noch sein Boot und den Segelclub im Kopf. Auch die Schule war ihm egal, er blieb auf einmal sogar wegen schlechter Noten sitzen. Von nun an fing er immer wieder irgendwelche Sachen an, machte sie aber nicht zu Ende oder verlor den Gefallen daran. Wir haben unter anderem später ein größeres Boot für ihn gekauft, und es musste unbedingt ein ganz bestimmtes Boot sein – doch kurz nach dem Kauf war es nicht mehr richtig, und er wollte ein anderes haben. Oder es musste unbedingt der eine bestimmte Flügel gekauft werden, weil Maik unbedingt an einem Wettbewerb teilnehmen wollte. Ich kaufte das Klavier, und er übte für die Prüfung, doch auf dem Weg dorthin entschied er sich um. Er hat sich vielleicht immer ein bisschen selbst überfordert. Er hat die Dinge immer so sehr gewollt, dass er Gott und die Welt dafür in Bewegung setzte – um am Ende jegliches Interesse daran zu verlieren. Zum Beispiel wollte er dann auch auf einmal in eine bestimmte Schulband, musste dafür aber eine Klasse wiederholen, denn das wurde nur in der Stufe drunter angeboten. Gut, er wollte dann auch kein Latein mehr haben, was man eine Stufe drunter abwählen konnte. Und wir Eltern haben seinem Plan schließlich zugestimmt. Er wurde also eine Stufe zurückgesetzt. Und ich muss zugeben: Vielleicht stimmte ich auch zu, weil ich ihn auch nicht hergeben wollte. Ich wollte nicht, dass er so schnell mit der Schule fertig wird und dann auszieht und aus meinem Leben verschwindet. Aber ich hätte nie von mir aus vorgeschlagen, dass er die Klasse wiederholt. Das war ganz allein sein Wunsch.

Ach was – das war sein unbedingter Wille.

Maik wollte immer mehr. Und war doch immer unzufrieden. Meistens aber gab er anderen die Schuld, die sein Talent übersahen oder unfair waren. Es klang immer alles so schrecklich, dass ich sogar zeitweise in der Kantine der Schule gearbeitet habe. Nur, um zu checken, ob die Lehrer wirklich so schlimm sind, wie Maik immer sagt. Aber die Lehrer waren nett, das war Maik, das war seine Projektion, und er hatte immer das Gefühl, dass ihm jemand etwas will.

Maik hat, genau wie ich, wohl schon als Kind nach irgendwas gesucht. Aber Drogen hat er damals nicht genommen. Im Gegenteil. Dafür war er immer viel zu eifrig mit seinen ganzen Zielen und Vorhaben, und die Kontrolle verlor er ganz und gar nicht gern. Bis er 20 wurde und endlich das Abitur machte, war er komplett abstinent. Ich kann mich noch erinnern, wie sehr ihm Alkohol verhasst war. Und wie blöd er es fand, wenn wir Erwachsenen etwas getrunken hatten. Er hat nicht einmal geraucht. Er fand das alles eklig und blöd.

Erst mit Kerstin, erst nach seinem Umzug zu ihr nach Hamburg, wurde alles anders. Maik war damals 28 und ging, nachdem er sein BWL-Studium recht gut abgeschlossen hatte, beruflich an die Alster, wurde dort Immobilienmakler, ein Job wie für ihn gemacht. Als Makler hat man ja vielleicht zunächst nicht den besten Ruf und muss sich eben umso besser präsentieren. Und nur wer gut ist, verdient auch Geld. Und wer richtig gut ist, verdient richtig viel Geld. Maik hat mir mal gesagt, dass das immer der Reiz für ihn war. Diese Bestätigung, die er erlebte, wenn er erfolgreich Immobilien verkauft hat. Er hat schon was auf dem Kasten. Er ist klug. Und schön ist er auch, das finde nicht nur ich.

Dennoch fehlte ihm vor allem immer das Selbstwertgefühl, Frauen anzusprechen. Er konnte sich immer schon super verkaufen, wenn es ums Business geht. Aber bei Frauen wurde er unsicher und bekam kaum einen Ton raus. Kein Wunder also, dass er seine Frau mithilfe einer Dating-Plattform kennenlernte. Rein äußerlich passten sie eigentlich gar nicht zusammen. Kerstin ist klein, war immer schon dürr, hat eine fahle Hautfarbe und schütteres Haar, besonders markant ist ihre Nase. Zwar ist sie bis heute immer top gekleidet, trägt nur teure Marken. Aber für mich sieht sie aus wie eine Hexe im Hugo-Boss-Kostüm. Ihr zierliches Auftreten kompensiert sie durch ziemlich schroffes Gehabe. Als Inhaberin einer Werbeagentur buckelt sie nach oben und tritt nach unten. Was auch immer Maik an ihr fand, sie hat ihn in all den gemeinsamen Jahren systematisch manipuliert, andauernd betrogen und ihn dann auch noch für ihr Verhalten verantwortlich gemacht. Er ist an dieser Beziehung kaputtgegangen. Vielleicht auch am Kokain. Oder wohl an beidem.

Ich habe keine Ahnung, was er bei dieser Frau suchte. Das Einzige, was mir einfällt, ist, dass er es mir nachgemacht hat, die Liebe ausgerechnet dort ganz verbittert zu suchen, wo man sie garantiert nicht bekommt. Denn in all den Jahren, als Maik und Stefan noch klein waren, bis zum Tod meiner Tante, habe ich zu ihr und ihrem Mann aller Demütigung und Verletzung zum Trotz immer wieder Kontakt und auch Versöhnung gesucht. Wir waren sogar mit den Kindern zwei Mal bei ihnen, und die Jungs haben mitbekommen, wie schlecht sie und der Onkel mit mir umgingen, wie lieblos das alles war. Dass meine Tante meine beiden tollen Jungen nicht anerkennen wollte, verletzte mich zutiefst. Aber meine Kinder waren natürlich auch potentielle Erben. Das wurde mir aber erst später klar. Meine Jungen jedenfalls haben mich, wenn es um meine Tante ging, immer nur weinen gesehen und gehört, wie ich mit Patrick rätselte, was ich nur noch tun könnte der ersehnten Liebe wegen. Ich war nicht im Stande, wütend zu sein und mit diesen Leuten, die so gemein zu mir waren, endlich abzuschließen. Vielleicht hat Maik es mir nachgemacht. Vielleicht kommt da dieses Dunkel her. Aus meiner christlichen Erziehung: Wenn einer dich auf die linke Wange schlägt, halte auch noch die rechte hin.

Und auch wenn ich es wohl nie so ganz verstehen werde, warum er in diese Sucht abgeglitten ist, so erkenne ich in Maiks Verhalten einige Muster von mir wieder, die womöglich dazu beigetragen haben. Neben jener Unfähigkeit, mich gegen Menschen zu wehren, die mir Unrecht tun, und meinem oft blinden Vertrauen in andere sicher auch der unbedachte Umgang mit Alkohol – und vielleicht auch die Streite mit Patrick. Jenem Mann, der in den fast 50 Jahren unserer Beziehung alles mit mir durchmachen musste, was man sich so antut, seltsamerweise vor allem dann, wenn man sich so sehr liebt.

Es gab und gibt immer noch so viele Dinge, die ich gern mit Patrick machen würde, wo er dann aber keine Lust zu hat. Im Gegenteil, er hat eine Art, sich immer sehr zurückzuziehen. Er brütet viel über seinen eigenen Dingen, über Literatur oder Klausuren, die er zu korrigieren hat. Oder über seinen Songs, die er bis heute schreibt. Patrick spielt Gitarre. Soft und teilweise auch Hard Rock. Ich fließe bis heute, wenn er in die Saiten haut, förmlich dahin. Himmle ihn an. In der Musik haben wir uns allen Problemen zum Trotz immer wieder gefunden. Ohne Patrick hätte ich die ganzen Qualen, die mir meine Familie zugefügt hat, sicher nicht überlebt. Er war immer ein sicherer Hafen und ich die tobende See. Bei mir stürmte es häufig, und es gibt immer mal wieder Ebbe, mal Flut.

Wenn man so verschieden ist, ist das etwas Gutes, weil man sich ergänzt und sich nicht ins Gehege kommt. Und weil man sich über die verschiedenen Welten austauschen kann. Mir war nie langweilig mit Patrick, er hat mir die wundersamsten Dinge der kleinsten Welten gezeigt – unter dem Mikroskop oder draußen in der Natur. Ich könnte nie mit einem einfältigen Mann zusammen sein, dann würde ich durchdrehen. Einer, der nur äußerlich so sprüht.

Wir lieben uns ganz doll. Das ist das ganze Geheimnis.

Aber ich habe mich, eben weil er mehr bei sich und nicht so zugewandt ist, auch sehr oft von ihm alleingelassen und nicht gesehen gefühlt. Es gab da zum Beispiel einen Geburtstag, ich war bereits zweifache Mutter, und hatte auch durchaus schon einen Namen in der Kunst- und in der Modewelt. Sie nannten mich Geniebaby, ernsthaft: jung, schön und talentiert. Meinen 26. Geburtstag wollte ich auch wegen meiner Erfolge etwas größer feiern und gab zu diesem Anlass ein Barbecue. Und sie kamen alle zu uns, in unseren Garten, mein Galerist, ein paar Mäzene, einige sehr lieb gewonnene Kommilitonen.

Und was machte Patrick? Er legt sich auf die Ottomane und sprach mit keinem Menschen ein Wort.

Und er hat mich damit ganz schwach gemacht, denn ich musste die ganze Zeit jonglieren zwischen einem Mann, der signalisierte, dass ihm jeder meiner Gäste völlig gleichgültig war – und mir als temperamentvoller junger Frau, die ein gelungenes Fest geben wollte.

Die eine Seite ist, dass ich tatsächlich auch gern allein etwas schaffe. Denn ich möchte ja auch meine Dinge machen und nicht einen Mann haben, der mich andauernd anruft: Wann bist du zu Hause? Die andere Seite ist, dass ich von Patrick nicht die Begeisterung und das Gefühl der Besonderheit bekam, so wie ich es mir wünschte.

Ich war wirklich eine sehr hübsche junge Frau. Und habe dann mein Verlassenheitsgefühl, das vielleicht ein sehr viel älteres Gefühl war, als ich damals wusste, kompensiert.

Mit Liebhabern. Nicht nur mit einem.

Ich glaube, dass Maik, der seinen Papa sehr liebt und zu dem er ein besseres Verhältnis hat als zu mir, es mir übelgenommen hat. Nicht nur den Betrug in meiner Ehe mit seinem Vater. Sondern auch, dass Patrick und ich uns natürlich auch deshalb viel gestritten haben – auch und vor allem, wenn wir getrunken hatten.

Würde Maik mich heute fragen – aber über solche Dinge reden wir ja leider nicht –, ich würde ihm erklären, dass das alles zu einem gewissen Grad in beiderseitigem Einvernehmen geschah. Denn auf eine gewisse Art, glaube ich, habe ich diesen Kopfstand-Überschlag, durch den Patrick mich als 15-jähriges Mädchen damals erst wahrnahm, mein ganzes Leben lang gemacht. Damit er wieder gucken musste. Wenn ich ihm langweilig geworden wäre, wäre es vielleicht auch anders ausgegangen. So ganz sicher kann er sich bis heute immer noch nicht sein. So eine kleine Eifersucht ist immer noch da, und ich glaube, das ist auch ganz heilsam für eine Frau. Wir sind inzwischen fast fünf Jahrzehnte zusammen – irgendwas hat, allem zum Trotz, wohl auch ganz gut funktioniert.

Aber die Jungs haben ihrem Vater damals geraten, mich in den Wind zu schießen. Und manchmal, wenn Maik und ich wieder so aneinandergeraten und ich lange Zeit nichts von ihm höre, dann frage ich mich, ob Maik es dann an seines Papas Stelle tut: mich in den Wind schießen.

Nur bei seiner eigenen Frau, da tat er das nicht: Kerstin, die Maik erst an die Drogen, an das Kokain, herangeführt hatte.

Kokain ist ein teuflisches Zeug! Es war ab dem Jahr 2010, unser Enkel Jan war gerade vier Jahre alt, da meldete sich Maik wieder häufiger. Jedes Mal, weil er etwas brauchte, aber die Gründe für seine Anrufe waren mir egal. Mir war nur wichtig, von ihm zu hören. Er brauchte ab und zu Geld. Oder einfach jemanden, der auf Jan aufpassen sollte.

Natürlich habe ich geholfen, natürlich habe ich so viel Geld gegeben, wie ich konnte, und bin so oft und so schnell ich konnte aus München nach Hamburg gedüst.

Da habe ich dann gesehen, wie schrecklich erschöpft und leer beide aussahen.

Diese Entgleisungen. Wenn du Kokain genommen hast, ganz viel, dann entgleiten dir die Gesichtszüge. Und Maiks ganzes Gesicht hat gezittert. Gebebt. Ich kann das gar nicht beschreiben. Das ist dunkel und tot. Eine Fratze ist das. Das ist, wie wenn etwas ganz, ganz Böses in meinem Sohn drinsitzt. Wie der Teufel.

Die beiden konnten nicht mehr anders, als sich mir anzuvertrauen. Und ich war erst einmal nur froh, dass sie es schließlich taten und sich nicht mehr versteckten und dass ich ihnen helfen durfte.

Irgendwann sagten sie mir schon beim Anruf: »Wir haben wieder gekokst und sind total fertig. Mama, bitte komm.« Und ich dachte damals wirklich, das sei schon ein Prozess der Genesung. Dass da Einsicht war, denn Maik sagte dann ja auch, dass »das nie wieder« passieren werde. Natürlich habe ich, auch mit Patrick, immer wieder darüber nachgedacht, ob wir das Jugendamt einschalten müssen. Aber wir konnten, letzten Endes, unserem Sohn doch nicht sein Kind wegnehmen. Ich habe mich dann lieber, so viel es eben ging, eingemischt, war so oft da, wie ich konnte. Ich meinte damals immer, Maik ruft nach mir, weil ich auf Jan aufpassen sollte. Was ich ja gern tat, so hatte ich das Kind im Blick und konnte einlenken. Aber heute bin ich überzeugt: Er hat auch nach mir als Mutter gerufen. Das waren Hilferufe, und ich habe das nicht kapiert.

Kurz danach hat er versucht, sich die Pulsadern aufzuschneiden.

Maiks Selbstmordversuch war ein völlig verzweifelter Hilferuf. Er hatte seine Pulsadern mit einem Messer weniger durchgeschnitten als malträtiert – und hatte auch noch selbst den Notarzt gerufen. Er wollte nicht sterben. Aber er wollte so auch nicht mehr weiterleben. Konnte nicht mehr so leben, zuletzt war er, sagte er mir später, fast jeden Tag der Woche auf Koks. Davon haben Patrick und ich aber erst dann erfahren, zuvor war mir nicht klar, wie schlimm das alles wirklich war. Maik bemühte sich, nachdem er wieder aus dem Krankenhaus entlassen war, um einen Platz in einer Entzugsklinik. Kerstin war ernsthaft dagegen. Sie redete Maik tatsächlich ein, ein Schwächling zu sein. Aber er hat es, Gott sei Dank, durchgezogen, an dem Punkt wusste er schon: Kerstin war Teil seines Problems. Patrick und ich nahmen dann Jan für drei Monate zu uns, solange Maik in der Klinik war. Kerstin meinte, sie schaffe es mit Jan wegen ihrer Werbeagentur nicht allein. Patrick und ich haben dann auch aus Solidarität schlagartig aufgehört, Alkohol zu trinken. Und wir sprachen mit Maik fast jeden Tag. Da war das Feine in ihm wieder zu spüren. Das Nahbare, Zugängliche, wenn du wirklich nüchtern bist. Da habe ich meinen Sohn wiedergesehen, das empfindliche, begabte Wesen. Es gab wieder eine Verbindung zwischen uns, die mich glauben ließ, dass man sich wirklich aussprechen kann.

Nach seinem Entzug zog Maik wieder bei Kerstin ein, hielt sich aber ganz gut. Bei der Arbeit lief es, Freunde sprachen sich mit ihm aus, Patrick und ich waren nun wieder öfter zu Besuch. 2012 haben wir dann auch unser Haus verkauft und sind von München nach Hamburg gezogen. Maik hatte sich das gewünscht. Er wollte, dass Jan noch einen anderen Einfluss durch Großeltern bekam als nur durch Kerstins Vater. Und ich wollte das auch.

Denn eines Abends vor diesem Umzug besuchten wir ein Restaurant, um mit Maik einen großen Verkaufserfolg bei einem Essen zu feiern. Kerstins Vater war auch da, und es floss wieder jede Menge Wein. Dann gingen wir nach Hause – beziehungsweise, ich ging mit zu meinem Sohn, noch lebten wir ja in München. Kerstin wollte zu

Hause noch arbeiten, und Maik musste nochmal los. Es war irgendein Immobilienkongress, und Maik war zu einem Event eines wichtigen Partners eingeladen, wo er sich wenigstens nochmal kurz blicken lassen musste.

Der kleine Jan lag schon im Bett, ich saß auf der Couch und wollte gerade mein Buch aufschlagen, als Kerstin meinte: »Komm, wir trinken noch was, die Nacht ist noch jung.« Ich war irritiert, denn sie hatte doch so viel Arbeit, hatte sie kurz zuvor noch gesagt. Und ich wollte auch nichts mehr trinken, nippte nur ein paar Mal an meinem Glas. Kerstin trank fast die ganze Flasche Wein allein leer. Irgendwann verschwand sie plötzlich im Bad, und als sie nach einer Weile wiederkam, war sie eine andere Person. Aus dem Nichts meinte sie: »Ey, wie du aussiehst, ich hole jetzt mal die Kamera! Und dann werde ich dich filmen, wie du eigentlich aussiehst, so besoffen, du blöde Kuh.«

Ich war schockiert, sprachlos, stand einfach auf und ging, wollte ins obere Stockwerk zum Kind. Kerstin war völlig zugekokst, da bin ich heute sicher. Sie hatte inzwischen ihre Kamera in der Hand und rannte hinter mir her. Ich bekam Angst. Und als ich fast bei Jans Zimmer war, da riss sie an mir und schrie: »Nein, du Stück Scheiße, zu meinem Kind kommst du nicht.«

Ich fiel, sie trat nach und schlug, immer noch mehr. Ich stürzte die Treppe runter. Es war ein Wunder, dass ich mir nicht das Genick gebrochen habe. Die Nachbarn haben mich schreien gehört. Und sie kamen, klopften an die Tür, und als ich es endlich schaffte zu öffnen, mussten sie mich erst mal beruhigen, weil ich so aufgelöst war.

Kerstin beobachtete alles. Sie sagte kein Wort, lachte nur spöttisch und sah mich mit einem Blick an, der sagen sollte: »Du tust mir so leid. Du bist so erbärmlich, und dein Sohn ist es auch.«

Ich blieb wegen Jan, Kerstin war für mich völlig unberechenbar. Am nächsten Morgen tat mir noch alles weh. Und ich war grün und blau. Maik, der in der Nacht nach Hause gekommen war, sagte zu alldem: nichts. Das war für mich ganz schlimm, dass er zu dieser Sache nie Position bezogen hat.

Irgendwann ist Maik dann doch ausgezogen. Er hat sich getrennt, er hat das Sorgerecht für Jan erwirkt, und er lebt jetzt seit sieben Jahren mit ihm allein. Patrick und ich sind deswegen sehr stolz auf unseren Sohn. Für ihn hat er sich aus dem Sumpf aus Drogen und Lieblosigkeit befreit. Er lebt ohne Kerstin. Und ohne Drogen.

Allerdings auch ohne mich.

Beziehungsweise ohne uns.

Nicht ganz, ab und zu sehen wir uns, aber viel zu selten, wie ich finde. Wieso, das weiß ich nicht. Am Anfang, als wir nach Hamburg kamen, habe ich mir den Kopf zermartert und gefragt: Wieso meldet er sich nicht? Klar, ich stecke in einer Co-Abhängigkeit, das eigene Gemüt hängt permanent davon ab, wie sich das Kind verhält, wie es ihm geht und ob es einen an sich ranlässt. Das ist ja auch schon ohne Sucht ganz normal bei Müttern.

Ich konnte das oft nicht aushalten, wenn Maik sich zurückgezogen hat. Immer glaubte ich sofort, er hat einen Rückfall. Und ich meinte, irgendetwas tun zu müssen, damit es ihm und Jan bessergeht. Noch einige Jahre nach seinem Selbstmordversuch habe ich ständig bei ihm angerufen und ihn um Gespräche gebeten. Darum, vorbeikommen zu dürfen, meinen Enkel sehen zu können. Und als mich das alles nicht weiterbrachte und ich schlaflose Nächte hatte, viele dunkle Gedanken, in denen Maik wieder den Drogen verfiel und Jan etwas Schreckliches geschah, als die Ohnmacht mich erdrückte und das Gefühl von Schuld mir die Luft abschnürte, da habe ich dann selbst eine Therapie begonnen.

Ich wollte lernen, mit alldem besser umzugehen. Mich auch nicht andauernd bei Maik zu melden, ihn nicht unter Druck zu setzen und damit unter Umständen noch mehr dazu beizutragen, dass alles immer wieder eskaliert.

Ich musste lernen, mir zu sagen, dass ich nicht schuld bin, wenn Maik jetzt zum Beispiel immer noch zu viel Alkohol trinkt. Das ist nicht meine Sache. Und wenn sich Kerstin, die sich mit Maik ja das Aufenthaltsbestimmungsrecht für Jan teilt, mies verhält, dann ist das auch nicht meine Sache. Ich kann nur hier sitzen und sagen: Okay, wenn die Jungs kommen wollen, dann sind sie jederzeit herzlich willkommen.

Wenn ich meinen Sohn also als Bild begreife, dann fehlen mir einfach Stücke des Puzzles, das ich zusammensetzen möchte, um dieses Bild komplett zu haben. Das ist auch das, was mir Sorgen macht. Diese dunklen Ecken in seinem Geiste, die nie ans Licht kommen. Sogar wenn wir gemeinsam Alkohol trinken, was immer mal wieder vorkommt, dann werden sie noch dunkler. Wir heizen uns an mit Alkohol. Mir hilft er, den Mut zu finden, wenn ich etwas auf dem Herzen habe, es auch zu sagen. Bei Maik kommt durch das Trinken eine unglaubliche Aggression auf mich hoch, und es kann sein, dass wir uns nach so einer Aktion wieder für ein paar Wochen nicht sprechen.

Bei mir setzt dann die Suche ein. Die Suche nach dem verlorenen Sohn. Ich suche ihn. Ich versuche, ihn zu verstehen und zu begleiten. Und er sucht mich auch, das spüre ich.

Wenn man ganz viel Alkohol trinkt oder eine Droge nimmt, wird man auf sich selbst zurückgeworfen und kann zum Beispiel Dinge sagen oder tun, die man immer schon einmal sagen oder tun wollte. Mit der Malerei oder dem Design ist das ganz ähnlich.

Ich bin Künstlerin geworden, weil ich gar nicht anders kann. Für mich ist es wichtig, in Zwischenwelten zu kommen und zu suchen und zu fühlen: Was gibt es noch nicht? Was kenne ich noch nicht? Dabei komme ich auch in einen ganz rauschhaften Zustand, weil ich merke: Ich kreiere etwas. Ich schaffe etwas Neues. Und ich möchte etwas im Betrachter bewegen, dazu werde ich selbst ein tieferes und komplexeres Wesen. Darin liegt auch der Rausch. Danach bin ich süchtig.

Das Gedicht für meine Kinder habe ich geschrieben, weil ich mich über den Kanal der Kunst am treffendsten ausdrücken kann. Ich wünsche mir, dass wir uns wieder näherstehen und sorgsamer miteinander umgehen. Und dass wir dem anderen auch seine Fehler und Makel nachsehen.

Dass man sich als Mutter schuldig fühlt, wenn ein Kind süchtig wird, ist klar. Und doch ist es eine Kette der Generationen, die da Muster weitergibt, glaube ich.

Die zu durchbrechen erfordert Mut.

Und tut weh.

## NACHWORT

Nachdem ich im September 2016 meine Autobiografie »Gegessen« veröffentlicht habe, eine Geschichte von 13 Jahren Anorexie und Bulimie, vor allem aber auch eine Heilungsgeschichte, wurde ich häufiger gefragt, was mir geholfen hat, meine Sucht zu überwinden. Ich kann darauf keine Antwort geben, die man auf jede/n andere/n Betroffene/n eins zu eins umschlagen könnte. Jeder und jede Süchtige hat einen anderen Hintergrund und einen eigenen Weg. Für mich war es die Kombination aus unbedingtem Willen einerseits, Zeit, und den richtigen Begleitern während dieses 13 Jahre währenden Genesungsprozesses: den für mich richtigen Freunden und dem richtigen Partner, den für mich richtigen Therapeuten und vor allem einer Mutter, die bereit war, all das all die Jahre auszuhalten. Die sich angesehen hat, was ihr Kind sich antat, und die jeden Tag aufs Neue für mich da war, manchmal auch, indem sie fehlte.

Erst – das muss ich zugeben – seit ich selbst Mutter bin, begreife ich, was das bedeutet haben muss. Es gibt wohl keinen tieferen Schmerz als das Unheil des eigenen Kindes. Und die Frage, wie man es als Vater oder Mutter eigentlich erträgt, wenn das eigene Kind sich selbst zerstört, ließ mich nicht mehr los.

Dieses Buch berührte mich in vielfältiger Weise. Nicht nur, weil ich es aller Erfahrungen zum Trotz zugegebenermaßen unterschätzt hatte, wie nah ich allen Beteiligten kommen würde und wie sehr dies nicht nur eine Zusammenarbeit, sondern auch noch einmal ein gemeinsames Aufarbeiten wurde. Ich stehe auch buchstäblich zwischen den verschiedenen Perspektiven, die hier eine Rolle spielen:

als Tochter eines alkoholkranken Vaters, also als Co-Abhängige; als selbst jahrelang Essgestörte, und: als Mutter.

Was man mich nach meinen ersten beiden Suchtbiografien »Christiane F. – Mein zweites Leben« und »Gegessen« auch oft fragt, ist, wie ich gedenke, meine jetzt zweijährige Tochter davor zu bewahren, in eine Abhängigkeit abzurutschen, wo doch schon mein Vater alkoholabhängig und wo ich doch so lange süchtig nach Hungern war.

Die traurige Wahrheit ist: Es gibt keine hundertprozentige Sicherheit. Aber es gibt viele Ansätze, kleine und größere. Einige lernte ich in der Begegnung mit diesen Eltern kennen, die hier zu Wort kommen.

Berlin, April 2017

# ANHANG

Hilfe für Familien, Adressen und Kontakte (Stand Juni 2017)

## ONLINE

Bundeskonferenz für Erziehungsberatung e. V.
Der Fachverband für Erziehungs-, Familien und Jugendberatung
Homepage: www.eltern.bke-beratung.de

Bundesverband der Angehörigen psychisch erkrankter Menschen
e. V.: Homepage: www.bapk.de

Bundesverband der Elternkreise: www.bvek.org

ELSA – Elternberatung bei Suchtgefährdung und Abhängigkeit von Kindern und Jugendlichen
Homepage: www.elternberatung-sucht.de

Online-Beratung der Caritas
Homepage: www.caritas.de/hilfeundberatung/onlineberatung/suchtberatung/

Waage e. V.
Homepage: www.essstoerungen-onlineberatung.de/

## NORDRHEIN-WESTFALEN

Angehörigenkreis Drogen konsumierender Menschen
44269 Dortmund
Tel.: 0231/48 20 18
E-Mail: g-kampmann1@versanet.de

Elternkreis Duisburg e. V.
Gundi Kalbertodt, Vorsitzende
Hellmannsweg 23, 46499 Hamminkeln
E-Mail: vorstand@elternkreis-duisburg.de
Tel.: 02857/38 39
Oder Susanne Kautzsch, 2.Vorsitzende
Felix-Dahn-Straße 20, 47167 Duisburg
E-Mail: susannekautzsch@elternkreis-duisburg.de
Oder Bruno Braems, Geschäftsführer
Hellmannsweg 23, 46499 Hamminkeln
E-Mail: brunobraems@elternkreis-duisburg.de
Tel.: 02857/38 39

Arbeitsgemeinschaft der Rheinisch-Westfälischen Elternkreise
Drogengefährdeter und Abhängiger Menschen e. V. in NRW
ARWED e. V.
Bahnhofstraße 41
58095 Hagen
Tel.: 02331/34 80 673
E-Mail: arwedev@web.de

Elternkreis Drogenkonsumierender Kinder Borken
c/o Johannes Swida
46499 Hamminkeln
0285/78 00 17
E-Mail: johannes.swida@online.de

Elternkreis Köln II
c/o Barbara Heider
Pappelweg 10
40723 Hilden
Tel.: 0221/68 81 17
E-Mail: elternkreis-koeln2@web.de

Elternkreis Drogenabhängiger und Drogengefährdeter
Jugendlicher Hürth e. V.
50354 Hürth
Tel.: 02233/45 449
E-Mail: info@elternkreis-huerth.de
Homepage: www.elternkreis-huerth.de

Selbsthilfe & Beratungsstelle für Borderliner, Angehörige &
psychisch erkrankte Menschen
c/o Jörg Dünnwald
August-Kekulé-Straße 34
51373 Leverkusen
Tel.: 0157/75 33 27 44
Oder c/o Katharina Klinkhammer
Frauenlobweg 10
40470 Düsseldorf
Tel.: 0177/18 31 039

Elternkreis Moers e. V.
47441 Moers
Tel.: 02841/98 15 85
E-Mail: elternkreis-moers@web.de

Elternkreis im Kreis Viersen e. V.
41063 Mönchengladbach
Tel.: 02161/89 72 06

Elternkreis Münster
Ansprechpartnerin: Antje Kasischke
Tel.: 0176/38 67 49 32
E-Mail: antjejuliane25@web.de
Homepage: www.stadt-muenster.de/drogenhilfe/selbsthilfe/
elternkreis

Paderborner Elternselbsthilfekreis
c/o Frau Bendrich
Engernweg 45
33100 Paderborn
Tel.: 05251/56 984
Tel.: 05258/93 15 58
E-Mail: fam.bendrich@t-online.de
33154 Salzkotten

Elternkreis Oberberg e. V. Drogengefährdeter und
drogenabhängiger Jugendlicher
51580 Reichshof-Brüchermühle
Tel.: 02296/90 03 32
E-Mail: elternkreis_oberberg@web.de

Elternkreis Solingen
von Söhnen und Töchtern mit der
Doppeldiagnose Sucht und psychische Erkrankung
42651 Solingen
Tel.: 0212/64 50 13 08
E-Mail: elternkreissolingen.sup@t-online.de
Homepage: www.sup-sg.de

## HESSEN

Elternkreis Vogelsberg
36304 Alsfeld
Tel.: 06631/15 66

Elternkreis Bad Hersfeld/Rotenburg
36251 Bad Hersfeld
Tel.: 06621/96 61 81

Elternkreis suchtgefährdeter und suchtkranker Jugendlicher und
Erwachsener e. V.
64293 Darmstadt
Tel.: 06151/31 18 04
Fax.: 06151/31 12 16
E-Mail: elternkreis.darmstadt@gmx.de
Homepage: www.elternkreis-darmstadt.de

Angehörigengruppe des DRK/EK Michelstadt
64711 Erbach
Tel.: 06062/60 770

Angehörigen Selbsthilfegruppe
Eltville (ASE)
– Rat und Hilfe für Angehörige
seelisch kranker Menschen –
65343 Eltville am Rhein
Tel.: 0160/23 90 735
E-Mail: aseltvile@yahoo.de

Elternkreis Frankfurt im Haus der Volksarbeit
60599 Frankfurt/Main
Tel.: 069/61 58 80
E-Mail: brigitta.reitz@t-online.de

Angehörigengruppe Gießener Suchthilfezentrum für Stadt u. Kreis
35390 Gießen
Tel.: 0641/32 015
E-Mail: karin.fischer@drogenberatung-giessen.de

Beratungsstelle bei Suchtmittelproblemen Korbach
Prof.-Bier-Straße 2a
34497 Korbach
Tel.: 05631/60 330
Fax: 05631/61 862
E-Mail: drogen-suchtberatung@dwwf.de
Homepage: www.dwwf.de

Elternkreis Bad Berleburg/Biedenkopf
57392 Schmallenberg
Tel.: 02974/61 80

Elternkreis Kassel e. V.
34246 Vellmar
Tel.: 0561/82 36 89

## RHEINLAND-PFALZ

Elternkreis Bad Kreuznach
55543 Bad Kreuznach
Tel.: 0671/26 801

Elternkreis Bad Neuenahr-Ahrweiler
56745 Bell
Tel.: 02652/93 60 87

Elternkreis Betzdorf
57518 Betzdorf
Tel.: 02741/27 47 75
E-Mail: michaela.ermert@gmx.de

Elternkreis Simmern
55490 Gehlweiler
Tel.: 06765/72 64
E-Mail: reginahellmich1@web.de

Elternkreis Ingelheim
55218 Ingelheim
Tel.: 06132/62 20 02 14

Elternkreis Mainz
55127 Mainz-Marienborn
Tel.: 06131/35 865

Elternkreis Neuwied
56567 Neuwied
Tel.: 02631/96 92 97
E-Mail: u.hecktor@gmx.de

Elternkreis Bad Neuenahr-Ahrweiler
53489 Sinzig
Tel.: 02642/98 12 80
E-Mail: ehret-heck@t-online.de

Elternkreis Bad Neuenahr-Ahrweiler
53489 Sinzig
Tel.: 02642/46 087
E-Mail: elfriede.becker@t-online.de

## SAARLAND

Kontakt- und Informationsstelle für Selbsthilfe im Saarland
Futterstraße 27
66111 Saarbrücken
Tel.: 06819/60 21 30
Fax: 06819/60 21 329
E-Mail: kontakt@selbsthilfe-saar.de
Homepage: http://selbsthilfe-saar.de

# BADEN-WÜRTTEMBERG

Elternselbsthilfe SUCHT Freiburg
Oberau 23
79102 Freiburg
Tel.: 0170/18 03 640
E-Mail: info@elternselbsthilfe-sucht-freiburg.de
Homepage: www.elternselbsthilfe-sucht-freiburg.de

Baden-Württembergische Landesvereinigung für Eltern-/
Angehörigenkreise Drogenabhängiger u. Drogengefährdeter e. V.
Vorsitzender: Adalbert Gillmann
Hohenzollernstraße 14
72415 Grosselfingen
Tel.: 07476/39 19 95
Fax: 07476/91 45 277
E-Mail: a.gillmann@bwlvek.de
Homepage: www.elternkreise-baden-wuerttemberg.de

Elternselbsthilfe Zollernalbkreis für suchtgefährdete und
suchtkranke Töchter und Söhne
Elternkreisleiter: Barbara und Adalbert Gillmann
Hohenzollernstraße 14,
72415 Grosselfingen
Tel.: 07423/44 90 741
Fax: 07476/91 45 277
E-Mail: a.gillmann@elternselbsthilfe-zak.de
Website: www.elternselbsthilfe-zak.de

Baden-Württembergische Landesvereinigung für
Eltern-/Angehörigenkreise Drogenabhängiger und
Drogengefährdeter e. V.
Geschäftsstelle
Röntgenstraße 6
74074 Heilbronn
Tel.: 07476/39 19 95
Fax: 07476/91 45 277

Elternkreis Leutkirch Drogenabhängiger und -gefährdeter
88299 Leutkirch
Tel.: 07561 /70 892
E-Mail: b.stoer@gmx.de
Homepage: www.elternkreis-leutkirch.de

Elternkreis der Landkreise Rottweil, Tuttlingen, Villingen-Schwenningen
78727 Oberndorf
Tel.: 07423/31 66
Website: www.elternkreis-neckar-donau.de

EL-dro-ST e. V., Elternselbsthilfe Karlsruhe
Goethering 88
75196 Remchingen
Tel.: 07232/31 34 521
Fax: 07232/31 34 521
E-Mail: bettina.konstandin@eldrost.de
Homepage: www.eldrost.de

Elternkreis suchtgefährdeter und suchtkranker Töchter und Söhne
Bad Urach – Metzingen – Reutlingen
72764 Reutlingen
Tel.: 0171/18 99 019
E-Mail: ek-urach-metzingen@web.de

Elternkreis Waiblingen-Rems-Murr
73614 Schorndorf
Tel.: 07181/99 43 103
E-Mail: info@elternkreis-waiblingen.de
Homepage: www.elternkreis-waiblingen.de

Elternselbsthilfe Heilbronn, suchtkranker und psychisch belasteter Töchter und Söhne
74388 Talheim
Tel.: 0162/72 22 594
E-Mail: info@elternkreis-heilbronn.de
Homepage: www.elternkreis-heilbronn.de

## BAYERN

Elternkreis Augsburg
86163 Augsburg
Tel.: 0821/69 439

Elternkreis München drogenabhängiger und gefährdeter
Jugendlicher e. V.
85241 Hebertshausen
Tel.: 08131/15 419
E-Mail: kuss@in.tum.de

Elternkreis Ingolstadt
Ursula Schönauer
Postadresse:
Elternkreis Ingolstadt
c/o Brillenstudio Schönauer
Ettinger Straße 22
85057 Ingolstadt
Tel.: 0841/9 31 24 76

ANAD e. V. Versorgungszentrum Essstörungen
Poccistraße 5
80336 München
Tel.: 089/21 99 730
Fax: 089/21 99 73 23

Elternkreis München drogenabhängiger und gefährdeter
Jugendlicher e. V.
80469 München
Tel.: 089/26 05 792

Elternkreis München drogenabhängiger und gefährdeter
Jugendlicher e. V.
Freimann
Tel. 089/31 05 600
Tel.: heiwi.peter@gmx.de

Elternkreis Suchtabhängiger e. V.
Deggendorf-Mainkofen-Niederbayern
Tel.: 0175/42 98 862
E-Mail: info@eks-niederbayern.de
Homepage: www.eks-niederbayern.de

## THÜRINGEN

IKOS Jena – Beratungszentrum für Selbsthilfe
AWO Soziales Zentrum Lobeda
Kastanienstraße 11
07747 Jena
Tel.: 03641/87 41 160
Fax: 03641/87 41 169
E-Mail: ikos@awo-jena-weimar.de
Ansprechpartnerin: Gabriele Wiesner

## SACHSEN

Elternkreis suchtgefährdeter Kinder und Jugendlicher
Selbsthilfekontaktstelle, Büro Bautzen
Tel.: 0151/55 60 14 22

Selbsthilfegruppe für Eltern Suchtkranker Dresden
Homepage: www.anker-dresden.de

Integrative Suchtberatungs- und Behandlungsstelle der GESOP
GmbH
Ansprechpartnerin: Petra Fürstenberg
Gasanstaltstraße 10
01237 Dresden
Tel.: 0351/21 53 08 30
Fax.: 0351/21 53 08 39
E-Mail: sbb@gesop-dresden.de
Homepage: www.enter-dein-leben.de

## SACHSEN-ANHALT

Elternkreis des Diakonischen Werkes »Bethanien e. V.«
06844 Dessau
Tel.: 0340/21 67 500

Elternkreis Dessau
Kurt-Weill-Straße 2
06844 Dessau-Roßlau
Ansprechpartnerin: Cordelia Endler
Tel.: 0340/21 67 500

Selbsthilfegruppe gegen illegale Drogen Genthin
39307 Genthin
Tel.: 03933/34 54
E-Mail: goebel-genthin@t-online.de

Elternkreis Sangerhausen
06526 Sangerhausen
Tel.: 0162/91 62 965

Stadtmission Halle
Tel.: 0345/21 78 0
Fax: 0345/21 78 199
E-Mail: empfang@stadtmission-halle.de
Homepage: https://stadtmission-halle.de/

## BERLIN

Elternkreise Berlin-Brandenburg e. V.
Landesverband
Gierkezeile 39
10585 Berlin
Fon: 030/25 75 97 29
Fax: 030/25 75 97 34
E-Mail: info@ekbb.de

Fachverband der Diakonie Deutschland
Ansprechpartner: Knut Kiepe
Invalidenstraße 29
10115 Berlin-Mitte
Tel.: 030/83 00 15 02
Fax: 030/83 00 15 05
E-Mail: kiepe@sucht.org
Homepage: www.sucht.org

Lost in Space
Wartenburgstraße 8
10963 Berlin-Kreuzberg
Leitung: Gordon Schmid
Erstberatung nur nach telefonischer Vereinbarung.
Tel.: 030/66 63 39 59
Fax: 030/66 63 39 58
E-Mail: lostinspace@caritas-berlin.de

Grenzgänger e. V. – Selbsthilfegruppe für Angehörige von Borderlinern
ingrid.zeddies@grenzgaenger-shg.de
Tel.: 0172/9 78 98 09
Homepage: www.borderline-beziehung-training.de

Offline – Selbsthilfegruppe für das Thema Medienabhängigkeit im Suchthilfe-Café 157 e. V.
John-Schehr-Straße 24
10407 Berlin
Tel.: 030/42 50 124
E-Mail: verein@cafe157.eu
Homepage: www.cafe157.eu

## BRANDENBURG

Elternkreise Berlin-Brandenburg e. V.
Landesverband
Gierkezeile 39
10585 Berlin
Tel.: 030/25 75 97 29
Fax: 030/25 75 97 34
E-Mail: info@ekbb.de

Ambulante Beratungs- und Behandlungsstelle für Suchtkranke und Suchtgefährdete Potsdam
Ansprechpartner: Guido Weyers
Großbeerenstraße 187
14482 Potsdam
Tel.: 0331/73 04 07 40
Fax: 0331/73 04 07 50
E-Mail: suchtberatungsstelle@awo-potsdam.de
Homepage: www.awo-potsdam.de

## MECKLENBURG-VORPOMMERN

Suchtberatung Greifswald
Ansprechpartner: Dipl.-Psych. Björn Jansson
Lange Straße 10
17489 Greifswald
Tel.: 03834/89 24 40
E-Mail: mediensucht@odebrecht-stiftung.de
Homepage: www.odebrecht-stiftung.de

Frosties – Selbsthilfe für Borderliner und Angehörige
DRK Hagenow
Bahnhofstraße 61
19230 Hagenow
Ansprechpartnerin: Evelyn Güldner
Tel.: 0173/595 35 56
E-Mail: shgfrosties@freenet.de

Evangelische Suchtberatung Rostock gGmbH
Dalwitzhofer Weg 1
18055 Rostock
Tel.: 0381/45 51 28
Fax: 0381/45 51 29
E-Mail: info@suchthilfe-rostock.de
Homepage: www.suchthilfe-rostock.de

KOMPASS Selbsthilfegruppe für Borderliner und Angehörige
SBZ Toitenwinkel, Raum 118
Olof-Palme-Straße 26
18147 Rostock
Ansprechpartnerin: Ute Bannatz
Tel.: 0151/10 43 64 57
E-Mail: rostock-kompass-shg@t-online.de
Ansprechpartner: Ralph Bannatz
Tel.: 0151/10 43 64 57
E-Mail: rostock-kompass-shg@t-online.de

Kompetenzzentrum und Beratungsstelle für exzessiven
Mediengebrauch und Medienabhängigkeit Schwerin
Ansprechpartner: Dr. Detlef Scholz – Medienpädagoge,
Psychologischer Berater
Ferdinand-Schultz-Straße 12
19055 Schwerin
Tel.: 0385/52 13 141
Fax: 0385/52 13 142
E-Mail: mediensuchtberatung@suchthilfe-mv.de
Homepage: www.suchthilfe-mv.de

## HAMBURG

Aktive Suchthilfe e. V.
Ansprechpartnerin: Gisela Alberti
Repsoldstraße 4
20097 Hamburg
Tel.: 040/28 02 170
Fax: 040/28 02 171
E-Mail: info@aktive-suchthilfe.de
Homepage: www.aktive-suchthilfe.de

Die Boje Suchthilfezentrum
Fachberatungsstelle für Glücksspielsucht und Medienabhängigkeit
Brauhausstieg 15–17
22041 Hamburg
Tel.: 040/44 40 91
Fax: 040/44 40 92
beratung@dieboje.de
www.dieboje.de

Guttempler in Hamburg
Wördemanns Weg 23a
22527 Hamburg
Tel.: 040/45 04 483
Fax: 040/66 82 973
E-Mail: geschaeftsstelle@guttempler-hamburg.de
Homepage: www.guttempler-hamburg.de

Hamburger Fortbildungs-Institut Drogen und AIDS (HIDA)
Beratungsstelle Jugend hilft Jugend
Ansprechpartnerin: Mona Klerings
Hohenesch 13–17
22765 Hamburg
Tel.: 040/39 04 030
Fax: 040/39 08 611
Homepage: www.hida.de

Waage e. V. – Fachzentrum für Essstörungen in Hamburg
Eimsbütteler Straße 53
22769 Hamburg
E-Mail: info@waage-hh.de
Tel.: 040/49 14 941
Homepage: www.waage-hh.de

## SCHLESWIG-HOLSTEIN

Suchtberatungsstelle Bad Segeberg
Ambulante und Teilstationäre Suchthilfe (ATS)
Gartenstraße 17
23795 Bad Segeberg
Tel.: 04551/84 358
Fax: 04551/84 541
E-Mail: sucht.se@ats-sh.de
Homepage: www.landesverein.de/de/31/index.php?seid=49

Elternkreis Eutin
Brigitte Becker
23714 Malente
Tel.: 04523/88 99 68
E-Mail: becker-brigitte@gmx.de

Blaues Kreuz in der Evangelischen Kirche
Gruppenarbeit (Selbsthilfegruppen)
Ansprechpartner: Peter Staben
An der Marienkirche 22
24768 Rendsburg
Tel.: 04331/20 19 895
Fax: 04331/20 19 896
E-Mail: info@bke-sh.de
Homepage: www.bke-sh.de

## BREMEN

Elternkreis Essgestörter Töchter und Söhne Bremen
Tel.: 0421/58 39 34

SADD Bremerhaven
27570 Bremerhaven
Tel.: 0471/31 440


## NIEDERSACHSEN

Elternkreis Bruchhausen-Vilsen und Umgebung
27305 Bruchhausen-Vilsen
Tel.: 04252/15 41

real.life – Kompetenter Umgang mit Medien
prisma e. V. – Fachstelle Sucht und Suchtprävention
Ansprechpartner: Jan Twelkmeyer-Wassmann
Ihmeplatz 4
30449 Hannover
Tel.: 0511/92 17 50
E-Mail: kontakt@prismahannover.de
Homepage: www.prismahannover.de

Return Fachstelle Mediensucht
Selbsthilfegruppe für Eltern in Hannover
Ansprechpartnerinnen:
Anette Kratsch
Tel.: 0160/95 97 94 52
Martha Reitmayr
Tel.: 0511/60 28 16

Elternkreis Breloh
29633 Munster
Tel.: 05192/38 54
E-Mail: heidibrammer@aol.com

Elternkreis Wolfsburg
38446 Wolfsburg
Tel.: 05361/53 173

computence – Fachstelle für Medienkompetenz
Trägereinrichtung Neues Land e. V.
Ansprechpartner:
Michael Lenzen, Daniel Rose
Wunstorfer Landstraße 5
30453 Hannover
Tel.: 0511/65 58 05 39
E-Mail: computence@neuesland.de
Homepage: www.computence-medien.de